Jim Smoke
WENN DIE EHE SCHEITERT

Jim Smoke

Wenn die Ehe scheitert

Perspektiven für ein Leben
nach der Scheidung

Über den Autor:

Jim Smoke gilt weltweit als Pionier der christlichen Scheidungsseelsorge. Er arbeitet als Buchautor, Vortragsredner und Gemeindepastor und lebt mit seiner Frau in Kalifornien.

Bibliografische Information Der Deutschen Bibliothek
Die Deutsche Bibliothek verzeichnet diese Publikation
in der Deutschen Nationalbibliografie;
detaillierte bibliografische Daten sind im Internet
über http://dnb.ddb.de abrufbar.

ISBN 978-3-86827-438-7
Alle Rechte vorbehalten
Originaltitel: Growing through divorce
© 1995 by Jim Smoke
Published by Harvest House Publishers, USA
© der deutschsprachigen Ausgabe
2004 / 2014 by Verlag der Francke-Buchhandlung GmbH
35037 Marburg an der Lahn
erstmals erschienen unter dem Titel
„Blüten aus der Asche meines Lebens"
Deutsch von Christian Heinritz
Umschlagbild: © iStockphoto.com / Buzz Productions
Umschlaggestaltung: Verlag der Francke-Buchhandlung GmbH,
Sven Gerhardt
Satz: Verlag der Francke-Buchhandlung GmbH
Druck und Bindung: CPI Moravia Books Pohorelice

www.francke-buch.de

Inhalt

Vorwort 7

1. Passiert das wirklich mir? 10
2. Loslassen 21
3. Den früheren Partner ins Visier nehmen 29
4. Ich übernehme Verantwortung für mich selbst 43
5. Ich übernehme Verantwortung für meine Kinder .. 52
6. Ich übernehme Verantwortung für meine eigene Zukunft ... 67
7. Eine Familie finden 78
8. Die Kraft der Vergebung erfahren 88
9. Und auf einmal bist du wieder siebzehn 97
10. Wiederheirat – deine, meine, und was das für unsere Familie heißt 106
11. Wie man die Waagschalen der Justitia einigermaßen ausbalanciert 117
12. Gewinnen Sie Ihr Leben neu 125
13. Die am häufigsten gestellten Fragen zum Thema Scheidung .. 139
14. Wie kann ich auch anderen helfen, an ihrer Scheidung zu wachsen? 152
15. Blüten aus der Asche meines Lebens – eine Zusammenfassung 157

Praxis-Teil 159
Wie man diesen Praxisteil am besten nutzt 161
1. Passiert das wirklich mir? 164
2. Loslassen 171
3. Den früheren Partner ins Visier nehmen 181
4. Ich übernehme Verantwortung für mich selbst 189
5. Ich übernehme Verantwortung für meine Kinder .. 199
6. Ich übernehme Verantwortung für meine eigene Zukunft ... 211
7. Eine Familie finden 223
8. Die Kraft der Vergebung erfahren 231

9. Und auf einmal bist du wieder siebzehn 237
10. Wiederheirat – deine, meine, und was das für unsere
    Familie heißt 245

Ein Rückblick 253

Vorwort

Asche ...

Noch steigt Rauch auf. Ein Haufen Asche, heiß und qualmend. Hitze, die wehtut, man hat sich verbrannt.

Ein treffendes Bild! So haben Sie es erlebt und so empfinden es mit Ihnen viele, die sich jetzt nach dem Scheitern ihrer Ehe ausgebrannt, als Außenseiter der Gemeinde und einsam fühlen.

Ein treffendes Bild, das der Verfasser John Smoke genommen hat, um in seinem Buch Menschen anzusprechen, deren Leben durch die zerbrochene Ehe durcheinandergeraten ist.

Sie haben zu diesem Buch gegriffen. Das ist gut so.

Es tut weh, was in jüngster Vergangenheit in Ihrem Leben geschehen ist. Ehe hatten Sie sich wirklich anders vorgestellt ... Wie ein Riss geht es durch Ihr Leben. Wo Menschen sich am nächsten sind, besteht die große Gefahr, sich auch am meisten zu verletzen. Und Sie spüren es in Ihrem tiefen Inneren: Trennung und Scheidung ist wahrlich kein Kinderspiel, wie es in vielen Filmen vorgegaukelt wird. Wenn auch Ehescheidung eine Normalität in unserer Gesellschaft zu werden scheint, wenn auch die Hemmschwelle des Auseinandergehens enorm sinkt – dieses Martyrium wird in unserer Gesellschaft nie „Routine" werden.

Sie selbst wissen es am besten: Sie brauchen Unterstützung und konkrete Hilfe zum Weiterleben. Brennende Fragen brechen auf: Was soll jetzt kommen? Wie soll es jetzt weitergehen mit den Kindern, mit dem, was uns gemeinsam gehörte? Was wird aus den gemeinsamen Beziehungen? Und wie soll es weitergehen mit mir selbst und meinen Wünschen? Überall stellen sich scheinbar unüberwindbare Probleme in den Weg. Wie ein Gefäß, das ein Loch hat, so mag es sich in Ihrer Situation anfühlen. Das Feuer der Trennung verbrannte so vieles, was einmal Lebensvision und Erfüllung war. Die Lebensenergie kann in solchen Zeiten täglich mehr schwinden, und manche merken es nicht einmal.

Sie haben zu einem Buch gegriffen, das Ihnen zum treuen Begleiter durch die vor Ihnen liegenden Monate werden will.

Lassen Sie sich vom Verfasser die nächsten Schritte zeigen. Sie werden merken, dass es bei ihm um mehr geht als um ein bisschen Fröhlichsein. Mithilfe der biblischen Weisheit wird er Sie auf einen Weg führen, der Sie dahin führt, dass Sie ein festeres Fundament für Ihr Leben bekommen, als Sie es je hatten. Wenn Lebensglück nicht ein tiefes Fundament hat, wird es leicht eine Seifenblase, die zerplatzt. Derlei Seifenblasen werden Ihnen auf dem Markt esoterisch-psychologischer Möglichkeiten vielfach angeboten. Echte Hilfe zeigt sich darin, dass Menschen aus ihren tiefen Lebenskrisen dauerhaft verändert und gestärkt hervorgehen und sich nicht sofort in neue Lebens-, sprich Beziehungsabenteuer, stürzen, um Glück zu suchen. In Anlehnung an jenen weisen Ausspruch Victor Frankls, Gründer der Logotherapie, trifft dies zu: „Wer Glück direkt anstrebt, dem vergeht es."

Vorsicht also bei Glückspropheten! Streben Sie jetzt erst recht nicht kurzfristiges Lebensglück an, sondern das, was die Bibel „Heil" nennt. Hier ist das Heil gemeint, das Sie bei Jesus Christus finden. Durch ihn veränderte Menschen werden „Heilige", keine „komischen Heiligen", die sich als eigenartige Einzelgänger allein durch das Leben baggern. Es sind vielmehr Menschen, die – integriert in eine Gemeinde – mit anderen zusammen neue Ziele ansteuern und weitersagen können, wo sie in der Wüste ihres Lebens eine Quelle gefunden haben.

Auf diesem Weg brauchen Sie freilich Zeit. Es stimmt, was John Smoke sagt: „Heilung im Schnelldurchgang, die viele suchen, gibt es nicht." Das ist die Erfahrung langjähriger Eheseelsorge und -therapie.

Ganz praktisch weist der Verfasser diesen Weg im Anhang des Buches. Hier bekommen Sie Anregungen zum Nachdenken – entweder allein oder (noch besser) in einer Gruppe von gleichgesinnten Betroffenen, die diesen Weg gemeinsam geht. Die christliche Gemeinde ist der Ort, wo das geschehen kann.

Ist es nicht ermutigend, nach zurückgelegter Strecke zu erfahren: Ich stehe nicht mehr dort, wo ich angefangen habe? Diese Haltung wird nicht nur Ihnen, sondern auch – wenn Sie Kinder haben – Ihren Kindern guttun, weil sie dann ermutigt und sicherer vorangehen. Und dies umso mehr, je mehr Sie Ruhe und Frieden der Gewissheit, der Vergebung und der Versöhnung mit Ihrer Vergangenheit ausstrahlen.

Lassen Sie das Kapitel „Die Kraft der Vergebung" auf sich wirken – Kernstück dieses Buches! Christen kennen und nutzen die Möglichkeit des Zuspruchs der Vergebung nach dem Aussprechen der eigenen Verfehlungen. Sie bezeichnen das mit dem alten Wort „Beichte". (Leider an vielen Orten eine längst vergessene Praxis!) Dabei geht es nicht um eine selbstzerknirschende Lebenseinstellung mit jenem Fehlersuchblick, der Sie in tiefe Minderwertigkeitsgefühle stürzt. Nein: Schuldbekenntnis ist das Geheimrezept der Christen zur Seelenhygiene, der Weg der Entlastung und Entsorgung von den selbst verschuldeten Scherbenhaufen – eben der Weg, aufrechten Hauptes durch das Leben gehen zu können. Suchen Sie sich einen dem Schweigen verpflichteten Seelsorger, der Ihnen die Hände auflegen wird und Ihnen die Vergebung Jesu zusprechen kann.

Unsere langjährige Beratungs- und Therapieerfahrung zeigt, dass an dieser Stelle das eigentliche Aufatmen – wie eine Neuschöpfung – beginnt. Dies ist durch den Tod Jesu am Kreuz möglich geworden, ein Neuanfang, nach dem sich viele sehnen.

Sollten Sie das nicht ohne Weiteres fassen können, dann nutzen Sie diese Möglichkeit einfach öfter. Vergebung kann manchmal ein Prozess sein, den man langsam durchlaufen muss. Sie werden mit Sicherheit an Lebensweisheit und Menschenkenntnis gewinnen und eine andere Haltung zu Ihrem/Ihrer „Ex" bekommen.

Und Sie werden sich künftig daran erinnern: „Es kommt nicht nur darauf an, den richtigen Partner zu finden, sondern vor allem, dem anderen ein richtiger Partner zu werden." Das geschieht vor allem dort, wo Paare sich mit ihren Schwächen einander offenbaren ohne die Angst, dafür verachtet zu werden.

Wir geben Ihnen zum Erarbeiten dieses Buches einen Satz der Bibel in die Hand, den der lebendige Gott dieser Welt Ihnen zusagt, wie er es damals einem Abraham sagte, den er in eine unbekannte Zukunft und in ein ihm noch fremdes Land schickte:

„Geh! Ich will dich segnen, und du wirst ein Segen sein!"
(1. Mose 12,2)

Michael Hübner
Therapeutische Seelsorge,
Institut für Beratung,
Therapie und Ausbildung

1. Passiert das wirklich mir?

"Scheidung ist kein Ereignis. Es ist ein Prozess.
Sie wachsen durch diesen Prozess in unterschiedlichen Schüben:
Mal nur eine Minute lang, mal eine Stunde,
mal einen Tag und mal eine ganze Woche."

Geschockt! Wütend! Benommen! Verbittert! Leer! Betrogen! Zurückgestoßen!

Das sind die Gefühle, die einen Menschen umtreiben, der Abschied nehmen muss von einer Ehe, in die er einmal voller Glück und Hoffnung hineingegangen war. Eine schreckliche Sache, die immer nur den anderen zu passieren schien, ist nun auch Ihnen zugestoßen. Viele Dinge, die Sie früher nebenher erledigt haben, sind zu einer ernst zu nehmenden Hürde im täglichen Leben geworden. Sie sind angekommen im „Land der Geschiedenen". Es ist ein seltsamer Ort mit fremdartigen Sitten, Vorschriften und Verkehrszeichen. Sie wünschen sich so sehr, dass dieser Spuk einfach verschwindet.

Doch das wird er nicht.

Stufe 1: Im Schock erstarren
Das erste Gefühlsstadium, das viele von uns in einer Scheidung durchlaufen, ist der Schock. Es dringt in unser Bewusstsein, was da eigentlich mit uns selbst geschieht – nicht mit irgendwelchen Beispielfiguren aus der Scheidungsstatistik unserer Gesellschaft. Im Schockzustand verhalten wir uns unterschiedlich:

Die einen ziehen sich in sich selbst zurück, versuchen, jegliches Nachdenken über das, was da abläuft, abzublocken. Sie blenden die Scheidung aus und verweigern jedes Gespräch über ihre Situation. Oft brechen sie den Kontakt zu Freunden und anderen Bezugspersonen ab. Manche ziehen sogar um oder wechseln die Arbeitsstelle.

So ein vollständiger Rückzug artet nicht selten in Flucht aus.

Doch so radikal, wie sie das Scheitern ihrer Beziehung zunächst sich selbst und ihrem eigenen Versagen zugeschrieben haben, so radikal verlagern sie diese Vorwürfe früher oder später auf ihren Partner.

Menschen, die sich in der Scheidung in sich selbst verkriechen, neigen dazu, die Hilfe und die offenen Arme der anderen zurückzuweisen. Die Chance jedoch, in und an einer Scheidung zu wachsen, eröffnet sich da, wo wir uns durchkämpfen zu einem Ja. Wie viel leichter lernen wir, uns in ungewohnten Lebenslagen zurechtzufinden, wenn wir ihre bloße Existenz akzeptieren. Wir machen das Ende unserer Ehe nicht dadurch ungeschehen, indem wir es leugnen. Auch ein Rückzug von Familie und Freunden kann das Problem nicht lösen.

Viele aber von uns, die eine Scheidung durchleben, finden sich ausgeschlossen aus alten Beziehungen, *ohne* sich selbst zurückgezogen zu haben.

In jedem Fall kommt für alle von uns der Zeitpunkt, innezuhalten und über das nachzudenken, was mit uns geschieht. Wenn wir auftauchen aus unserer Schockstarre, sind wir frei zu diesem konstruktiven Rückzug in uns selbst.

Es gibt aber auch *die anderen* unter uns, die dazu neigen, unter Schock erst richtig aus sich herauszugehen. Sie fühlen das Bedürfnis, ihre ganze Leidensgeschichte weiterzugeben – und zwar an jedermann. Auch sie weigern sich, ihre Situation anzunehmen, indem sie all die Details, Gefühle und Tatsachen ihrer Scheidung immer und immer wieder abspulen. Jedes offene Ohr wird zu einem Ziel für den Sprecher. Der extrovertierte Typ hält sich die Realität stets eine Armlänge weit vom Leib. Kommen und gehen, tun und lassen bekommen eine enorme Bedeutung. Denn wer zu beschäftigt ist, um nachzudenken, kann von keinem Gedanken verletzt werden.

Doch irgendwann holt einen die Realität immer ein, und sieht man ihr heute ins Gesicht, wird man frei für morgen.

Der Schockzustand ist für beide Typen – den in sich gekehrten wie den extrovertierten Menschen – das Stadium, in dem sie lernen, mit der Tatsache umzugehen, dass eine Beziehung, die einmal voller Leben und Bedeutung war, endgültig tot ist.

Und wie steht es um die Hoffnung?

Manche verlängern den Schockzustand, indem sie sich verzweifelt an die Hoffnung klammern. Sie ziehen ihre Lebenskraft aus der Illusion, dass sie eines Tages mit ihrem Ehepartner wieder zusammenkommen und sich die Dinge zu einem guten Ende hin entwickeln. Zuversichtlich suchen sie professionelle Eheberater auf. Von Gott und den Geistlichen erwarten sie nicht weniger als ein Wunder. Mit dem anderen, von dem sie getrennt sind, sprechen sie von einer Wiedervereinigung. Sie weigern sich, die Hoffnung aufzugeben, und verharren in einer Klammerhaltung – nicht selten jahrelang.

Ein Leben ohne Hoffnung und Optimismus ist zweifelsohne trocken wie Staub. Doch Hoffnung kann nicht leben ohne eine gesunde Portion Realismus. Ein Realist betrachtet seine Situation so, wie sie ist, nicht so, wie er sie gerne hätte. In aller Nüchternheit bewertet er seine Situation und berücksichtigt dabei das, was gewesen ist und wie es gegenwärtig um ihn steht.

Hier sind ein paar Fragen, die Ihnen helfen, Wünsche und Tatsachen zu trennen:

1. Ist die Ehe von beiden Seiten noch gewollt?

Wenn eine Ehe in Schwierigkeiten ist und beide Seiten dennoch an ihrem Fortbestand festhalten, dann besteht berechtigte Hoffnung, dass sie Beistand suchen werden. Wenn aber die eine Partei diese Ehe nicht mehr wirklich will, wird die andere vergeblich an ihr festhalten. Viele Menschen haben in dieser Frage gar keine Wahl. Wenn der eine einen Entschluss gefällt hat und geht, bleibt dem anderen gar nichts anderes mehr übrig, als zu hoffen und auf die Rückkehr des anderen zu warten oder die Scheidung einzureichen. Es ist immer schwer, die falschen Entscheidungen eines anderen auszubaden und ich bin sicher, dass Sie alles tun, was in Ihrer Macht steht, um Ihre Ehe zu retten, bevor Sie den letzten Schritt tun. Doch denken Sie daran – zu einer Versöhnung gehören zwei.

2. Nehmen beide Seiten auf ihrem Weg der Versöhnung professionelle Hilfe in Anspruch – so intensiv und so lange wie es nötig ist?
Eine der Fragen, die ich Geschiedenen häufig stelle, ist, ob sie seelsorgerliche Begleitung gesucht haben, als ihre Ehe zerbrach. Immer wieder höre ich dann, dass sie selbst zwar offen gewesen seien für Unterstützung, der andere jedoch kein Bedürfnis dieser Art gezeigt oder sich jedem Zuspruch verweigert habe, mit dem Hinweis, dass er mit der ganzen Sache ja gar kein Problem hätte.

Seelsorger aber bewirken selten ein Wunder in einer Ehe. Zur Lösung des Problems können nur beide Partner beitragen. Leugnet auch nur einer von beiden seine Verantwortung, ist der Kampf schon verloren.

3. Ist eine dritte Partei in die Sache verwickelt?
Eine Ehe zerbricht entweder an den internen Streitigkeiten eines Paares oder an einer Beziehung, die einer der Partner zu einer dritten Person knüpft. Da hier nicht der Raum gegeben ist, Ursache und Wirkung gegeneinander aufzurechnen, gehen wir einfach von der Erfahrung aus, dass eine Ehe an ihr Ende kommt, sobald eine dritte Partei hineinverwickelt wird. So mancher Partner mag warten, vergeben, aushalten und versuchen, alles zu vergessen, doch die Wahrscheinlichkeit ist groß, dass eine Dreiecksbeziehung in eine Scheidung mündet. Etwa 75% aller Scheidungen haben ihren Ursprung in einer Affäre. Die verbleibenden 25% nehmen ihren Lauf, wenn eine Person zu dem Schluss kommt, dass sie nicht länger mit Alkoholismus, Drogen, Süchten und Verhaltensstörungen eines ehelichen Gegenübers leben kann, das allen Angeboten zum Trotz jede Hilfe ablehnt.

4. Was kann ich aus meinen jüngsten Erfahrungen lernen und was bedeutet das für meine gegenwärtige Situation?
Erfahrung ist ein guter Lehrmeister. Wir lernen aus unserem Leben und unseren Beobachtungen. So manche Ehe wird von Einflüssen geprägt, die schon lange vor der Hochzeit außer Kontrolle geraten waren. Doch viele von uns ziehen die Hoffnung der Realität vor, treten vor den Traualtar und setzen darauf, dass irgendwie schon alles gut wird.

Werfen wir einen Blick auf unseren Erfahrungsschatz und holen uns die wertvollsten Stücke heraus – lernen wir aus unserer Vergangenheit!

Nur wenige Menschen gehen die notwendigen Veränderungen in ihrem Leben ohne fremde Hilfe von außen an – ob sie von Gott kommt oder von einem Seelsorger. Wer sich darauf verlässt, dass eine Ehe von selbst wieder ins Lot kommt, ist verlassen. Jeder sollte mit einem kühlen Kopf abwägen, ob eine Beziehung tot ist oder ob noch Leben in ihr steckt, das Anlass zur Hoffnung geben könnte.

Stufe 2: Sich einrichten
Hat ein Mensch das Schockstadium einer Scheidung durchlaufen, beginnt er sich in der neuen Situation einzurichten. Sich einzurichten heißt: Er lernt, mit der Erkenntnis umzugehen, dass es wirklich passiert ist. Der Mensch unter Schock beginnt, den Tatbestand seiner Scheidung in seiner ganzen Tragweite zu begreifen. Früher oder später aber muss er dazu übergehen, mit dem neuen Status umzugehen. In jeder Scheidung durchläuft man eine Phase, die der Erfahrung eines Menschen sehr nahe kommt, der seinen Partner durch Tod verloren hat. Es ist eine Zeit des Bedauerns, des Leidens und des Trauerns über das Verlorene. So unterschiedlich, wie der Mensch einen Schock verarbeitet, so unterschiedlich lebt er auch seine Trauer. Die einen ziehen sich in sich selbst zurück, die anderen gehen aus sich heraus.

POSITIVE TRAUER
Positiv trauern heißt, sich an die guten, glücklichen und fröhlichen Tage Ihrer Ehe zu erinnern und die schweren Momente zu vergessen. Wenn Sie froh werden können über die guten Zeiten, die Sie hatten, und Sie sich diese Tage zurückwünschen. Und wenn Ihnen in allem Bedauern, dass dieser Abschnitt unwiederbringlich vergangen ist, doch das Wissen nicht abhandengekommen ist, dass das Leben immer noch genug Glück für Sie bereithält. So wenig, wie das Glück allein mit einer Hochzeit auf die Erde kommt, so wenig stirbt es aus mit einer Scheidung. Ein positiv Trauernder sagt: „Ich habe ein Menschenrecht darauf, Verlust, Schmerz und Bedauern zu fühlen." Er sagt: „Ich bin

verletzt und in meinem Leben wird ein leerer Raum bleiben. Ich darf weinen, denn es sind heilende Tränen."

Negative Trauer

Der negativ Trauernde schwimmt in einem Ozean des Selbstmitleids. Er geht normalerweise von der Annahme aus, dass die Auflösung seiner Ehe entweder allein seine eigene Schuld war oder ganz auf das Konto des Partners geht. Ist diese fixe Idee erst einmal zusammengezimmert, sperrt sich der Betroffene in seinem Gedankengebäude ein und wirft den Schlüssel weg. Er wird es nicht zulassen, dass andere die Tür aufbrechen und ihn herausholen aus dem Elend, das er sich selbst verordnet hat. Das Leben hat ihm übel mitgespielt und Erleichterung findet er nur, wenn er anderen von seinem Unglück erzählen kann. Dabei ist Selbstmitleid durchaus gestattet – man sollte dieses Gefühl jedoch nicht länger als zehn Sekunden pro Woche zulassen. Es hat eine selbstzerstörerische Wirkung und treibt nicht selten in tiefe Depression.

Selbst wenn Sie all das Mitgefühl bekämen, das Sie von anderen erwarten, was würden Sie gewinnen? Eine ganze Rumpelkammer voller „Es tut mir ja so leid!"

Das Puzzle

Es ist interessant, wie Puzzlefreunde ihrem Hobby nachgehen. Sie schütten die Teile auf den Tisch, drehen sie mit dem Bild nach oben und beginnen dann langsam, sie zusammenzufügen. Manchmal lassen sie das Spiel ruhen und kehren erst nach einiger Zeit an ihre Arbeit zurück. Methodisch vervollkommnen sie das Projekt, bis jedes Teil an seinem Platz ist. Das Geduldsspiel ist komplett und man freut sich am Erfolg.

Auch in unserem Alltag fügen wir die Puzzlesteine unseres Lebens aneinander. Tag für Tag kommen wir etwas weiter, und langsam gewinnt das Bild Konturen. In einer Scheidung werden die Stückchen im ganzen Haus verstreut und manche scheinen für eine Weile gar endgültig verschwunden zu sein. Manche landen beim Zusammensetzen am falschen Ort und wollen sich einfach nicht einfügen. Mit Beharrlichkeit, Ausdauer und Geduld bewältigen wir diese Art von Arbeit am besten. Im Stadium des „Sich-Einrichtens" werden die Teile umgedreht, identifiziert und in die richtige Lage gebracht. Jedes Kapitel dieses Buches wird Ihnen helfen, einige Stücke Ihres Scheidungspuzzles zusammenzufügen.

Wenn wir dabei sind, uns im neuen Leben zurechtzufinden, werden die Dinge nicht immer so laufen, wie wir es gerne hätten. Wir können die Situation aber so nehmen, wie sie ist, weil wir wissen, dass sie sich weiter ändern wird. Die Zeit des „Sich-Einrichtens" ist ebenso eine Zeit des Übergangs. Wir wechseln von einem Stand (verheiratet) in einen anderen (Single). Verhaltensmuster, die sich in der Ehe entwickelt hatten, haben ihre Grundlage verloren und ein neues Lebensschema ist noch nicht gefunden. Die Phase des Einrichtens ist oft geprägt von Ruhelosigkeit, Unordnung und extremen Gefühlsschwankungen. Die Einsamkeit klopft dann und wann an die Tür – geht aber auch wieder. Ganz zu schweigen von der Verantwortung, die man neuerdings als alleinerziehender Elternteil trägt und die zu einer drückenden Last werden kann. So wie man überhaupt zukunftsweisende Entscheidungen zu treffen hat für sich und seine Angehörigen, und das in einer Zeit, in der man emotional am Boden liegt. Nicht selten hat man Lust, alle Teile in die Luft zu werfen in der Hoffnung, dass sie von selbst zu einem perfekten Bild zusammenfallen.

Nehmen Sie sich aber Zeit, die Fragmente umzudrehen, zu sortieren und zu prüfen, wo sie zusammenpassen. Oft hilft es, den Puzzletisch für eine Weile zu verlassen, um darauf mit neuer Perspektive ans Werk zurückkehren zu können.

Die Phase des Einrichtens kann sich über Monate hin erstrecken. Die Zeit heilt Wunden und kann nicht beschleunigt werden. Viele Menschen, die lernen müssen, mit dem Trauma einer Scheidung zurechtzukommen, wollen die Schmerzen überspringen und im Handumdrehen zu neuem Wohlbefinden durchdringen. Vom Tod der Scheidung zu genesen braucht aber Zeit. Viele Jahre Arbeit auf dem Gebiet der Scheidungsseelsorge haben mir deutlich gemacht, dass die meisten Männer und Frauen zwei bis drei Jahre Zeit brauchen, um sich von den Folgen einer Scheidung zu erholen.

Stufe 3: Wachstum

Wann haben Sie eigentlich das letzte Mal nachgesehen, ob denn das Gras vor Ihrer Haustür überhaupt noch wächst? Das mag albern klingen für Sie, denn keiner kriegt mit, wie das Gras wächst. Man mäht, wartet einfach vierzehn Tage, es wächst, man mäht es, wartet erneut zwei Wochen und schon ist es wieder Zeit für den Rasenmäher. Der Punkt dabei ist, dass das Gras wächst, ohne dass man ihm dabei zusehen kann. Mit dem Wachstum im Leben eines Menschen verhält es sich ähnlich. Jeden Tag wachsen Sie ein bisschen, auch wenn Sie es nicht sehen oder fühlen können. Gesundes Wachstum geschieht, wenn die Rahmenbedingungen stimmen, in der Natur wie in Ihrem Leben. Gesundes Wachstum fängt da an, wo ein Mensch sagt, „Ich möchte wachsen und von meinen Erfahrungen lernen."

Auf meine Frage, wie es ihm gehe, antwortete mir ein Bekannter: „Nicht allzu gut", und setzte hinzu: „Ich lebe in Scheidung." Diese Antwort ist typisch. Wir alle machen Tag für Tag so manches durch. Sie haben jedoch die Wahl, ob Sie Ihre Scheidung einfach nur durchmachen oder ob Sie durch sie wachsen wollen. Und Sie werden an ihr wachsen, wenn Sie sich Folgendes sagen: *Ich lerne aus dieser Erfahrung, so viel ich nur kann, und diese Lektion wird einen stärkeren und gefestigteren Menschen aus mir machen.* Wäre vor dem Ganzen jemand zu Ihnen gekommen mit der Frage, was Sie über Scheidung wissen, hätten Sie sicher geantwortet: „Nicht sehr viel." Möglicherweise hätten Sie noch hinzugefügt, dass Sie zwar Geschiedene kennen, persönlich aber kaum Erfahrung mit diesem Problem hätten.

Wachsen heißt zu lernen, was man nur kann über eine Situation oder eine Sache. Ihre Scheidung muss nicht zu einer negativen oder gar zerstörerischen Erfahrung in Ihrem Leben werden, sie hat durchaus das Zeug zu einer positiven Kraft, die Sie innerlich vorwärtsbringen kann. Es hängt ganz davon ab, was Sie bereit sind, daraus zu lernen und wie Sie das Gelernte dann in Ihrem Leben umsetzen.

Der Wachstumsprozess, den Ihnen Ihre Scheidung ermöglicht, läuft über neun Stufen. Steigen wir sie gemeinsam hoch:

1. Bedenken Sie, dass die Zeit heilende Wirkung hat und Sie von Tag zu Tag nur einen Schritt vor den anderen setzen können. Kein anderer kann diesen Gang für Sie tun. Kein anderer hat dieselben

Gefühle und Erfahrungen wie Sie. Der eine Wachstumsschub wird eine halbe Stunde dauern, der andere eine halbe Woche.
Sie werden wachsen, während Sie gehen.
2. Nehmen Sie Ihr Herz in die Hand, fassen Sie sich. Stellen Sie niemals Ihre Existenz infrage, egal wie frustriert, einsam, schuldig, wütend oder verzweifelt Sie sich auch fühlen.
3. Halten Sie sich Zeiten frei für den Rückblick, für Gebet, Meditieren, Lesen und Nachdenken. Es gibt viele Umstände um Sie herum, die Sie momentan einfach nicht ändern können. An sich selbst aber können Sie jederzeit arbeiten. Nehmen Sie sich Zeit dafür.
4. Suchen Sie die Gesellschaft gesunder Menschen, die zwar auch ihre Kämpfe im Leben auszutragen haben, daran aber wachsen. Es bringt Ihnen wenig, sich die Scheidungsgeschichten anderer anzuhören, während Sie selbst gerade Ihre eigene durchleben. Was Ihnen zunächst hilfreich erscheinen mag, wird bald langweilig. Ein gesunder Mensch lässt die Vergangenheit ruhen, lebt den Tag und wächst in der Gegenwart. Landauf, landab entstehen Selbsthilfegruppen und Seelsorgeseminare für Geschiedene, im medizinischen wie im kirchlich/gemeindlichen Bereich. Hören Sie sich um, ob es so etwas nicht auch in Ihrer Nähe gibt.
5. Nehmen Sie professionelle Beratung oder Therapieangebote wahr, wenn Ihnen danach ist. Um Hilfe zu bitten ist kein Ausdruck von Schwäche, es zeugt von Stärke.
6. Akzeptieren Sie die Tatsache, dass Sie in Scheidung leben oder bereits geschieden sind und nun allein leben. Viele Geschiedene fühlen sich nach wie vor als Verheiratete. Ich kenne eine Frau, die ihre Gefühle zusammenfasste in der Behauptung, sie befinde sich keineswegs im Stande einer Alleinstehenden, sondern lediglich im Übergang von einer Ehe in die nächste.
Wenn Sie geschieden sind, sind Sie Single.
7. Lassen Sie Vorsicht walten im Umgang mit Hilfsangeboten aus Ihrer Umgebung. In seelischen Nöten bieten wir jedem, der uns seine Hand entgegenstreckt oder ein freundliches Wort auf den Lippen führt, nur zu schnell unsere ebenso offene wie wunde Flanke. Doch manche Menschen lauern nur darauf, andere zu verletzen. Seien Sie auf der Hut.

8. Lassen Sie die Vergangenheit ruhen und leben Sie in der Gegenwart.
9. Nehmen Sie Gott mit auf die neue Etappe Ihres Lebensweges und suchen Sie die Hilfe und die Beziehungen, die Sie brauchen für diesen Neustart.

Keiner dieser Wachstumsschritte ist leicht getan. Sie müssen dort beginnen, wo Sie stehen, selbst wenn Sie das Gefühl haben, gerade eben wieder mal den Zug in eine neue Zukunft verpasst zu haben.

Die Gesellschaft buchstabiert Scheidung so: V-E-R-S-A-G-E-N.

Auch wenn sie heute weitgehend toleriert wird als Bestandteil des modernen Lebens, hinterlässt sie doch ein Feuermal auf jeder menschlichen Existenz. Wie leicht gestehen wir dem anderen ein Scheitern in gesellschaftlichen Dingen, in der Schule oder in der Karriere zu – doch nicht in der Ehe. Ein geschiedener Mensch hat genug damit zu tun, mit der Last seines eigenen Versagens fertig zu werden, ohne von Dritten zusätzlich belastet zu werden. Man hat mich gefragt, wer am meisten leide unter einer Scheidung, ein Mann, eine Frau oder ein Kind. Meine Antwort war: Ein Mensch.

Vier Ziele guten Wachstums

Ein kluger Mensch hat einmal gesagt: „Wer auf nichts Bestimmtes zielt, trifft auch nichts."

Es ist schwer, Ziele zu setzen und auf sie hinzuarbeiten, wenn man mitten im Chaos einer Scheidung steckt. Doch ohne bestimmte Vorgaben ist Wachstum nicht möglich. Hier sind vier Konfektionsgrößen, in die Sie hineinwachsen sollten:

1. Während Sie Ihre Scheidung verarbeiten, durchlaufen Sie einen Heilungsprozess. Es ist wie bei der Reha nach einer Amputation – Heilung braucht ihre Zeit. Dieser Weg der Heilung ist Ihr erstes Ziel und er braucht zwei bis drei Jahre.
2. Beginnen Sie, einen neuen Freundeskreis aufzubauen, der Ihnen bereits in der Zeit des Übergangs ein neues Zugehörigkeitsgefühl vermittelt und zu Ihrer neuen Identität beiträgt. Eine der schmerzvollsten Erfahrungen, die eine Scheidung mit

sich bringen kann, ist der Verlust der verheirateten Freunde. Ihr zweites Ziel ist es, ein neues soziales Umfeld zu gestalten.

3. Nehmen Sie sich Zeit für Ihre Seelenhygiene. An mindestens jeder zweiten Entscheidung im Leben sind maßgeblich unsere Gefühle beteiligt. Wir können sie aus-, aber auch unterdrücken. Erleichterung und Heilung finden wir nur, wenn wir ihnen ein Ventil geben. Zwar wird es immer Leute geben, die Sie ermutigen, die Schleusentore Ihrer Emotionen ein wenig zu öffnen, nur um das Gehörte prompt und gegen Ihren Willen in ein weit verzweigtes Informationsnetz einfließen zu lassen, doch andererseits spricht Ihr glückliches Gesicht Ihrem traurigen Herzen Hohn, und um wessen willen sollten Sie Ihre wahren Gefühle verleugnen? Denken Sie an die biblische Einsicht – alles hat seine Zeit ...

4. Seien Sie bereit, Ihre Erfahrung fruchtbar zu machen für andere, um die Sie sich kümmern, mit denen Sie sich austauschen, denen Sie Ergänzung und Stütze sein können. Auch wenn Sie meinen, menschlich ganz unten angekommen zu sein, können Sie dort immer noch etwas finden, was anderen Leidensgenossen weiterhelfen kann. Und die meisten können auch Ihnen etwas geben.

Denken Sie daran:
In der Scheidung nehmen Sie sich selbst in Ihre Obhut!

---

2. Loslassen

*„Ich kann nur in der Gegenwart leben,
wenn ich die Vergangenheit loslasse."*

Zu den ersten Hürden, die im Scheidungsprozess vor Ihnen auftauchen, gehört die schier unüberwindbare Herausforderung, all die Annehmlichkeiten und Ärgernisse *loszulassen*, die das „Erlebnis Ehe" ausgemacht haben. Eine Scheidung bringt eine Unzahl von Veränderungen mit sich, die Ihr Leben auf den Kopf stellen. Ein Betroffener hat diesen Vorgang beschrieben als „Katapult, das dich aus einer Acht-Zimmer-Villa in der grünen Vorstadt hinauskatapultiert in eine kleine Sozialwohnung an der Straße zur Vorhölle".

Nur wenige schaffen es, ihren gewohnten Lebensstil unbeschadet durch eine Trennung hindurchzuretten. Es mag zwar ein paar Abenteuerlustige geben, die jede Art von Abwechslung im Leben begrüßen, die meisten von uns aber fühlen sich durch Umbrüche dieses Ausmaßes eher bedroht und fürchten sich vor dem Unbekannten, das auf sie zukommt. Scheidung zwingt den Menschen, sich radikal zu verändern, und das bedeutet, dass er Altes loslassen muss und sich Neuem öffnet.

Es gibt viele verschiedene Bezugssysteme, die unserem alltäglichen Leben Halt, Rahmen und Führung geben. Wir wachsen hinein in vorgegebene *geistige, soziale, physische* und *geistliche* Strukturen. Wenn eine dieser Leitlinien verwischt wird, verlieren wir schnell die Orientierung und werden verunsichert, was schließlich in Frustration münden kann. Eine Scheidung verschiebt diese vier Fixpunkte unseres Koordinatensystems ganz gehörig:

GEISTIG

Der geistige Bereich umfasst unseren Verstand, wie wir ihn nutzen und wie er auf das reagiert, was um uns herum vor sich geht. Unser Geist ist der Ort, wo sich unsere Haltung gegenüber unserem früheren Ehe-

partner, unseren *Kindern*, *Verwandten* und *Freunden* formt und verfestigt. Sind wir verheiratet, nehmen wir zu jedem dieser vier Personenkreise eine unterschiedliche Haltung ein, die in ihrer Gesamtheit eine ganz spezielle Mischung ergeben. Werden wir geschieden, durchlaufen diese Verhaltensweisen grundlegende Änderungen, genauso wie sich das Verhältnis dieser Bezugspersonen zu uns verändert. So kann unsere Beziehung zum Partner über Nacht von Liebe in Hass umschlagen. Die Haltung der Kinder wird variieren von „Das ist alles deine Schuld!" bis zu „Das ist alles meine Schuld". Die Verwandten können sich entweder auf die eine oder auf die andere Seite schlagen und die Freunde werden entweder auch Partei ergreifen oder um Neutralität bemüht sein oder gar vollständig aus unserem Leben verschwinden. Es kann zu einer schrecklichen Last werden, wenn man sich mit den Gefühlen und Meinungen anderer auseinandersetzen soll, während die eigenen Schmerzen und Erfahrungen noch lange nicht aufgearbeitet sind.

Loszulassen im geistigen Bereich heißt, zu der Einsicht zu kommen, dass ich sehr wohl für meine eigenen Gefühle und Einstellungen verantwortlich bin, nicht aber auch noch für die der anderen. Es werden sich zwangsläufig Brüche einstellen im Verhalten mancher Menschen mir gegenüber. Daran kann ich aber nur sehr wenig ändern. Die Dinge bleiben nicht so, wie sie vor der Scheidung einmal waren. Auch die Menschen bleiben nicht die alten, selbst wenn wir es uns noch so sehr wünschen. Eine Scheidung stellt alles auf den Kopf, Verhaltensweisen und Beziehungen sind davon nicht ausgenommen. Wenn Sie diese Tatsache verstehen und akzeptieren, wird es Ihnen leichterfallen, in der Gegenwart zu leben und die Vergangenheit hinter sich zu lassen. Auch wenn die ersten Reaktionen auf Ihre Scheidung eine kurze Halbwertszeit haben mögen, das Ende Ihrer Ehe wird kaum einen in Ihrer näheren Umgebung kalt lassen. Und diese Menschen haben ein Recht auf ihre eigenen Antworten und ihre eigene Einstellung zu dem Ganzen.

Sozial

Das soziale Umfeld einer Person umfasst Beruf und Karriere, Schule und Bildung, Kirche und Religion, alle Kontakte, die Sie an Ihrem Ort geknüpft haben, und Ihren gesamten Lebensstil. Als menschliches Wesen brauchen wir den Kontakt zu anderen Menschen; die Beziehungen, die wir knüpfen, sind das Muster im Stoff unseres Lebens, an dem wir unablässig weben. Eine Scheidung provoziert nicht nur Reaktionen aus unserem engsten Umfeld, auch die Menschen, mit denen wir in den unterschiedlichen sozialen Bereichen unseres Lebens zu tun haben, werden unweigerlich Stellung beziehen. Unser ganzes gesellschaftliches Leben ist ausgerichtet auf Paarbeziehungen, und als Vollendung einer solchen Zweierschaft gilt immer noch die Ehe. Wenn sich nun ein Paar trennt, fragen sich die Leute in seiner Umgebung eher, inwieweit sie selbst davon betroffen sind, als dass sie überlegen, wie es den Geschiedenen dabei geht. Das „Was-sagt-man-dazu"-Syndrom nimmt seinen Lauf, man beurteilt nach Augenschein und fällt Schuldsprüche. Oft kriegt der Geschiedene einen Laufpass, bevor er noch die Chance hat, sich auf die Lage einzustellen und neue Kontakte knüpfen kann. Eine Arbeitsstelle kann verloren gehen, eine Karriere abbrechen. Der Schulbesuch wird mitunter zur Qual für die Kinder Geschiedener. Die Mitgliedschaft in politischen Gremien, Vereinen und Gemeinden kommt nur allzu oft zum Erliegen.

„Ich war verheiratet – jetzt bin ich Single." Dieser Satz verwandelt das soziale Umfeld eines Menschen schlagartig und weitestgehend von verheirateten in alleinstehende Freunde. Das ist zumindest die Konsequenz für Geschiedene, die über viele Jahre hin nur noch Freundschaften mit Ehepaaren gepflegt haben.

Loszulassen im sozialen Bereich heißt, dass ich Veränderungen, Ausgrenzungen und Reaktionen erfahre, die es mir unmöglich machen, einfach so weiterzumachen wie bisher. Doch ich kann kämpfen um die Beziehungen, die es mir wert sind und ich werde intensiv daran arbeiten, neue und vielversprechende Verbindungen aufzubauen.

Physisch

„Eine der schlimmsten Erfahrungen einer Scheidung machst du, wenn du am Ende eines Tages nach Hause kommst in deine Wohnung und kein Gegenüber findest, das deine Freuden und Sorgen mit dir teilt." Das ist eine der häufigsten Klagen, die ich von ehemals Verheirateten gehört habe. Scheidung bedeutet nicht nur den Verlust der Liebe – sie bringt auch das physische Verschwinden des Partners aus unserem gemeinsamen Heim mit sich. Dass da einfach keiner mehr ist, mit dem ich die Dinge des täglichen Lebens durchsprechen kann, keiner, der mit mir lacht oder weint. Das kann zu einer der schrecklichsten Belastungen werden. Einsamkeit schafft eine feindliche Umgebung, die meine Ängste nur noch verstärkt. Doch ich muss dieser Tatsache ins Auge sehen, dass ich allein dastehe, nicht mit im Zweierverbund. Nicht wenige harren in ihrer Ehe aus, auch wenn die Liebe längst verhungert ist, nur um nicht einsam zu werden.

Loszulassen im physischen Bereich heißt, ein Ja zu finden zu der Tatsache, dass der andere nicht mehr da ist und auch nie mehr wiederkehren wird. Diesen Umstand anzunehmen verlangt von Ihnen, den Schmerz der Einsamkeit auszuhalten. Doch gegenwärtiges Alleinsein ist keine lebenslängliche Strafe, mit der Sie für Ihre Scheidung büßen.

Konsequenzen im physischen Bereich umfassen auch den Verlust Ihres Heimes. Man sagt, dass ein Haus der Ort ist, wo man wohnt. Ein Heim aber ist das, was wir aus dem Haus gemacht haben. Ich halte nicht viel von dem Bild einer „Ruine" im Zusammenhang mit einer Scheidung. Es impliziert, dass unser Heim unwiderruflich zerstört ist und die Menschen, die dort leben, unheilbar verwundet wurden.

Wenn Sie es zulassen, dass die Scheidung Ihr Heim zerstört, dann wird sie das auch schaffen.

Eine bessere Antwort wäre anzuerkennen, dass Ihre vertraute Umgebung einen Riss bekommen hat, schmuddelig geworden ist oder ramponiert. Diese Sichtweise leugnet zwar nicht den Schaden, schließt aber eine Reparatur auch nicht aus.

Bei einem Verkehrsunfall bedeutet ein Totalschaden, dass der Transport in die Werkstatt sich nicht mehr lohnt. Mit Ihrer Scheidung wird Sie das Gefühl beschleichen, einen Totalschaden erlitten zu haben, der nicht mehr behoben werden kann – glauben Sie das nicht! Mag Ihr Leben auch nicht mehr dem fabrikneuen Automodell entsprechen, das vor dem Traualter vorfuhr, die Beulen und Kratzer, die die Scheidung Ihnen zugefügt hat, sind durchaus reparabel – mit Ihrem eigenen Zutun, mit der Hilfe anderer und durch die Gnade Gottes.

Geistlich

Eine Scheidung kann Sie wegtreiben von Gott oder hintreiben zu ihm. Viele, die Rat bei mir suchen, erzählen mir, dass ihre Scheidung sie gezwungen hat, ihre Gottesbeziehung zu überprüfen. Sie haben ihre Prioritäten geordnet und sich ganz neu Gott und dem Dienst in der Kirche verschrieben.

Leider macht es diese einem Geschiedenen nicht immer leicht, am Glauben festzuhalten und Vergebung zu erfahren. Viele, die als aktive Gemeindeglieder eine Scheidung durchlaufen, werden gebeten, ihre Mitgliedschaft zu beenden. Andere werden aus Leitungsfunktionen entfernt und auf die hinteren Kirchenbänke verbannt, als permanente Züchtigung für ihre Missetaten.

Ein Christ, der geschieden ist, leidet unter dem Gefühl geistlicher Isolierung, während ein Nichtchrist in derselben Lage eher angezogen wird von der Gemeinde, wo er Verständnis, Mitgefühl und Vergebung zu finden hofft. Wie auch immer – es gibt immer noch zu wenig Gemeinden, die „ehemalige Eheleute" willkommen heißen.

Loslassen im geistlichen Bereich heißt, dass man seine Situation Gott übergibt und ihn allein die Sache gewichten und beurteilen lässt. Es heißt, den Unterschied zu begreifen zwischen der Vergebung Gottes und der Unversöhnlichkeit der Menschen. Es heißt, zu verstehen, dass Gott der Initiator neuer Anfänge ist.

Die neue Identität

Alte Dinge loszulassen heißt auch, sie durch neue Dinge zu ersetzen. Neues müssen wir mit dem Verstand erfassen, um es dann im physischen, sozialen und geistlichen Bereich umzusetzen.

Viele Geschiedene erzählen mir, dass sie nach wie vor wie Verheiratete denken und empfinden, sich dementsprechend verhalten und doch als Single leben. An einer Scheidung zu wachsen setzt voraus, dass man sich an die Spielregeln dieser Lebensphase hält. In einem meiner Seelsorgeseminare bitte ich die Teilnehmer, den folgenden Satz laut und deutlich nachzusprechen: „Ich bin geschieden, ich bin ein Single und ich bin schwer in Ordnung." Oft höre ich dann zunächst ein schwaches Murmeln. Wiederhole ich diese Bitte nach einiger Zeit, klingt das schon fester. Warum tue ich das? Weil die meisten der Betroffenen ein Lebensgefühl in ihrem Herzen konservieren, das sich mit der Realität ihres Alltags nicht mehr deckt. Ich versuche, ihnen zu helfen, Wirklichkeit und Gefühl zusammenzubringen. Und das fängt damit an, dass man sich ganz nüchtern vor Augen führt, wer man eigentlich ist. Denn ohne das vertraute Gefüge meiner Ehe, meiner Familie, meiner Freunde und meiner Nachbarn – wo findet mein Selbstbild Rahmen und Halt? Wie schnell verlieren Geschiedene den Kontakt zu sich selbst. Doch um wieder heil zu werden und wachsen zu können, müssen sie erkennen, wer sie sind und wo sie stehen. Und das müssen sie dann auch akzeptieren, ob es ihnen gefällt oder nicht.

Die neue Identität in sechs Schritten annehmen

1. Spielen Sie nicht krampfhaft weiter die Rolle des Verheirateten. Je länger Sie das tun, desto länger werden Sie neues Wachstum blockieren. Sie sind nicht mehr verheiratet, also tun Sie auch nicht so. Sie sind Single und müssen ganz langsam wieder entdecken, wie diese Rolle funktioniert und wie man sie ausfüllt.
2. Sammeln Sie ganz neue Erfahrungen im Leben. Es ist simpel, die alten Lektionen immer und immer wieder durchzugehen. Öffnen Sie sich dem Neuen, tun Sie den Schritt vom Gralshüter Ihrer Verletzungen zum Abenteurer im Hier und Jetzt.
3. Lassen Sie sich nicht von anderen eine Identität aufdrücken, auch wenn es manchmal leichter sein mag, in die Rolle zu schlüpfen, die andere von uns erwarten, als das zu leben, was wir wirklich sind. Bringen Sie Ihre eigene Persönlichkeit zur Geltung. Sie sind Sie – nicht nur das, was andere von Ihnen halten.
4. Lernen Sie alles, was Sie brauchen, um Ihre Rolle als Alleinerziehende oder Alleinerziehender gut auszufüllen, ein prima Wochenend-Papa oder eine tolle Teilzeit-Mama zu werden, allein zurechtzukommen, Zukunftspläne zu entwickeln, unabhängig zu sein und ein rundum neuer Mensch zu werden.
5. Machen Sie sich bewusst, dass Sie einzigartig sind und ein einmaliges Wunder Gottes. Ein tragfähiges Fundament für Ihre neue Identität werden Sie nur finden, wenn Sie eine echte Beziehung zu Gott aufbauen.
6. Sehen Sie ein, dass Sie scheitern dürfen. Wir leben mit unserer Menschlichkeit, und diese Unvollkommenheit schließt ein, dass wir Fehler machen. Gehen Sie Risiken ein und lernen Sie aus Ihren Niederlagen.

Wie lange wird das Ganze dauern?

Wir alle leben im Takt des Sekundenzeigers. Mal versuchen wir, Zeit zu sparen, mal verplempern wir sie. Viele von uns möchten wissen, wie lange es dauert, bis sie mit ihrer Scheidung und den Schmerzen, die sie mit sich bringt, fertig geworden sind. Wann werde ich mich wieder gut fühlen, ganz und gar mit mir selbst im Reinen?

Wie lange dauert es, sich zu verlieben? Wie lange, eine Liebe zu vergessen?

Alles braucht seine Zeit. Für die einen ist es eine kurze Episode, für die anderen eine kleine Ewigkeit. Manche heilen schnell und vergessen leicht. Andere erholen sich nur langsam und werden niemals vergessen. Nehmen Sie sich ganz bewusst die Zeit, die Sie brauchen, um Altes hinter sich zu lassen und Neues aufzubauen. Und verlieren Sie niemals die Geduld, sondern machen Sie sich immer wieder bewusst, dass all das eine Erfahrung ist, die Sie wachsen lässt.

Denken Sie daran – zwei bis drei Jahre ist das richtige Maß.

Lassen Sie Vergangenes ruhen.
Es hat keine Zukunft.

Anregungen, Fragen für Ihr persönliches Wachstum und Grundlagen für eine Diskussion:

1. Wie sind die folgenden Bezugspersonen mit Ihrer Scheidung umgegangen?
   Ihr ehemaliger Ehepartner
   Ihre Kinder
   Ihre Verwandten
   Ihre Freunde

2. Welche Auswirkungen hatte Ihre Scheidung auf die Menschen in Ihrem weiteren Umfeld?

3. Wie kommen Sie zurecht ohne die Gegenwart des anderen bei Ihnen daheim?

4. Welche Auswirkungen hatte die Scheidung auf Ihr geistliches Leben?

5. In welche Richtung, auf welches Ziel hin soll sich Ihre neue Identität entwickeln?

6. Welches persönliche Ziel haben Sie für die nächste Woche?

3. Den früheren Partner ins Visier nehmen

*"Ich liebte dich. Ich hasse dich.
Ich will, dass du für alles büßt."*

„Wie konnten sich meine Gefühle für meinen früheren Partner nur so schnell von Liebe über Hass in Rachgier verwandeln?" So oft wurde mir diese Frage von Menschen gestellt, die auf der Gefühlsebene mit ihrer Scheidung überhaupt nicht zurechtkommen. Es sind die unterschiedlichsten Umstände und Ereignisse, die die Gefühle eines Menschen innerhalb weniger Augenblicke oder über einen Zeitraum von Jahren von einem Extrem ins andere verwandeln können.

Im Gegensatz zum Tod nimmt die Scheidung den Partner nicht ganz und gar weg aus unserem Leben. Er geistert herum am Rande unseres Gesichtsfeldes und richtet von Zeit zu Zeit in unserem Leben weiteren Schaden an.

Nicht selten lässt die Art, wie die Eheleute mit ihrer Scheidung umgehen, direkte Schlüsse auf die Probleme zu, die zum Ende ihrer Ehe geführt haben.

Es sind *acht Ursachen für eine Scheidung*, die mir in meiner Tätigkeit am häufigsten begegnet sind:

1. Die „Opfer"-Scheidung

In einer „Opfer-Scheidung" verlässt einer der beiden Ehepartner das Heim und zieht zu einer anderen Person. Das kann die Sekretärin sein, eine enge Freundin, ein alter Freund, ein neuer Freund und so weiter. Das Resultat ist immer dasselbe. Der eine will die Scheidung, der andere nicht. Der Verlassene fühlt sich schuldig, wertlos, wie aussortiert, und seine Verzweiflung verwandelt sich häufig in Wut und Rachedurst.

Eine „Opfer-Scheidung" gipfelt fast immer in Feindseligkeit zwischen den Parteien.

2. Die „Problemkind"-Scheidung

Diese Art von Scheidung hat ihre Wurzeln gewöhnlich in persönlichen Problemen, die einer der beiden Partner schon vor der Hochzeit mit sich herumgetragen hat oder im Lauf der Ehejahre entwickelte. Das können alle Arten von Süchten sein, ein kaputter familiärer Hintergrund, Veränderungen der Persönlichkeit im Zuge der Midlife-Crisis, Homosexualität, Karriereidellen oder die Wechselfälle des Berufs. Lösungen könnten durchaus gefunden werden, wenn beide Partner sich ernsthaft auf die Suche machten. Doch tragischerweise wollen viele Männer und Frauen ihre Probleme nicht wahrhaben und leugnen sie vehement.

3. Die „Kleiner-Junge-/kleines-Mädchen"-Scheidung

Diese Scheidung ist die Folge davon, dass einer der beiden Ehepartner sich im Grunde vor der Verantwortung scheut, die man als Ehemann oder Ehefrau, als Vater oder Mutter nun einmal hat. Er oder sie beschließt, seine Zeit lieber mit den Jungs oder Mädels zu verbringen, mit denen man vor der Hochzeit so toll spielen konnte. Man übersieht dabei jedoch, dass man für seinen Spieltrieb mittlerweile einen ungleich höheren Preis bezahlen muss als früher. Der andere muss sich dabei radikal abgelehnt fühlen. Persönliche Unreife und der Unwille, sich seiner Verantwortung zu stellen, führen zur Scheidung.

4. Die „Man-hat-mich-übers-Ohr-gehauen"-Scheidung

Diese Scheidung droht, wenn ein Ehepartner in der Ehe nicht das kriegt, was er sich vorgestellt hat, als er in die Ehe ging. Wenn einer der beiden vor der Ehe nicht den Mut aufbringt, im Hinblick auf persönliche Blockaden oder Probleme die Karten auf den Tisch zu legen, mündet das oft in herbe Enttäuschung und Desillusionierung und dann in eine Scheidung. Diese Scheidung ist die Folge einer Abwehrreaktion beim „Betrogenen" dem Partner gegenüber. Darüber hinaus verankert sie in ihm ein tief gehendes Misstrauen vor dem anderen Geschlecht.

5. Die „Muss"-Scheidung

Wenn ein Pärchen sich hauptsächlich auf den Druck der Familie, der Freunde oder der allgemeinen gesellschaftlichen Meinung hin in eine Muss-Ehe stürzt – etwa weil bereits ein Kind unterwegs ist –, folgt nicht selten früher oder später eine Scheidung vom selben Kaliber. So überhastet, wie man hineingestolpert ist, so plötzlich ist man auch wieder draußen. Das Thema „Zwang" durchzieht Anfang, Verlauf und Ende dieser Beziehung, und eine Ehe auf Druck hin funktioniert nur selten. Die Partner empfinden am Ende nur noch Mitleid oder Ablehnung füreinander.

6. Die „Midlife-Crisis"- oder „Menopause"-Scheidung

Dass Frauen in die Wechseljahre kommen, ist allgemein bekannt. In letzter Zeit jedoch verfestigt sich unter den Experten die Überzeugung, dass auch Männer eine ähnliche „Verwandlung" erfahren. Die Veränderungen in Persönlichkeit und Verhalten, die beide Geschlechter durchlaufen, kann bei dem einen oder anderen so drastisch ausfallen, dass der jeweilige Ehepartner sein Heil in der Ehe-Flucht sucht. Auch nach der Scheidung wird er nur verständnislos reagieren und Mühe haben, das zu verstehen, was mit dem anderen los war. Und weil diese Trennungen meistens nach langen Jahren einer mehr oder wenigen glücklichen Ehe stattfinden, gehen die Verletzungen besonders tief und Bitterkeit paart sich mit dem Gefühl, schmählich verraten worden zu sein.

In letzter Zeit ist die Scheidungsrate unter Menschen, die zwanzig Jahre und länger verheiratet waren, dramatisch angestiegen. In unseren Seelsorgeseminaren saßen schon Teilnehmer, die eine 45-jährige Ehe abgebrochen hatten. Mit anderen Worten bedeutet das: Nun lassen sich auch schon Oma und Opa scheiden.

7. Die „Keine-Schuld"-Scheidung

Noch vor nicht allzu langer Zeit mussten Scheidungsgegner vor Gericht Gründe für die erwünschte Scheidung anführen. Anklageschriften wurden erstellt und Gegenklagen erhoben. Man führte Zeugen auf, die die jeweiligen Argumentationsketten bestätigen oder entkräften sollten. Nach dem Wandel in der Scheidungsgesetzgebung fragt keiner mehr nach Ursachen und Gründen und keiner wird mehr schuldig gesprochen. Oft kommen zwei Menschen ganz einfach zu dem Schluss, dass es das eben war. Man will wieder seine eigenen Wege gehen. Die Gefühle spielen in dieser Art von Scheidung keine große Rolle. Die Betroffenen sind der Meinung, dass es nicht geklappt hat und man keinem von beiden irgendwelche Schuld zuschieben sollte.

8. Die „Konkurrenzkampf"-Scheidung

In einem Büro las ich einmal den Spruch: „Der Konkurrenzkampf ist entschieden. Gewonnen hat – *der Kampf!*" Auf unser Thema zugeschnitten könnte man das Ganze auch umformulieren: „Der Konkurrenzkampf ist noch nicht entschieden, doch meine Ehe hat er schon mal geschafft!" Wir leben in einer Welt der Doppelverdiener. Der Stress und die Anspannung, die sich unter diesen Lebensumständen über Jahre hinweg aufbauen, fordern ihren Tribut. Nähe und Intimität gehen verloren unter dem unbarmherzigen Druck, den einmal erreichten Lebensstandard halten zu müssen. Und irgendwo mittendrin kämpfen die Kinder nur noch ums eigene Überleben. Am Ende geht den Beteiligten in der Regel der emotionale Sprit aus und die Familie rollt stotternd ins Scheidungsland.

Wer mit dem ehemaligen Partner einigermaßen gut auskommen will, muss ein hohes Maß an Geduld und Verständnis aufbringen – und das in einer Zeit, in der man eigentlich genug damit zu tun hat, seine eigenen Gefühle und Verletzungen in den Griff zu bekommen. Wenn keine Kinder mit im Spiel sind oder wenn diese schon erwachsen sind, geheiratet haben und außer Haus leben, besteht kaum Veranlassung, einen persönlichen Kontakt aufrechtzuerhalten oder alte Konfrontationen fortzusetzen. Wo aber Kinder in die Scheidung verwickelt sind, bleibt all der Kummer im Leben der Beteiligten lebendig. In den Wochen nach einer Trennung ist das Konfliktpotenzial zwischen den Eheleuten am größten. Im Verlauf der Monate aber, während neue Interessen und Beziehungen entstehen, beruhigt sich die Lage zunehmend. Man sucht Regelungen für Besuche, Unterhaltszahlungen, Ferienreisen, Feiertage und die allgemeinen Probleme des Alltags und findet mehr oder weniger akzeptable Wege, miteinander umzugehen, ein immer besser funktionierendes Lebensschema. Die Verletzungen bleiben, aber der Umgangston verliert an Schärfe.

Auch das heißt Wachsen, wenn Ihre Gefühle für den ehemaligen Partner von Feindseligkeit, Hass und Rachelust übergehen in Schuldbewusstsein und Bedauern, das beide Seiten einschließt, um dann in einem Gleichmut zur Ruhe zu kommen, der die Dinge so annehmen kann, wie sie sind. Dieser Prozess intensiver Arbeit an Ihren Gefühlen kann Jahre dauern. Die Heilung im Schnelldurchgang, die viele suchen, gibt es nicht. In dem Maße, wie Sie auf anderen Gebieten vorankommen, wird auch Ihr Innerstes zur Ruhe finden.

Menschen, die eine Scheidung erlebt haben, machen immer wieder die Erfahrung, dass ihre Gefühle für den früheren Partner von einem Tag auf den anderen wechseln. Wenn sie den anderen eine Zeit lang nicht sehen, ertappen sie sich des Öfteren bei dem Gedanken an eine Aussöhnung. Sobald sie ihm aber gegenüberstehen, kommen die alten Geschichten wieder hoch und die Empörung kehrt zurück. Es ist weitaus angenehmer, dem Idealbild eines Menschen nachzuhängen, das sich in früheren Zeiten aufgebaut hat, als das ungeschminkte Porträt zu ertragen, vor dem man heute steht. Manchmal treibt die Unfähigkeit, ein neues Leben zu beginnen, einen Menschen zurück zu dem Partner, den er verlassen hat. Die Furcht vor dem Neuen ist in diesen Fällen stärker als das Leiden an den alten Zuständen.

Wie geht es weiter mit dem/der „Ex"?
Es gibt elf grundlegende Fragen, deren Beantwortung Ihnen nicht leichtfallen wird, wenn Sie sich im Lande der Geschiedenen einrichten. Sie drängen sich Ihnen vom Tag der Trennung an auf, und manche werden Sie begleiten bis zu dem Tag, an dem Sie diese Erde verlassen. Ich habe sie hier aufgelistet. Setzen Sie sich mit den Themen auseinander und entwickeln Sie Strategien für den Umgang mit diesen Problemen, die Sie mitunter ziemlich unvorhergesehen überfallen können.

1. Wie gehe ich mit meinem Gefühlschaos um?
Während Sie heute noch meinen, Ihren früheren Partner zu lieben wie eh und je, kann es morgen schon sein, dass Sie ihn abgrundtief hassen und verletzen wollen.

2. Sehe ich den Ex-Partner regelmäßig, dann und wann oder überhaupt nicht mehr?

Es wird Tage geben, an denen Ihnen der andere unter keinen Umständen unter die Augen kommen darf und es wird Tage geben, an denen Sie alles tun, um wenigstens einen kurzen Blick auf diese Person werfen zu können.

3. Kann ich mit meinem Ex-Partner reden oder schaffe ich das nicht?

Manche Leute sind durchaus in der Lage, jederzeit und in aller Freundlichkeit mit dem Scheidungsgegner ein Gespräch zu führen, während für andere jede Art von Austausch undenkbar ist. Dabei stellt das Telefon eine große Versuchung dar, den anderen anzurufen, nur um seine Stimme zu hören oder um ihm Grobheiten an den Kopf zu werfen.

4. Finanzielle Unterstützung – ja oder nein?

Die meisten Schlachten in einer Scheidung werden um Fragen des Geldes geschlagen. Es ist kein Geheimnis, dass es ohne gesetzliche Regelungen um die finanzielle Situation der Frau schlechter bestellt wäre als um die des Mannes. Millionen und Abermillionen an Unterhaltszahlungen wechseln jährlich die Konten. Der Gesetzgeber hat dieses Thema mittlerweile so weit reguliert, dass beide Parteien nur noch sehr begrenzten Spielraum haben, hier nach Gutdünken zu verfahren.

5. Habe ich regelmäßig Kontakt zu meinen Kindern oder nicht?

Es gibt eine Menge Alleinerziehende, die ihren Kindern all ihre Liebe und ein Höchstmaß an Zeit schenken. Es gibt aber auch einige, die das nicht tun. Man kann einen geschiedenen Vater oder eine geschiedene Mutter nicht zwingen, in Kontakt mit den Kindern zu bleiben, wenn sie sich bewusst anders entschieden haben. Das ist allerdings mehr als tragisch, denn es sind die Kinder, die die volle Wucht dieser Fehlentscheidung abbekommen, sie sind es, die an dieser krassen Erfahrung von Ablehnung viele Jahre zu tragen haben.

6. *Hat man einen Ersatz gefunden für mich?*
Es ist hart, der Tatsache ins Auge blicken zu müssen, dass möglicherweise irgendwann eine andere Person meinen Platz in der Familie einnehmen wird. Wie nahe liegt da die Versuchung, sich nun auch selbst – relativ überhastet – einen Partner zu schnappen, nur um sich nicht wie ein Waisenkind in einer Welt voller beglückender Beziehungen fühlen zu müssen.

7. *Warum geht es meinem/meiner „Ex" immer besser, während ich jeden Cent umdrehen muss?*
Es kann einem ganz schön an die Nerven gehen, wenn man selbst knausern muss, während der ehemalige Ehemann gerade dabei ist, sich einen flotten Flitzer zuzulegen oder die frühere Gattin demnächst mit dem neuen Freund in ein Einfamilienhaus im Grünen zieht, während man selbst in der Studentenbude gleich neben dem Bahndamm haust.

8. *Was hat den längeren Atem – meine guten oder meine schlechten Erinnerungen?*
Die geradezu traumatischen Erlebnisse, die sich mit einer Scheidung oft verbinden, können problemlos all die guten Erinnerungen verdrängen, die Sie mit Ihrer Ehe verbinden. Trennen Sie sorgfältig die schlechten von den guten Bildern und nehmen Sie beides mit – wie Sammlerstücke von Ihrer Reise durchs Leben.

9. *Wer steht auf meiner, wer auf seiner/ihrer Seite?*
In einem Konflikt zwischen zwei Menschen neigen die meisten Menschen dazu, Partei für eine der beiden Seiten zu ergreifen. Selbst die, die das Gegenteil beteuern, finden sich früher oder später doch in einem der beiden Lager wieder, auch wenn sie ihre Entscheidung gar nicht begründen können. Sie sollten auf gar keinen Fall auch nur einen einzigen Ihrer Kollegen, Bekannten, Freunde oder Verwandten unter den Druck setzen, sich in und nach der Scheidung auf Ihre Seite zu stellen. Arbeiten Sie viel mehr daran, Kontakt zu den Menschen aufrecht-

zuerhalten, auf deren Freundschaft Sie Wert legen und lassen Sie den Rest ziehen.

10. Wie komme ich raus aus der Kampfzone?

Wenn Sie sich aus dem Clinch einfach nicht lösen können, in den Sie und Ihr Ex-Partner buchstäblich verwickelt sind, dann wird Ihnen dieser Kampf all die Energien rauben, die Sie so dringend für den Aufbau eines neuen Lebens bräuchten. Dabei sind bei näherer Betrachtung so viele Dinge es einfach nicht wert, dass man sich darüber in die Haare kriegt. Im Grunde reicht die Einsicht einer einzigen Person, um derartige Auseinandersetzungen zu beenden – und das sollten unbedingt Sie sein!

11. Kann ich mir leisten, den Schwarzen Peter einfach mal stecken zu lassen?

Das Lieblingsspielchen unzähliger Scheidungsgegner ist es, sich gegenseitig den Schwarzen Peter zuzuschieben. Sie übersehen dabei, dass sie mit ihren gegenseitigen Schuldzuweisungen und Herabwürdigungen nur den hilf- und nutzlosen Versuch unternehmen, ihre eigene Verantwortung für das Desaster auf den anderen abzuwälzen und gleichzeitig immer noch Macht über ihn auszuüben.

Es kann durchaus sein, dass Sie dieser Liste weitere persönliche Erfahrungen hinzufügen möchten. Denn nur eine sorgfältige Definition unserer Probleme macht es uns möglich, etwas für ihre Lösung zu tun.

So wachsen Sie in der Auseinandersetzung mit Ihrem früheren Partner

1. Gestalten Sie den Ablösungsprozess schrittweise: Jeden Tag eine Etappe!

Ich kenne keinen besseren Weg durch eine Scheidung als das Prinzip der kleinen Schritte. Nur auf das Morgen hinzuleben schafft die Probleme von heute nicht aus der Welt. Ihre Zukunftssorgen werden Ihnen wohl kaum helfen, in der Gegenwart zu bestehen. Entscheiden Sie sich dafür, jeden Tag so zu nehmen, wie er kommt. Die Heilung Ihrer Gefühle kann sehr viel mehr Zeit in Anspruch nehmen als jeder körperliche Erholungsprozess, den Sie kennen. Gewöhnen Sie sich also an, ganz im Hier und Jetzt zu leben. Probleme löst man am besten eins nach dem anderen und jeder Plan, den man schmiedet, braucht seine Zeit. Die meisten Menschen, die eine Scheidung durchleben, haben das Gefühl, dem Ganzen nicht gewachsen zu sein. Sie empfinden so, weil sie den Großteil ihrer Energie damit verpulvern, in der Vergangenheit herumzuwühlen oder weil sie versuchen, in die Zukunft vorzudringen.

Einer ungewissen Zukunft begegnen die meisten ganz einfach mit Sorge. Doch Sorgen ändern rein gar nichts. Der Apostel Paulus hat einer Gruppe von Christen ein paar sehr kluge Worte zum Thema Sorgen mit auf den Weg gegeben. Er sagte: „Macht euch keine Sorgen, sondern wendet euch in jeder Lage an Gott und bringt eure Bitten vor ihn. Tut es mit Dank für das, was er euch geschenkt hat. Dann wird der Frieden Gottes, der alles menschliche Begreifen weit übersteigt, euer Denken und Wollen im Guten bewahren, geborgen in der Gemeinschaft mit Jesus Christus" (Philipper 4,6-7). Sie brauchen Stärke immer nur für das Heute. Und während Sie jeden Tag neu die Erfahrung machen, dass Sie die Kraft zum Weiterleben haben, bauen Sie ein Reservoir der Zuversicht auf für jedes Morgen, das noch kommt.

Wenn eine Person aus Ihrem Leben verschwindet, die einmal so wichtig und wesentlich für Ihr ganzes Dasein war, dann ist das extrem hart für Sie. In vielen Ehen sind die Identitäten der Partner so eng miteinander verwoben, dass sie meinen, sie würden ohne den anderen aufhören zu existieren.

Sie aber existieren, Sie sind lebendig und Sie können das Heute meistern!

2. Versuchen Sie, einen klaren Schnitt zu machen!

Viele Geschiedene finden einfach nicht den Ausgang aus ihrer Ehe. Auch wenn sie sich ohne Unterlass abmühen, vom ehemaligen Partner loszukommen, klammern sie sich doch insgeheim an die Beziehung. Manch einer nutzt jede sich bietende Gelegenheit, den anderen zu sehen, nur um das Ganze hinterher bitter zu bereuen. Wahrscheinlich hoffen die meisten, dass der andere sich geändert haben möge oder dass ihre Erinnerungen an die schlechten Zeiten sich einfach in Luft auflösen. Einige kehren freiwillig in das ehemals gemeinsame Haus zurück, zum Essen, an den Abenden, zum Kinderhüten, zur Gartenarbeit, für Reparaturen oder einfach nur so – weil sie Heimweh haben. Nicht selten fühlen sich diese „Essensgäste" auf dieser Beziehungsebene durchaus wohl. Man darf aber nicht aus den Augen verlieren, dass gegenseitige Besuche etwas ganz anderes sind als gemeinsames Leben. Drei Monate Trennung können nicht zwanzig Jahre voller Probleme und Verletzungen auslöschen. In den meisten Fällen führt eine räumliche Trennung zu einem klaren Bruch zwischen früheren Partnern. Eine Verbindung im Schwebezustand hindert die Beteiligten nur daran, zu einer neuen Identität und positivem Wachstum zu finden. Da, wo Kinder betroffen sind, sollten Besuchsrechte geregelt und befolgt werden. Der Erhalt des Hauses oder der Wohnung will geplant sein und die Mittel dafür müssen bereitgestellt werden. Und doch dürfen Unterhaltszahlungen nicht als Eintrittskarte in das ehemalige Heim missbraucht werden.

Es hilft Ihrem Ego wenig, den früheren Ehepartner zu sehen. Sie werden nur erinnert an die Vergangenheit und das, was Sie nun nicht mehr haben. Aber es ändert sich überhaupt nichts. Je eher Sie damit anfangen, sich ein neues Leben aufzubauen, desto glücklicher werden Sie sein.

Ich habe Menschen gekannt, die sich scheiden ließen und weiterhin im selben Haus lebten – zumindest über einen längeren Zeitraum. Ich kannte andere, die sich trennten und doch weiterhin miteinander ausgingen. Diese und andere Beziehungen, die auch nach einer bewussten Trennung weiterliefen, blockierten auf beiden Seiten ganz entschieden die Erfahrung eines Neuanfangs und die Entwicklung eines neuen Selbstwertgefühls.

3. Hören Sie auf, sich für den/die „Ex" verantwortlich zu fühlen!
Viele von uns fühlen sich in ihrem Leben verantwortlich für Dinge, auf die sie gar keinen Einfluss nehmen können. Ein entscheidender Schritt in unserem Reifungsprozess liegt darin, Verantwortung *für uns selbst* zu übernehmen (worauf ich in Kapitel 4 ausführlich eingehen werde). Zu dieser Entwicklung gehört aber ebenso, dass wir auch den anderen zugestehen – oder zumuten –, die Verantwortung für ihr Handeln zu tra-

gen. Viele ehemals Verheiratete ziehen sich weiterhin die Schuhe des anderen an. Sie fragen sich, ob der/die „Ex" es allein schaffen wird, ob er/sie hungern muss, einen Nervenzusammenbruch erleiden wird oder gar Selbstmord begehen könnte. Die Versuchung, den ehemaligen Gefährten zu bemuttern, folgt gerade einer Scheidung, die die Betroffenen emotional sehr mitgenommen hat, auf dem Fuß.

Selbständig zu handeln und auf die eigenen Fähigkeiten zu vertrauen lernen viele erst, wenn sie dazu gezwungen werden. Kinder verlassen sich auf die Fürsorge ihrer Eltern, so lange sie nur können. Und mancher Geschiedene zieht sich zurück in das Abhängigkeitsverhalten eines Kindes. Manchmal ist das der Versuch, die eigenen Bedürfnisse befriedigt zu bekommen, manchmal tun sie es, weil sie im anderen Schuldgefühle wecken wollen. Tappen Sie auf keinen Fall in die Falle, für den früheren Partner eine Verantwortung zu tragen, die über das hinausgeht, was das Gesetz von Ihnen fordert. Vergeuden Sie nicht Ihre Zeit mit Grübeleien über sein Wohlergehen. Er wird es schaffen – wenn er nur will. Beschließt er, sich der ewigen Fragerei nach dem „Warum ausgerechnet ich?" hinzugeben, blockiert er sein eigenes Wachstum. Und er wird auch Sie in Ihrer Weiterentwicklung aufhalten, wenn es ihm gelingt, Sie in die Verantwortungsfalle zu locken. Lassen Sie es nicht zu!

4. *Gehen Sie um der Kinder willen keine faulen Kompromisse ein!*
Viele Kinder wünschen sich insgeheim nichts sehnlicher, als dass die Eltern wieder zusammenkommen. Das ist ein ganz natürlicher Wunsch, denn Kinder können die Lebenswege und Privatkriege der Erwachsenen kaum nachvollziehen. Sie wissen nur eines: Die Eltern sollen beieinanderbleiben.

Ein Kind aber, das nur noch dieses eine Thema kennt, bürdet dem einen oder anderen Elternteil eine zusätzliche, kaum erträgliche Last auf. Das Resultat ist nicht selten der frustrierende Versuch, dem längst erloschenen Feuer einer toten Ehe wieder Leben einzuhauchen, um dem Kind einen Gefallen zu tun. Bedenken Sie – Sie sind ein Erwachsener, dessen Entscheidungen ein Kind nur selten begreifen kann. Kinder haben ihre eigene Art, mit Vater oder Mutter umzugehen. Die Absichten, die sie dabei verfolgen, mögen durchaus gut gemeint sein, doch in einem nicht unerheblichen Ausmaß werden sie darauf hinarbeiten, dass in erster Linie ihre eigenen Bedürfnisse befriedigt werden – und dann erst die Ihren.

Für den Versuch eines Kindes, seine Eltern zu beeinflussen, gibt es Hunderte verschiedener Spielarten. Meistens fängt es mit Bemerkungen an, wie: „Alle meine Freunde haben eine Mutter und einen Vater, die bei ihnen wohnen." – „Warum hast du Papa (oder Mama) gesagt, dass er wegziehen soll?" Oder: „Bin ich schuld, dass Papa (oder Mama) nicht mehr bei uns lebt?" Diese herzzerreißenden Kommentare von Kindern geben in manchen Fällen den Ausschlag, dass ein Elternteil entweder auf dem schnellsten Weg wieder zurückkehrt zum alten Partner, um es noch mal zu versuchen, oder aber eine fieberhafte Suche nach einem Ersatzpapa oder einer Ersatzmama vom Zaun bricht.

Lieben Sie Ihr Kind und versuchen Sie, es zu verstehen, aber lassen Sie sich nicht von ihm manipulieren.

5. Verhalten Sie sich nicht kindisch

Im 13. Kapitel des ersten Briefes, den Paulus an die Korinther geschrieben hat, geht es um die Liebe. In Vers 11 stellt er fest: „Einst, als ich noch ein Kind war, da redete ich wie ein Kind, ich fühlte und dachte wie ein Kind. Als ich dann aber erwachsen war, habe ich die kindlichen Vorstellungen abgelegt."

Wie schnell verfällt man im Umgang mit dem früheren Partner in kindisches Verhalten! Diese Art von Benehmen umfasst Wutanfälle, Rachefeldzüge, Lügengeschichten, Eifersüchteleien, Streitsucht und dergleichen mehr. Zu Ausfällen dieser Art kommt es, wenn wir vergessen, wer wir sind. Was für ein Kind jetzt noch der „allerbeste Freund" ist, kann schon nach einer Stunde gemeinsamen Spielens ein verhasster „Blödmann" sein. Doch zu diesen Denk- und Gefühlskapriolen sind anscheinend auch Erwachsene fähig.

„*Ich liebte dich. Ich hasse dich. Ich will, dass du für alles büßt.*" Das scheint den Zustand vieler Beziehungen nach einer Scheidung am besten zu umschreiben. Unglaubliche geistige und körperliche Energie wird in kindischen Hasskampagnen verbrannt. Ob es die fünfminütige Verspätung bei einem Besuchstermin ist oder die beliebte Debatte, wer den Flachbildschirmfernseher oder den PC kriegen soll – die Anlässe sind beliebig, die aus ehemaligen Liebespaaren gewalttätige Furien machen. Eine Scheidung gleicht einem gespannten Katapult, das in der Lage ist, die Beteiligten jederzeit in frühkindliche Verhaltensmuster zurückzuschleudern. Besonnenheit, Höflichkeit und Ehrlichkeit scheinen in eine andere Epoche zu gehören. Wie tragisch und erniedrigend sich das auf unsere Persönlichkeit auswirken kann!

Wer an einer Scheidung wachsen will, der behandelt sein Gegenüber wie einen Erwachsenen. Er verzichtet auf Repressalien und Strafaktionen – selbst wenn er meint, durchaus das Recht dazu zu haben. Greift er jedoch zu den negativen Tricks eines beleidigten Kindes, zeigt er seine Unreife und schlägt sich selbst ein Leck in seinen „emotionalen Tank". Ein streitsüchtiger Mensch steht ständig unter Dampf, und solange nicht das Ende des Krieges erklärt wird, solange wird er nur minimale Fortschritte in seinem Wachstum verzeichnen können.

Zum Erwachsenen heranzureifen heißt, kindliches Reden, Denken und Argumentieren hinter sich zu lassen.

In der Hitze des Gefechts, der Diskussionen oder meiner eigenen Verzweiflung vergesse ich nur zu oft, wer ich bin. Ein Bild, das man gemeinhin für eine Scheidung heranzieht, ist der Krieg mit seinen Taktiken und Strategien. Entspricht das den Tatsachen, dann plädiere ich dafür, dass die Krieger einen schnellen und dauerhaften Waffenstillstand schließen. Inmitten von Trümmern und Ruinen kann man nichts mehr gewinnen.

Wenn eine Scheidung schon sein muss, dann lassen Sie sie so schnell wie möglich Geschichte werden und setzen Sie Ihre Beziehung zum früheren Partner als ein reifer Mensch auf einer anderen Ebene fort. Kommt es nicht allen zugute, wenn man sich mit Respekt und Würde begegnet? Signalisieren Sie Ihrem Gegenüber, dass Sie für Ihren Teil auf eine Fortsetzung der Kampfhandlungen verzichten werden. Macht der andere weiter, ist es sein Problem – Sie sollten ihn jedenfalls nicht weiter mit Munition versorgen.

Haben wir den Feind in uns überwunden,
kann uns auch der Feind von außen nichts mehr anhaben!
(Afrikanisches Sprichwort)

Anregungen, Fragen für Ihr persönliches Wachstum und Grundlagen für eine Diskussion:

1. Welcher der acht Gründe für eine Scheidung beschreibt Ihre Erfahrungen?

2. Beschreiben Sie, was Sie im Moment für Ihren früheren Partner empfinden.

3. Was würden Sie gern für ihn empfinden?

4. Welche von den elf Grunderfahrungen einer Scheidung macht Ihnen die meisten Probleme, mit welcher können Sie am besten umgehen?

5. Welche der fünf Leitlinien für ein gesundes Wachstum glauben Sie am besten umsetzen zu können und bei welchen sehen Sie Probleme?

6. Wie treten Sie Ihrem früheren Partner gegenwärtig gegenüber? Wie ein Kind oder wie ein Erwachsener?

7. Welches persönliche Ziel haben Sie für die nächste Woche?

4. Ich übernehme Verantwortung für mich selbst

„Kann mich vielleicht irgendwer da draußen mal endlich glücklich machen?"

Wer ist verantwortlich für Sie und Ihr Glück? Ihr ehemaliger Ehepartner? Ihre Kinder? Ihr Chef? Ihre Familie? Ihre Freunde? Gott?

Wer würde die Verantwortung für sein Glück nicht zu gern einem anderen zuschieben? Es ist so herrlich einfach, seine Unzufriedenheit einem Gegenüber zuzuschreiben, doch die Realität unseres Lebens zeigt, dass jeder Mensch für sich selbst geradestehen muss und dass es nicht die Aufgabe eines anderen sein kann, uns die Erfüllung zu bringen.

Viele Menschen heiraten in der Hoffnung, dass der andere diesen inneren Hunger stillt und sie einfach glücklich macht. Doch was für eine schwere Last ist das, die da auf die Schultern eines Sterblichen gelegt wird. Was ist, wenn er scheitert? Wer trägt die Schuld? Wo findet man neues Glück? Eine Ehe, die unter diesen Voraussetzungen geschlossen wird, läuft nicht selten auf eine Scheidung hinaus. Und wenn daraus keine Lehren gezogen werden, geht die Jagd nach einer Person, die das wahre Glück bringen soll, bald von vorne los. Viele Geschiedene meinen, die Lösung ihrer Probleme liege in erster Linie darin, *den* oder *die* Richtige zu finden. Ich nenne dieses Verhalten den „Verantwortungsfluchtreflex". Nur zu oft führt er ganz schnell in eine zweite, dritte oder vierte Ehe.

Eine Scheidung kann Ihnen ein guter Lehrmeister sein, wenn Sie es nur zulassen. Sie wird Sie lehren, als Erwachsener Verantwortung zu übernehmen für das, was Sie denken und tun. Alle Menschen, die an einer Scheidung wachsen, machen diese Erfahrung. Sie gehen aus einer Ehe, die sie als Abhängige lebten, in eine Scheidung, die ihren Sinn für ihre ganz persönliche Verantwortung weckt.

Ein Kind lernt sehr bald, dass es Strafe und Verantwortung umgehen kann, wenn es das, was es angestellt hat, einem anderen „anhängt". Bereits in frühester Kindheit entwickeln wir die Verhaltensmuster, die unser späteres Verhalten prägen. Wie schnell kommt man an den Punkt, wo man „dem anderen" die Schuld an unserer Situation, unseren Problemen und Konflikten, an unserer Unreife oder jeglichem anderen Pech zuschiebt. Wie viele Menschen höre ich sagen: „Hätte ich nur dies oder das getan / gelassen / gesagt ... wir wären heute nicht geschieden." Verantwortung für sich selbst zu übernehmen, kann eine neue Entdeckung sein für Sie. Und das beginnt auf den folgenden Gebieten:

1. Ich nehme meinen Anteil am Scheitern meiner Ehe auf meine Kappe

Eine der hinterhältigsten Fallen, in die Geschiedene tappen, sind die Fallgruben endloser Schuldzuweisungen. Mindestens einer mag dieses Spiel spielen, keiner jedoch wird gewinnen. Alles was wir tun in unserer Ehe, ruft eine Reaktion beim Partner hervor. Im ungünstigsten Fall schaukelt sich dieses Geben und Nehmen im Lauf der Jahre hoch, so lange, bis einer explodiert und geht. Und dann beginnt das „Wer-ist-schuld?"-Spielchen. Die Jahre zurückdrehen und ändern, was Geschichte ist, kann ich nicht. Ich kann aber sehr wohl die Verantwortung für meinen Teil an der Katastrophe übernehmen. Und das wird definitiv meine Zukunft ändern. Man scheidet keine Situationen. Geschieden werden die Menschen, die diese Situationen hervorgerufen haben und nicht zu dem Ganzen stehen wollen.

Will man sich Klarheit verschaffen, wofür man im Leben Verantwortung trägt, dann setzt man nicht bei seinen Zukunftsplänen an – man beginnt bei der eigenen Vergangenheit und bemüht sich, sie so objektiv wie möglich zu betrachten. Das heißt auch, dass man dem ehemaligen Partner gegenüber den eigenen Anteil an den Fehlern einräumt, die die Ehe zum Scheitern brachten. Wenn beide Teile das tun, dann wird das „Wer-ist-schuld?"-Spielchen bald ein Ende haben und Ihre Beziehung den kriegerischen Charakter verlieren.

2. Ich übernehme Verantwortung für meine gegenwärtige Situation

Ob es die bescheidenen Wohnverhältnisse sind, der chronische Geldmangel oder die Probleme im Beruf – immer wieder höre ich, wie Menschen ihre Vergangenheit für ihre widrigen Lebensumstände verantwortlich machen. Es ist leicht, auf alles und jeden zu schimpfen, weil man ja so viel durchmacht. Ganz schnell rutscht man in eine Haltung, die am besten umschrieben wird mit dem Ausruf: „Warum ausgerechnet ich?" Und nicht wenige verlieren sich in der Endlosschleife eines Wunschtraumes, in dem alles einfach ganz, ganz anders ist. Sie werden süchtig nach dem Mitleid anderer, das in ihnen die Überzeugung weckt und nährt, dass sie ein Opfer der Umstände geworden sind und keinerlei Mittel haben, mit ihrer Situation fertig zu werden oder ihre Lage zu verändern.

Wenn Sie nicht Verantwortung übernehmen für Ihre gegenwärtige Lage, wer soll es denn sonst tun? Verantwortung zu übernehmen gehört zum Erwachsensein dazu. Wenn Sie alleinerziehend sind, Kinder zu Hause haben, einen Haushalt führen, Geld verdienen und einen Beruf ausfüllen müssen werden Sie diese Jobs kaum bewältigen, indem Sie nonstop fernsehen, auf Zechtour gehen, kettenrauchen und sich im Übrigen radikal aus allen sozialen Bindungen zurückziehen, weil Ihnen das Leben ja so übel mitgespielt hat. Will man verantwortungsvoll handeln, muss man lernen, seine Situation und die Bedürfnisse, die man hat, ganz nüchtern einzuschätzen und abzuwägen. Machen Sie daraus eine Liste mit zwei Spalten. Über die linke Spalte setzen Sie die Überschrift: „*Ich bin verantwortlich für: ...*" Seien Sie ehrlich und schieben Sie vor allem nicht voreilig den einen oder anderen Aufgabenbereich an die anderen ab. Setzen Sie daneben die zweite Spalte, die Sie überschreiben mit: „*Ich werde diese Aufgaben erfüllen, indem ich ...*" Nehmen Sie sich genug Zeit für diese Liste und ziehen Sie bei der Zusammenstellung auch Ihre Freunde zurate. Beim Zusammenstellen wird Ihnen früher oder später bewusst werden, dass Sie begonnen haben, Ihre Verantwortung zu akzeptieren und zu artikulieren und dass Sie sich konkrete Ziele setzen, auf die ja jedes verantwortliche Handeln hinauslaufen sollte. Herausforderungen, die Ihnen in Ihren Gedankenflügen vielleicht Angst eingeflößt haben, werden meist zu lösbaren Aufgaben, wenn man sie erst mal zu Papier gebracht hat.

3. Ich übernehme Verantwortung für meine Zukunft

Es gibt so viele Menschen, deren Leben vagen Zielen entgegentreibt, die zufällig und hypothetisch sind. Da ist nichts Konkretes, auf das sie hinarbeiten, sie dümpeln dahin zwischen Ereignissen, die von den Umständen und irgendwelchen Leuten definiert werden. Und so wie die Menschen im Leben kommen und gehen, so sind auch ihre Ziele dem permanenten Wandel unterworfen:

- Es ist durchaus möglich, dass ich wieder heirate – ich fange also gar nicht erst an mit einem neuen Job.
- Ich werde nicht weiter zur Schule gehen – die Gefahr, endgültig zu scheitern, wird immer größer.
- Ich werde mich hüten, jemals wieder eine Verabredung zu treffen – es könnte ja wieder mal mit einem gebrochenen Herzen enden.
- Wozu umziehen? Wer garantiert mir, dass die Situation woanders nicht noch viel schlimmer wird?
- Ich mache das nur, bis sich etwas Besseres ergibt.
- Was bringt es mir, wenn ich mir großartige Ziele setze, die alle für die Katz' wären, wenn mir plötzlich der richtige Partner über den Weg liefe?

Endlos könnte diese Liste fortgesetzt werden. Anstatt die Zukunft mit konstruktiven Plänen abzusichern, verfallen sie in eine Starre aus Angst, diese Visionen könnten sich als falsche Hoffnungen erweisen.

Viele Scheidungen erfolgen heute nach zwanzig bis dreißig Ehejahren. Wenn ich die Betroffenen nach den Zielen frage, die sie sich im Anschluss an die Scheidung gesetzt haben, bekomme ich oft zur Antwort, dass es zu spät sei für große Pläne oder dass ihr einziges Bestreben darin läge, den kommenden Tag zu überleben. Jemand sagte mir einmal: „Ziele am besten auf nichts, denn das kannst du mit Sicherheit treffen."

Für Ihre Zukunft sind Sie ganz allein verantwortlich. Sie werden sie durchleben müssen. Werden Sie selbst Ihres Glückes Schmied und schmieden Sie die besten Pläne für die kommenden Jahre. Die Frage, ob Sie unverheiratet bleiben oder nicht, sollte nicht Ihre aktuellen Vorhaben beeinflussen. Man muss nicht einen Ehering am Finger tragen, um ein Ziel im Leben ansteuern zu können.

4. Ich bin verantwortlich für mich selbst

Auf dem College haben wir oft darüber diskutiert, was die Entwicklung unserer Persönlichkeit mehr beeinflusst – unsere Umwelt oder unsere Erbanlagen. So gut die Argumente auch waren, die wir austauschten, nie konnte eine der beiden Seiten den endgültigen Beweis für ihre These antreten. Muss man daraus nicht den Schluss ziehen, dass beide Faktoren gleich viel beigetragen haben zu der Persönlichkeit, die wir heute darstellen? Und doch – all unser Wissen um die tieferen Ursachen unseres Verhaltens wird uns hier und jetzt keinen Deut weiterhelfen, wo wir uns mit den unabänderlichen Folgen unseres Tuns konfrontiert sehen. Jeder trägt für sich selbst eine Verantwortung, die er auf nichts und niemanden in dieser Welt abwälzen kann. Es gibt drei Felder, auf denen unser verantwortliches Handeln wesentlich gefragt ist: Unsere Gedankenwelt, unsere Gefühle und unser Handeln.

> *Meine Gedanken*

Worum kreisen die Gedanken einer geschiedenen Person?

„*Warum ist das mir geschehen?*" – „*Was ist schiefgelaufen?*" – „*Was mache ich jetzt?*" – „*Schaffe ich das alles ganz allein?*" – „*Wie lange tut das noch weh?*" – „*Werde ich jemals wieder glücklich sein?*"

Solche Gedanken und hundert andere dieser Art gehen einem Tag für Tag durch den Kopf. Die meisten sind ausgesprochen negativ, verlieren sich in endlose Monologe der Selbstrechtfertigung und schnüffeln Schweinen gleich nach noch verborgenen Trüffeln der Schuld beim anderen. Wenn diese negativen Gedanken die Chance bekommen, sich in unseren Köpfen einzunisten, dann vergiften sie nach und nach auch unsere Gefühle und Taten. Ein geschiedener Mensch, der sich zu lange in der Negativ-Welt aufhält, läuft Gefahr, auf Dauer einsam, bitter und depressiv zu werden. Wenn Sie zu viel Zeit darauf verwenden, über all die Dinge nachzugrübeln, die zu Ihrer Scheidung führten und sich in die Gefahren vertiefen, die Ihre gegenwärtige Situation mit sich bringt, dann können Sie nie den Kopf frei bekommen und klar und konstruktiv an die machbaren Herausforderungen Ihres Alltages herangehen.

Schließen Sie die Tür hinter Ihrer Vergangenheit, sperren Sie damit die toten Gedanken aus und ersetzen Sie sie durch Wünsche, Pläne und Ideen für eine glücklichere Gegenwart und Zukunft. Ja, Sie können sehr wohl kontrollieren, was Ihnen durch den Kopf spazieren will. Gerade in den einsamen Stunden vor dem Einschlafen oder in den endlosen Minuten nach dem Aufwachen stoßen bei den meisten Geschiedenen die Erinnerungen an früher und die Sorgen im Blick auf das Morgen an die Oberfläche – und zwar mit Macht. Und dennoch – Sie haben den Schlüssel in der Hand zu den Korridoren, in denen Ihre Gedanken laufen dürfen. Sie verschwenden nur Ihre Energie, wenn Sie sich geistig an Dingen aufreiben, die Sie nicht ändern können.

Ihre Gedanken jedoch können Sie ändern.

> *Meine Gefühle*
„Wie fühlst du dich?" – *„Gut. Schrecklich. Müde. Glücklich. Traurig. Bedrückt. Einsam. Heiß. Kalt."*

Gefühle sind real. Ich kann es mir nicht aussuchen, ob ich sie nun haben will oder nicht. Sie kommen einfach aus dem Nichts, wenn ich es am allerwenigsten erwarte. Gefühle an sich sind weder gut noch schlecht und ich kann nichts dafür, sie zu haben. Ich bin aber durchaus für das verantwortlich, was ich ihnen gestatte, mit mir zu machen. Auch wenn jeder sie hat, so kann doch bei Weitem nicht jeder seine Emotionen überhaupt benennen, identifizieren oder bewusst und konstruktiv mit ihnen umgehen. Auch Geschiedene haben Gefühle, egal ob sie nun selbst „Mist gebaut" haben oder man ihnen Unrecht getan hat. Und sie haben das Recht, ihre Gefühle auszudrücken.

Steigt man nicht in ein Gespräch über ein heikles Thema am besten ein, indem man z. B. sagt: *„Ich empfinde bei dieser Sache so: ..."*? Die meisten Menschen aber fällen lieber Urteile und verschanzen sich hinter ihrer Meinung, als dass sie ihre Gefühle ausdrücken. Drei Dinge sollten Sie in diesem Zusammenhang beachten:

a) Nehmen Sie Ihre Gefühle an.

b) Nehmen Sie sich die Freiheit, diese Gefühle auch auszudrücken.

c) Lernen Sie, mit all Ihren Gefühlen gut zu leben.

Werden diese Grundsätze nicht beachtet, dann wachsen sich die unterdrückten Emotionen häufig zu Depressionen, Schuldgefühlen und einer feindseligen Haltung der Umwelt gegenüber aus. Denken Sie daran und sprechen Sie über Ihren Seelenzustand.

> Mein Handeln

„Wie, um alles in der Welt, hast du das nur wieder fertig gekriegt?" – „Aber, aber wieso denn, du selbst hast mir doch gesagt ..."

Wie oft sind Sie als Kind zur Rede gestellt worden für das, was Sie „verbrochen" hatten? Und wie oft haben Sie prompt versucht, den Schwarzen Peter einem anderen zuzuschieben? Im Grunde erwartet man ja auch von Kindern nichts anderes. Mit zunehmendem Alter jedoch rechnen wir mit einem reiferen Verhalten, und Reife schließt mit ein, dass wir Verantwortung übernehmen für das, was wir tun und damit aufhören, andere Leute anzuschwärzen.

Darin liegt einer der wichtigsten Schlüssel zum Wachstum in einer Scheidung. Sie tragen Verantwortung für Ihr Tun, so verlockend es Ihnen auch manchmal scheinen mag, Ihre schlechten Angewohnheiten einem anderen Menschen und seinem Verhalten Ihnen gegenüber zuzuschreiben. Wenn Sie das Ruder in Ihrem Leben übernehmen und den weiteren Kurs bestimmen, dann werden Sie vom *Reagierenden* zum *Handelnden*. Gehen Sie mal ein paar Tage in sich und machen Sie sich bewusst, wie oft Sie auf alle möglichen Einflüsse *reagieren* anstatt *selbst vorzugeben*, was Tag für Tag zu tun ist. Wenn Sie aber immer nur reagieren, wird Ihnen der ehemalige Partner ein Tor nach dem anderen „reinhauen". Handeln heißt, selbst in die Offensive zu gehen und das Spiel in den Griff zu bekommen. Viele Geschiedene verschwenden einen großen Teil ihrer Zeit damit, aufeinander zu reagieren. Die aufgestauten Emotionen entladen sich immer wieder in heftigen Explosionen und nur wenig Zukunftsweisendes kommt auf den Weg. Wenn man immer nur reagiert, entwickelt man Abwehrmechanismen, die einem gerade mal die Wahl lassen zwischen Kampf und Rückzug. Ist man der Agierende, dann kann man es sich leisten, auf das zu *hören*, was gesagt wird, darüber *nachzudenken* und in angemessener Form darauf zu *antworten*. Sie formulieren in aller Klarheit Ihre Gedanken und Gefühle, die wiederum fast automatisch in zielgerichtetes Handeln münden.

Verantwortung zu übernehmen ist kein einfacher Prozess. Wie alles andere braucht er seine Zeit. Doch Sie haben keine Alternative, Sie werden keinen anderen Weg finden, mit der Tatsache Ihrer Scheidung fertig zu werden. Sie sollen sich eine neue Identität aufbauen, und um das zu schaffen, müssen Sie das Kommando in Ihrem Leben übernehmen. Nach Jahren der Abhängigkeit mag Ihnen das ausgesprochen schwerfallen. Ihre Scheidung wird Ihnen aber gar keine andere Wahl lassen, als sich entweder der Verantwortung zu stellen oder auf die Suche nach einem anderen zu machen, der das erneut für Sie übernimmt.

Die folgenden Verse beschreiben ungefähr die Gefühle, die ein Mensch haben kann, der sein Leben von Neuem aufbauen muss:

Mein Haus auf halbem Wege
steht zwischen dem Ort, wo ich war, und dem Ziel,
auf das ich zugehe.
Es ist fast so etwas wie ein Heim –
besonders dann, wenn ein lieber Gast zu Besuch kommt, der,
irgendwo unterwegs zwischen den Umständen seines Lebens,
einen Freund braucht, der ihm zuhört,
und einen Zufluchtsort, wo er frei sprechen kann.
Ich fühle mich sicher hier,
aber manchmal auch einsam.
Ich habe viel gelernt über mich,
weil ich allein lebe.
Ich bin der Alte
und doch anders.
Keiner kann jemals den Teil meines Lebens,
der verschwand,
ersetzen.
Die Leere in meinem Herzen wird auf andere Weise gefüllt.
Ich werde ganz und gar ich selbst,
auf halber Strecke zwischen dem Ort,
wo ich war,
und dem Ziel,
auf das ich zugehe.

Anregungen, Fragen für Ihr persönliches Wachstum und Grundlagen für eine Diskussion:

1. Wo lagen in Ihrer Ehe die Problembereiche, in denen Sie versagt haben könnten?

2. Was macht es für Sie schwierig, Verantwortung für Ihre gegenwärtige Situation zu übernehmen?

3. Gibt es Ziele, die Sie sich bewusst gesetzt haben, oder sehen Sie im Moment nur Zufallsziele vor sich, die von anderen Menschen oder Situationen abhängen?

4. Welcher Bereich macht Ihnen die größten Schwierigkeiten: Ihre Gedanken, Ihre Gefühle oder das, was Sie tun? Erklären Sie, warum!

5. Welches persönliche Ziel haben Sie für die nächste Woche?

5. Ich übernehme Verantwortung für meine Kinder

„Eine Scheidung gleicht oft einem Krieg zwischen Vätern und Müttern. Tragischerweise werden die Kinder dabei nicht selten zu Kriegswaisen."

Alleinerziehen beginnt in dem Augenblick, da man den Kindern sagt, dass Mama und Papa sich nicht mehr lieb haben und auch nicht länger im selben Haus leben wollen. Die Ankündigung entringt den Kindern entweder einen Seufzer der Erleichterung oder einen Schreckensschrei. Die Frage, was nun aus ihnen werden soll, stellen sich die einen eher laut, die anderen eher leise. Wo sollen sie in Zukunft wohnen und bei wem? Inwieweit werden die Dinge sich ändern? Werden sie den Elternteil jemals wiedersehen, der ausgezogen ist?

Wenn, wie einmal jemand sagte, eine Scheidung ein Krieg ist, dann sind die Kinder seine Waisen. Die Rolle des Alleinerziehenden mag manchem Furcht einflößen und sie ist ohne Zweifel eine große Herausforderung, aber auch eine dankbare Aufgabe. Nur wenige Eltern, die sich ans Werk machen, haben das Gefühl, dass alles gut läuft. Doch die meisten wachsen an ihrer Aufgabe und machen ihren Job früher oder später ganz ausgezeichnet. Allen gemeinsam ist die Sorge, dass es schon mit beiden Elternteilen zu Hause schwer genug war, die anstrengende Erziehungsarbeit zu leisten und dass es schier unmöglich sein könnte, dasselbe nun ganz allein zu leisten. Doch auch wenn es enorme Umstellungen mit sich bringt, ist es nicht unmöglich. Und ob man die Kinder im Alltag oder nur an manchen Wochenenden bei sich hat – die Verantwortung, die man ihnen gegenüber trägt, bleibt die gleiche.

Probleme des Alleinerziehenden

„ICH HABE DEN KANAL VOLL ..."
Wenn schon meine Ehe belastet war durch chronischen Geldmangel, dann wird sich auch meine Situation in der Scheidung dadurch verschärfen, dass viel zu wenig Geld da ist und viel zu viele Probleme. Alleinerziehende leiden oft darunter, dass eine Menge Entscheidungen getroffen werden müssen, ohne dass man einen Partner um Rat fragen kann, dass Aufgaben von einem Einzelnen zu erledigen sind, die früher auf mehrere Schultern verteilt wurden, dass viel zu viele Spannungen und Frustrationen ausgehalten sein wollen, die scheinbar nur vorläufig ausgeräumt werden können und dass neben der Kindererziehung zu wenig Zeit übrig bleibt für die eigenen Bedürfnisse.

Ist das nicht verrückt? Der Elternteil, bei dem sich das Leben der „Restfamilie" abspielt, stöhnt unter dem Stress, während der andere schwer daran knabbert, die Kinder so selten zu sehen. Der eine ist überlastet, der andere einsam – das emotionale Leiden aber auf beiden Seiten gleich. Gerade was die Kinder angeht, finden nur wenige Geschiedene die richtige Balance zwischen dem Zuviel und dem Zuwenig. Das geht so weit, dass die Kinder nur allzu häufig wie Express-Gepäck behandelt werden, das von Bahnhof zu Bahnhof verschoben wird.

„WO BIST DU, WENN ICH DICH BRAUCHE?"
In vielen getrennt lebenden Familien wird der Wochenend-Papa oder die Besuchs-Mama zu einem Elternteil, der nur noch stellvertretende oder beratende Funktion ausübt. Er oder sie wird in Krisenzeiten, bei „erzieherischen Maßnahmen" oder wegweisenden Entscheidungen zurate gezogen. Sein Mitwirken ist gerade noch gefragt, wenn es um die Gesundheit des Kindes geht, um schulische Fragen oder bei Verhaltensauffälligkeiten. Ein Erziehungsberechtigter auf Abruf zu sein, ist nicht leicht. Man muss Entscheidungen treffen anhand von Berichten, deren Wahrheitsgehalt oder Genauigkeit man nie genau abschätzen kann. Ein abwesender Vater oder eine außen stehende Mutter findet sich nur allzu schnell in die Rolle des ewigen Richters gedrängt.

Andererseits sieht sich der Elternteil, bei dem die Kinder den Großteil ihrer Zeit verbringen, der unangenehmen Aufgabe gegenüber, mit

Wagenladungen voller Probleme immer und immer wieder in das unbekannte Reich des ehemaligen Ehepartners eindringen zu müssen. Gibt es keine Probleme – gibt es keinen Kontakt. Ein schwieriges Terrain, auf dem leicht Vorurteile gedeihen: „*Nie bist du da, wenn ich dich brauche!*" gegen „*Du rufst nur nach mir, wenn irgendwas schiefgeht!*" In den meisten Fällen hält der alleinlebende die finanziellen Mittel in seiner Hand und gebraucht sie nicht selten als Druckmittel, um seinen Willen durchzusetzen.

„Sie verlieren jeden Respekt vor mir!"
Allein der bloße Akt des Auszugs kann einen gravierenden Respektverlust beim Kind auslösen. Muss es nicht denken: „*Wenn er/sie mich lieb hätte, würde er/sie nicht einfach abhauen ...*" Vor allem aber haben es die Eltern in der Hand, sich mit der Macht des gesprochenen Wortes gegenseitig so runterzumachen, dass ihre Kinder mit der Zeit jeden Respekt vor ihnen – und dann auch oft vor sich selbst – verlieren. Der Vater oder die Mutter, die außer Haus wohnen, haben ja fast nie die Möglichkeit, sich gegen die verbale Herabwürdigung ihrer Person zu verteidigen. Ein ständiges „*War ja auch nicht anders zu erwarten von ihr ...*" oder „*Das sieht deinem Vater wieder mal ähnlich ...*" wirkt sich verheerend auf das innere Wachstum Ihres Kindes aus! Und nicht zuletzt geht mit dem Verlust der Achtung immer auch der Verlust jeglicher erzieherischer Autorität einher. Der kindliche Ungehorsam, der sich einstellt, wächst sich bald zum Problem aus, und gerade im Zuständigkeitswirrwarr einer zerbrochenen Familie werden die Kinder nur allzu schnell sich selbst und ihren ungezügelten „Passionen" überlassen.

„Hilfe, ich bin ein Gefangener!"
Schnell, sehr schnell, können Alleinerziehende zu Gefangenen ihrer Kinder werden. Besonders dann, wenn sie versuchen, den Partner, der gegangen ist, in allen Bereichen zu ersetzen. Sie erlauben ihren Kindern, ihre Mobilität einzuschränken, die sie so dringend bräuchten, um ihre sozialen Kontakte zu erhalten oder eine neue Beziehung zu knüpfen. Wenn sie überhaupt mal ausgehen, haben sie ein schlechtes Gewissen dabei, ihre Kinder mit einem Babysitter zurückzulassen. Auf

diese Weise bauen sie sich selbst Barrieren auf dem Weg ihrer Weiterentwicklung und werden zum Gefangenen in ihren eigenen vier Wänden.

Bedenken Sie: Es ist von entscheidender Bedeutung, dass Ihre Seele den nötigen Raum zur Gesundung findet.

Welche Rolle spielen die Gefühle Ihrer Kinder?
Noch vor wenigen Jahren fanden die Belange der Kinder im Prozess einer Scheidung eher wenig Beachtung. Viele Erwachsene konzentrierten sich in erster Linie auf ihre eigenen Gefühle und Bedürfnisse und ignorierten dabei weitgehend die Tatsache, dass ihre Kinder Ähnliches durchlitten wie sie selbst. Glücklicherweise hat sich das geändert, sodass es heute bereits Seelsorgeseminare für betroffene Kinder aller Altersstufen gibt sowie entsprechende pädagogische Fachliteratur von erprobter Qualität. Und dennoch entbindet das Väter und Mütter nicht von der Aufgabe, mit den Kindern über die Gefühle zu sprechen, die sie mit der Scheidung verbinden und die wunden Punkte aufzuarbeiten, die in ihren Herzen entstanden sind.

Im Allgemeinen zeigen diese Gefühle acht verschiedene Gesichter. Sie sind weder gut noch schlecht zu nennen und man sollte Wege suchen, mit den Kindern ohne Scheu darüber zu reden.

1. Am weitesten verbreitet findet sich die *Furcht*. Die Kinder fürchten sowohl den weiteren Verlust vertrauter Dinge als auch die Unwägbarkeiten einer nebulösen Zukunft. Darum – lassen Sie sie ihre Ängste benennen und sprechen Sie ihnen immer das eine zu, dass ihre Albträume keine Chance haben, wahr zu werden.

2. Das Gefühl, *abgelehnt* zu sein, ist gleich neben der Furcht angesiedelt. Die Kinder ziehen aus den Vorgängen rund um eine Trennung die Botschaft heraus, dass sie nicht liebenswert sind und es wohl auch nie sein werden. Die Bibel sagt uns jedoch, dass die Liebe alle Furcht austreibt. Ich glaube, dass dasselbe auch für die Ablehnung gilt. Sie können zu Ihren Kindern gar nicht oft genug „Ich liebe dich" sagen.

3. Nicht selten gesellt sich neben Furcht und Angst vor Ablehnung auch der *Zorn* in die Herzen der Kinder. Dabei ist mir aufgefallen, dass gerade die pubertierenden Jugendlichen noch mehr mit dem Phänomen der Wut konfrontiert sind als die Kleinen. Nach vielen Hundert Gesprächen mit betroffenen Teenagern weiß ich es quasi aus erster Hand. Zorn ist ein sehr ehrliches Gefühl und es würde dem Heilungsprozess eines Kindes sehr abträglich sein, wollte man es zwingen, seine Wut zu verstecken. Zorn muss seinen Ausdruck finden und respektiert werden.

4. Ein ebenso starkes Gefühl, das ein Kind bedrückt, wenn Vater oder Mutter ausziehen, ist die *Verlassenheit*. *Beide* Elternteile müssen dem Kind die absolute Sicherheit vermitteln, dass sowohl Papa als auch Mama für alle seine Belange und Bedürfnisse immer da sein werden, auch wenn sie an unterschiedlichen Orten wohnen.

5. Das lähmende Gefühl der *Ohnmacht* überkommt ein Kind, wenn ihm klar wird, dass es keinerlei Mittel hat, die Scheidung aufzuhalten und das Chaos, das zumindest in der ersten Zeit darauf folgt. Jedes Kind muss wissen, dass seine Anliegen Gehör finden und zumindest in den Entscheidungen berücksichtigt werden, die sein eigenes Leben und seine Zukunft betreffen.

6. *Einsamkeit* ist zwar eine Erfahrung, die jeder Mensch auf seiner Lebensreise mehr oder weniger drastisch kennenlernt. Bedenklich früh jedoch wird dieser Zustand für ein Kind akut, das eine Scheidung miterlebt und nur noch eingeschränkten Kontakt zu einem Menschen hat, der früher eine herausragende Bedeutung in seinem Leben hatte.

7. Eine tragische Rolle spielt das Gefühl der *Schuld*, das viele Kinder überkommt, die sich einbilden, irgendetwas angestellt zu haben, das dazu beigetragen haben könnte, dass Papa oder Mama sich getrennt haben. Machen Sie Ihren Kindern unbedingt klar, dass Ihre Scheidung absolut nichts mit ihrem Verhalten zu tun hat.

8. Und schließlich ist da noch die *Loyalität*, die eine Rolle spielt in fast jeder Scheidung. Kinder suchen sich gewöhnlich sehr rasch die „Partei" aus, der sie stärker zuneigen. Dennoch werden sie in den meisten Fällen versuchen, beiden Seiten gerecht zu werden. Deshalb hüten Sie sich davor, Ihre Kinder für „Ihre Sache" zu gewinnen. Ihre Kinder werden es Ihnen übel nehmen und die Situation verschlimmert sich unnötig.

Was ich hier zusammengetragen habe, ist das Gros der herausragenden Emotionen, die Ihre Kinder während Ihrer Scheidung durchleben. Meine Frage an Sie als Vater oder Mutter ist: *Wissen Sie wirklich, was Ihr Sohn oder Ihre Tochter fühlt? Haben Sie sich genug Zeit genommen, über die Gefühle zu sprechen, die ihn oder sie bewegen?* Es mag wohl sein, dass die Kinder nicht immer gerade dann in Stimmung sind, darüber zu reden, wenn Sie es für angebracht halten. Sie sollten jedoch die Tür zu einem Gespräch stets offen halten.

Wenn Sie die folgenden Tipps beherzigen, dann gehen Sie angemessen mit den Gefühlen Ihrer Kinder um:

1. *Versuchen Sie nicht, Ihren Kindern beide Elternteile sein*
Seien Sie ganz einfach, was Sie sind – Mutter oder Vater. Ein Alleinerziehender kann sehr wohl einige der Jobs übernehmen, die der andere ausfüllte, nie aber seine Rolle. Superpapa oder Megamama spielen zu wollen endet immer in Frust und Erschöpfung. Sagen Sie Ihren Kindern ganz offen, dass Sie nicht die Absicht haben, die Rolle des abwesenden Elternteils zu übernehmen, dass Sie aber umso mehr daran arbeiten, das Beste aus dem zu machen, was Sie tatsächlich sind. Immer wieder treffe ich Alleinerziehende, die sich abgearbeitet haben an dem Versuch, ihren Kindern alles zu sein, damit sie nicht unglücklich werden, weil sie nur eine Mama oder nur einen Papa daheim haben.

Machen Sie ganz einfach das gut, was Sie sind und versuchen Sie nicht, das zu imitieren, was Sie nicht sind.

2. Zwingen Sie Ihre Kinder nicht in die Rolle des Ex-Partners

Das beginnt schon damit, dass man einem Neunjährigen sagt, dass er jetzt der Mann im Haus ist oder eine Zehnjährige dafür lobt, dass sie für ihre jüngeren Geschwister wie eine Mama sorgt. Es ist eine unglaubliche Last, die man da auf Kinderschultern legt, eine Aufgabe, die sie weder verstehen noch ausfüllen können. Missbraucht man sie nicht als Lückenbüßer, weil man sich erhofft, auf diesem Weg der Realität nicht ins Auge blicken zu müssen? Ein Kind muss Kind bleiben dürfen, den Platz eines Erwachsenen kann es nicht einnehmen. Vielleicht kann es ein paar neue Aufgaben übernehmen, niemals aber eine neue Identität.

3. Seien Sie ganz der Vater oder die Mutter, die Sie sind

Vertauschen Sie nicht Ihre Elternrolle mit der des großen Bruders, der älteren Schwester, des Freundes oder Kumpels. Manche Eltern verpassen sich nur deshalb ein neues Image, weil sie die Verantwortung scheuen, die das Dasein als Alleinerziehender mit sich bringt. Ihre Kinder haben bereits ihre Freunde und Spielgefährten und es geht ihnen gewaltig gegen den Strich, wenn ihre Eltern sich mit Gewalt in ihre kleine Welt hineinzwängen. Eltern, die versuchen, sich Zugang zu erzwingen in diese unbekannten Reiche, sind eigentlich auf der Flucht und haben keine Ahnung von dem, was ihre Kinder wirklich brauchen, nämlich ein stabiles und verlässliches Elternbild. Und das mehr denn je, nachdem Vater oder Mutter das gemeinsame Heim verlassen hat. Sie können es sich eben nicht leisten, auch noch den zweiten Bezugspunkt ihres Koordinatensystems zu verlieren.

4. Seien Sie ehrlich zu Ihren Kindern

Sagen Sie ihnen die Wahrheit über das, was da vor sich geht. Die Bibel empfiehlt uns, die Wahrheit in Liebe auszusprechen. Ich denke, das heißt, dass wir die nackten Tatsachen in einen Rahmen liebevoller Gedanken einbetten sollen, die wir für unsere Kinder hegen. Manche Alleinerziehende schaffen es, niemals wirklich mit ihren Kindern über das zu reden, was passiert ist, wie sie sich dabei fühlen und wie die Kinder empfinden. Sie versteigen sich lieber in Versprechungen, dass Papa oder Mama zurückkommen wird, dass der andere sie über alles liebt und so weiter – obwohl die Fakten eine ganz andere Sprache sprechen und sie in den Augen der Kinder als Lügner entlarven. Richard Gardner schreibt darüber in einem seiner Bücher:

> „Halbwahrheiten stiften Verwirrung und Misstrauen, wohingegen die Wahrheit – auch wenn sie mit Schmerzen verbunden sein mag – Vertrauen stärkt und dem Kind die Sicherheit vermittelt, genau zu wissen, wo es steht. Es ist besser gerüstet, mit der Situation richtig umzugehen."

5. Machen Sie Ihren ehemaligen Partner nicht in Anwesenheit Ihrer Kinder schlecht

Wie oft lassen sich Scheidungsgegner dazu hinreißen, den Kindern einzureden, dass der andere einfach ein schlechter Mensch ist und eigentlich die ganze Schuld an der Trennung trägt. Jeder Elternteil wünscht sich, dass die Kinder die Situation mit seinen Augen sehen. Das ist ein Spiel, das keiner gewinnen kann und das leicht dazu führt, dass die Umworbenen jeglichen Respekt vor beiden Elternteilen verlieren. Den meisten Kindern ist es nämlich egal, wer wann was wem angetan hat. Was sie viel mehr interessiert, ist die Frage, was aus ihnen selbst wird. Geben Sie ihnen die Chance, zu einer eigenen Einschätzung der Lage zu finden. Und wenn Sie schon glauben, über Abwesende sprechen zu müssen, dann geben Sie dem Ganzen einen positiven Unterton.

6. Machen Sie aus Ihren Kindern keine Spitzel,

die Sie über die Aktivitäten des anderen auf dem Laufenden halten sollen. Kinder finden es im Normalfall ganz schrecklich, Papa oder Mama ausspionieren zu müssen. Oft reichen schon ein paar scheinbar harmlose Fragen, um sie zu diesem zweifelhaften Zweck zu missbrauchen. Kehrt Ihr Kind vom Besuch beim Ex-Partner zurück, dann könnte eine gute Unterhaltung in etwa so verlaufen: „Na, mein Schatz, hattet ihr eine schöne Zeit miteinander?" – „Ja, das hatten wir." – „Schön, das freut mich."

Auch Ihr Kind hat ein Recht auf seine Privatsphäre – gerade und vor allem im Zusammensein mit Ihrem ehemaligen Partner. Was diese Person sagt, tut, kauft oder denkt usw. ist allein ihre Sache.

Machen Sie aus Ihrem Kind keinen Schnüffler!

7. Scheidungskinder brauchen Vater und Mutter gleichermaßen

Schneiden Sie ihm dieses Recht nicht ab, auch wenn Sie noch so sehr in Wut, Feindseligkeit, Schuld oder Rachelust verstrickt sind.

So mancher Alleinerziehende ist der Meinung, dass der Partner, der die Trennung gewollt hat, mit seinem Auszug auch sein Recht verwirkt, zu seinen Kindern eine Verbindung zu unterhalten. Kein ordentliches Gericht würde dieser Interpretation folgen, es sei denn, von dem „Außenstehenden" ginge eine körperliche oder psychische Gefahr für die Kinder aus. Vor dem Gesetz haben Mutter wie Vater die gleichen Rechte. Ich kenne einen hochgestellten Richter an einem Familiengericht, der geschiedenen Eltern eine Broschüre mitgibt, die den Titel trägt: „... *Eltern aber bleiben Sie*". Kinder brauchen das Recht auf uneingeschränkten Zugang zu Vater und Mutter. In Ausnahmefällen mag ein Elternteil dieses Recht aufgeben und darauf verzichten, sein Kind zu sehen, in der Regel aber sind die Eltern sehr darum bemüht, regelmäßig Zeit mit ihren Kindern zu verbringen. Lassen Sie Ihren Kindern Raum, diese Beziehung nach den eigenen Wünschen zu gestalten. Sie können nur einen biologischen Vater und eine biologische Mutter haben. Weder das, was zwischen Ihnen und Ihrem Partner vorgefallen war noch Ihre aktuellen Gefühle können Ihren Kindern das Recht abschneiden, trotz alledem mit eben demselben Kontakt zu haben – und zu genießen.

8. Spielen Sie nicht den großen Zampano

Deutschland ist reich gesegnet mit jeglichem Schnickschnack, den die Freizeitindustrie zu bieten hat. Wochenende für Wochenende werden diese Parks und Center bevölkert durch Heerscharen von Alleinerziehenden, die dort ihr Besuchsrecht in mehr oder weniger sinnvolle Aktivitäten umsetzen. Doch tragischerweise mutieren gerade die außenstehenden Erziehungsberechtigten sehr oft zum Entertainer. Weil manche mit ihren Kindern nichts anderes anzufangen wissen, stürzen sie sich ins Konsumgetümmel und versuchen, auf eine gewisse Art und Weise den eigenen Anteil an der familiären Misere gutzumachen. Sind dann alle Attraktionen abgeklappert, nimmt die Häufigkeit der Besuche ab.

Die Kinder jedoch müssen den „Wochenend-Papa" oder die „Teilzeit-Mama" auch in ihrem ganz normalen Alltag erleben können. Nehmen Sie Ihre Sprösslinge hin und wieder mit zu Ihrem Arbeitsplatz und zeigen Sie ihnen, was Sie so den ganzen Tag machen. Stellen Sie sicher, dass sie die Telefonnummer Ihres Arbeitsplatzes immer bei sich tragen und lassen Sie sie so oft es geht in Ihrer Wohnung übernachten. Gestatten Sie Ihren Kindern, ein paar besonders beliebte Exponate ihrer Spielzeugsammlung in Ihrer Wohnung zu deponieren und richten Sie ihnen, soweit Ihre Wohnverhältnisse das zulassen, ein eigenes Zimmer ein. Engagieren Sie sie sowohl beim Kochen als auch bei der ganz banalen Hausarbeit und geben Sie ihnen das beruhigende Gefühl, ein völlig normaler Teil Ihrer Welt zu sein. Versuchen Sie aber nie, sie zu „kaufen". Sie werden damit nur erreichen, dass Ihre Kinder sich nicht wohlfühlen, sich selbst in eine unhaltbare Rolle manövrieren und es dem anderen Elternteil „daheim" nahezu unmöglich machen, Schritt zu halten.

9. Lassen Sie Ihre Kinder teilhaben an Ihrem gesellschaftlichen Leben und Ihren neuen Beziehungen

Wenn ein Elternteil das Haus verlässt, dann wird jeder Besuch, den man den Kindern vorstellt, als Kandidat für den Posten einer neuen Mama oder eines neuen Papas betrachtet. Sind die Kinder noch klein, kann es durchaus passieren, dass sie geradeheraus fragen: „Bist du meine neue Mama oder mein neuer Papa?" Das stürzt beide Teile immer wieder ganz schön in Verlegenheit. Ältere Kinder reagieren eher unnahbar oder offen feindselig auf den potenziellen neuen Elternteil. Kinder werden ihre Eltern nie fragen: „Was hat das für Auswirkungen auf dein Leben?" Sie machen sich eher Gedanken darüber, was diese Person für ihr eigenes Leben bedeutet. Auch wollen sie wissen, ob diese Veränderung Auswirkungen auf ihre Beziehung zum anderen Elternteil haben wird.

Wer jedoch versucht, diese Probleme zu umgehen, indem er die Treffen geheim und die Kinder ahnungslos hält, wird sich auf lange Sicht keinen Gefallen tun, weil er unter Umständen die Basis für noch peinlichere Situationen legt. Halten Sie Ihren Nachwuchs über die Großwetterlage in Ihrer Gefühlswelt auf dem Laufenden, indem Sie ihren Kindern offen und rechtzeitig von einer sich anbahnenden neuen Beziehung erzählen.

10. **Helfen Sie Ihren Kindern, die schönen Erinnerungen an Ihre Ehe- und Familienzeit lebendig zu halten**
Unsere guten Erinnerungen sind es wert, aufbewahrt zu werden. Sie haben einen nicht zu unterschätzenden Einfluss auf unsere Entwicklung. Ich hörte unlängst von einer alleinerziehenden Person, die alle Fotos verbrannte, auf denen ihr ehemaliger Partner zu sehen war. Wer gab diesem Menschen das Recht, seinen Kindern ihre glücklichen Erinnerungen zu rauben? Heben Sie die Dinge auf, die für Sie selbst wie für Ihre Kinder eine besondere Bedeutung haben. Und wenn sie sich an die schönen Dinge erinnern, die sie erlebt haben und dann darüber reden möchten, dann lassen Sie es zu. Auch Kinder leben ein Stück weit aus ihren Erinnerungen.

11. *Wie können zwei unterschiedliche Haushalte eine Existenzgrundlage für Ihre gemeinsamen Kinder schaffen?* **Erarbeiten Sie zusammen mit Ihrem ehemaligen Partner einen verbindlichen Plan, nach dem Sie vorgehen wollen**
Es ist eine Tragödie unserer Zeit, dass unsere Gerichtssäle mehr und mehr in Vermittlungsstellen umfunktioniert werden, ohne deren Hilfe geregelte Beziehungen zwischen geschiedenen Eltern und ihren Kindern kaum noch möglich sind. Dabei sollten zwei Erwachsene eigentlich in der Lage sein, sich zusammenzusetzen und Absprachen zu treffen, die ihren Kindern die bestmöglichen Entwicklungschancen garantieren. Das braucht ja nicht unbedingt mitten in der Hitze des Scheidungsgefechts stattzufinden, doch wenn die Emotionen abgekühlt sind und der Verstand die Oberhand gewonnen hat, sollten sich die Eltern mit der Tatsache auseinandersetzen, dass sich an der gemeinsamen Aufgabe, Kinder großzuziehen, kein Deut geändert hat und dass dieser Prozess zum Wohle der Kinder möglichst ohne größere Brüche fortgesetzt werden muss. Wenn es schon unvermeidbar war, dass Sie und Ihr Partner durch Ihre Scheidung zu Opfern geworden sind, dann ersparen Sie doch wenigstens Ihren Kinder dieses Schicksal. Eine beratende Stimme von außerhalb, zum Beispiel ein *Mediator*, kann Ihnen bei diesen Entscheidungen wertvolle Dienste leisten.

12. Versuchen Sie, soweit irgend möglich die Lebensbereiche Ihres Kindes, die ihm Sicherheit und Kontinuität vermitteln, intakt und von den Konsequenzen Ihrer Scheidung unberührt zu erhalten
Das vertraute Haus, die gewohnte Schule oder die bekannte Kirche können Ihrem Kind zwar den Verlust eines Elternteils bis zu einem gewissen Grad ausgleichen, in manchen Fällen aber funktioniert das nicht. Wenn ein Ortswechsel, ein Umzug ins Haus steht, sprechen Sie mit Ihren Kindern darüber und lassen Sie sie teilhaben an der Entscheidung. Geben Sie dem Ganzen eher den Anstrich eines Abenteuers als den einer Bedrohung.

13. Sollten Sie im Gefolge einer Scheidung Entwicklungsverzögerungen bei Ihrem Kind feststellen, suchen Sie unbedingt die Hilfe professioneller Familienberater
Mit der Scheidung ihrer Eltern stellen sich bei einigen Kindern Schulprobleme ein, die Noten gehen in den Keller, sie verlieren das Interesse an ihren Hobbys, werden ruhelos und zeigen eine hartnäckige Widerspenstigkeit. Diese Reaktionen sind im Großen und Ganzen normal. Auch Kinder durchlaufen die drei Stadien des Schocks, des Sicheinrichtens und des Wachsens. Halten sich diese Phänomene jedoch über einen Zeitraum von mehreren Monaten, dann ist es ratsam, Hilfe zu suchen. Oft reichen ein paar Worte eines geübten Psychologen aus, und die Blockade, die die Entwicklung Ihres Kindes aufgehalten hat, ist überwunden.

Kinder allein zu erziehen ist eine Fähigkeit, die man lernen kann. Auch wenn es manchmal nach einem elend einsamen Job aussieht, so lohnt sich die Mühe doch allemal. Viele Kinder wachsen mit nur einem Elternteil im Haus auf und weisen doch dieselben Fähigkeiten und Merkmale auf wie ein Kind, das stets beide Eltern um sich hat. Ob Ihr Kind Erfolg im Leben hat oder scheitert, hängt nicht davon ab, ob Sie es allein erziehen oder zu zweit. Denn auch ein Kind kann an einer Scheidung wachsen.

An den folgenden „Grundrechten der Scheidungskinder" arbeitete unsere Kinder-Beauftragte Virginia Allmaras mit, eine Alleinerziehende. Wie wäre es, wenn Sie sich diese Liste kopieren und jedem Ihrer Kinder einen Abzug geben? Sie unterstreichen damit Ihr erklärtes Ziel, dass sie Ihre Scheidung an Geist und Seele unbeschadet „durchwachsen".

Meine Grundrechte als Scheidungskind
§ 1: Ich habe ein Recht darauf zu wissen, dass ich bedingungslos geliebt werde.

§ 2: Ich habe ein Recht darauf zu wissen, dass mich an der Trennung meiner Eltern keine Schuld trifft.

§ 3: Ich habe ein Recht darauf zu wissen, was die Scheidung verursacht hat.

§ 4: Ich habe ein Recht darauf, mit Sicherheit zu wissen, wo und mit wem ich leben werde.

§ 5: Ich habe ein Recht darauf zu wissen, inwieweit Krisen mein Leben beeinflussen und wie man mit ihnen auf gesunde Art und Weise umgeht.

§ 6: Ich habe ein Recht darauf, Kind sein zu dürfen und keine Angst davor haben zu müssen, ganz und gar ich selbst zu sein.

§ 7: Ich habe ein Recht darauf, dass meine körperlichen und seelischen Bedürfnisse berücksichtigt werden.

§ 8: Ich habe ein Recht darauf, dass man mich nicht zum Opfer einer gescheiterten Ehe macht oder mich als Schachfigur in der Hand meiner Eltern missbraucht.

§ 9: Ich habe ein Recht darauf, dass man mir meine eigene Privatsphäre zubilligt und meine Persönlichkeit respektiert.

§ 10: Ich habe ein Recht darauf, in einem ganz normalen Haushalt zu leben, dessen disziplinierte Struktur eine gewisse Sicherheit vermittelt.

§ 11: Ich habe ein Recht darauf, positive Bilder von meinen beiden Elternteilen in meinem Kopf und Herzen zu bewahren, sodass ich sie gleichermaßen intensiv lieben kann.

§ 12: Ich habe ein Recht auf freien Zugang zu Vater und Mutter und den Freiraum, ausreichend Zeit mit beiden verbringen zu können.

Anregungen, Fragen für Ihr persönliches Wachstum und Grundlagen für eine Diskussion:

1. Wie ist die Beziehung Ihrer Kinder zum abwesenden Elternteil?

2. Welche Aufgaben eines Alleinerziehenden machen Ihnen die größten Probleme?

3. Sprechen Sie mit Ihren Kindern über deren Gefühle im Bezug auf die Scheidung? Was kommt dabei heraus?

4. Wie haben Sie Ihre Kinder auf die Scheidung vorbereitet? Wie haben sie darauf reagiert?

5. Inwieweit beeinflussen die oben zitierten Grundrechte eines Scheidungskindes Ihren Umgang mit Ihren Kindern?

6. Welches Bild vermitteln Sie Ihren Kindern von Ihrem früheren Ehepartner?

7. Welches persönliche Ziel haben Sie für die nächste Woche?

6. Ich übernehme Verantwortung für meine eigene Zukunft

„Planen Sie Ihre Zukunft sorgfältig, Sie haben keine andere!"

Wenn ich frisch Geschiedene frage, wie sie sich ihre Zukunft vorstellen, bekomme ich immer wieder zu hören: „Welche Zukunft denn?" Das ist eine ganz natürliche Reaktion, denn sie stecken mitten in Wolken von Gefühlen, Zweifeln und Spannungen, und die Unwägbarkeiten ihrer Lage vernebeln jeden klaren Gedanken an ein helleres Morgen. Jeder Plan scheint unrealistisch zu werden, wenn der Kopf angefüllt ist mit den aufwühlenden Erinnerungen an gestern und den drängenden Problemen von heute.

Ihre Zukunft kann bedrohlich wirken oder vielversprechend, das hängt von Ihrer inneren Haltung und Ihren Vorhaben ab.

Jawohl, Sie haben eine Zukunft!
Wenn Sie nicht ausgerechnet beim Lesen dieser Zeilen tot umfallen, habe Sie eine Zukunft. Keiner weiß, wie kurz oder lang diese Zeitspanne ausfallen wird, doch egal, welche Lebensdauer Ihnen beschieden ist, auch das gehört zu Ihrem Wachstumsprozess in der Scheidung, dass Sie sich dem zuwenden, was auf Sie zukommt. Zwar fühlt sich ein Geschiedener dem Sterben oft näher als dem Weiterleben und der Tod erscheint einem gnädig und ehrenhaft, während das Leben eine einzige Bedrohung darstellt. Doch es ist durchaus möglich, die Freude an einem Leben im Hier und Jetzt wiederzufinden und man setzt sich am besten auf die Spur dorthin, indem man aufbauende Pläne für die nächsten Jahre schmiedet. Es liegt an Ihnen, diesen Schritt zu tun, keiner kann und soll Ihnen diese wunderbare Aufgabe abnehmen. Ein

weiser Mensch hat einmal gesagt, dass es drei Dinge gibt, die Glück in unser Leben bringen:

- *eine Aufgabe, die mich ausfüllt*
- *ein Mensch, den ich liebe*
- *ein Ziel, auf das ich mich freue*

Worauf freuen Sie sich gerade jetzt in diesem Moment?

Unterbrechen Sie doch bitte das Lesen für einen Moment und notieren Sie sich auf einem Zettel die fünf Dinge, denen Sie in unmittelbarer Zukunft mit Freude entgegensehen können.

Wenn Sie Mühe hatten, diese fünf Punkte zu finden, dann wird das wohl daran liegen, dass Sie noch ganz und gar in der Vergangenheit leben und keinen Blick für das Kommende haben.

Die Menschen haben drei verschiedene Wege, auf denen sie ihre Zukunft angehen:

- *die einen sehen zu, wie sich die Dinge ereignen*
- *die anderen sorgen dafür, dass sich die Dinge so ereignen*
- *und wieder andere bekommen überhaupt nicht mit, was sich ereignet*

Bei welcher Gruppe finden Sie sich wieder?

Ein Mensch, der die Verantwortung für seine eigene Zukunft übernimmt, wird durch sorgfältige und intelligente Planung dafür sorgen, dass die Dinge so laufen, wie er es sich vorgestellt hat.

Sie könnten fliegen – wenn Sie nur endlich Ihren Kokon verließen!

Ich kann mir gut vorstellen, dass da eine Menge Skeptiker waren unter den Leuten, die sich um die Brüder Wright versammelt hatten, um zu beobachten, wie sie zu ihrem ersten Flug abhoben. Sie hatten es ja schon mehrmals versucht und waren immer wieder gescheitert. Und doch vertrauten sie ihren eigenen Plänen und Berechnungen, die – für jedermann nachvollziehbar – bewiesen, dass das Fliegen schon bald Realität für die Menschen werden konnte. Um sich aber in die Lüfte erheben zu können war es für sie unumgänglich, die Sicherheit des festen Bodens unter den Füßen hinter sich zu lassen. Fliegen ist nämlich nur dann riskant, wenn man die Beine dabei anzieht. Und Verantwortung für die eigene Zukunft zu tragen ist nur dann riskant, wenn man ein bestimmtes Ziel fest ins Auge nimmt und bewusst darauf zusteuert. Keiner kann ausschließen, dass das eine oder andere Vorhaben scheitert.

Edison hat die Glühbirne nicht gleich mit dem ersten Versuch entwickelt. Seine Experimente reiften durch fortgesetzte Fehlschläge über einen Zeitraum von mehreren Monaten. Am Ende war er nur erfolgreich, weil er nicht aufgegeben hatte. Erfolg in allen Bereichen unseres Lebens können wir prinzipiell nur dann haben, wenn wir die Sicherheit des Wohlvertrauten hinter uns lassen und uns in das Unbekannte wagen. Eine Scheidung versetzt die Menschen aus einer vertrauten Umgebung in eine unbekannte Welt. Mitunter meint man, in dieser „terra incognita" seinen gesunden Menschenverstand, seine nüchterne Urteilskraft oder seine Fähigkeit zu planvollem Handeln verloren zu haben. Doch das stimmt nicht. All diese Funktionen sind nach wie vor intakt.

Immer wieder höre ich Klagen wie: „Ich bin zu keinem klaren Gedanken mehr fähig!" Oder: „Ich bin so durcheinander und kann beim besten Willen keine Entscheidungen treffen!" Es ist in der Tat schwer, größere und kleinere Weichen im Alltag zu stellen, wenn man emotional am Boden zerstört ist. Lassen Sie sich in diesem Fall von ebenso guten wie klugen Freunden oder gar von professionellen Psychologen, Beratern oder Seelsorgern helfen.

Setzen Sie sich realistische Ziele!
Alle Lebensziele aufzulisten, die ein Mensch sich setzen kann, würde Hunderte von Seiten füllen. Ich möchte mich auf ein paar Gebiete beschränken, die in einer Scheidungssituation von herausragender Bedeutung sind.

Allen voran stehen die „dringlichen Drei", mit denen die meisten Menschen zu tun haben, und zwar

- das Geld
- der Beruf
- die Karriere

Sie sind entscheidend für unser Überleben. Jede Scheidung ist teuer und jeder Betroffene wird mir gerne zustimmen, wenn ich sage, dass das zur Verfügung stehende Geld phasenweise kaum noch für das Nötigste reicht. So mancher wechselt seine Stelle – als Folge der Scheidung oder weil er ganz einfach mehr Geld braucht. Der Ehepartner, der vorher nicht gearbeitet hat, muss sich in einer Arbeitswelt nach einer Stelle umsehen, die längst über seine früher erworbenen Kenntnisse hinweggegangen ist. Karrieren nehmen einen anderen Verlauf, der eine oder andere fängt wieder ganz von vorne an.

Es ist von existenzieller Bedeutung, dass man sich klar darüber wird, wo man auf allen drei Gebieten steht:

1. Beurteilen Sie Ihre gegenwärtige Situation

Zukunftsplanung fängt damit an, dass man seinen Ausgangspunkt bestimmt.

Im finanziellen Bereich heißt das, dass Sie Einkommen und Ausgaben gegeneinander aufrechnen sollten und das Budget erstellen, das Ihnen monatlich zur Verfügung steht. Die Hoffnung, dass schon irgendjemand anderes Ihnen unter die Arme greifen wird, führt nicht zu einem unabhängigen Wachstum. Denn selbst Kindes- und Ehegattenunterhalt neigen in manchen Fällen zur Schwindsucht und sind dem tatsächlichen Bedarf oft nicht angemessen. Den reichen Froschkönig oder die Prinzessin samt halbem Königreich finden wir eben nur im Märchen. Sozialhilfe in Anspruch zu nehmen bedeutet radikale Abhängigkeit und sollte nur praktiziert werden, wenn es nicht mehr anders geht. Es ist immer verbunden mit einem Gefühl der Erniedrigung und dem Verlust des Selbstwertgefühls.

Ein den Tatsachen angepasster Lebensstil wird es unter Umständen nötig machen, dass Sie Ihre finanziellen Bedürfnisse neu einschätzen. Das kann bedeuten, dass Sie herausgefordert werden, die Grundbedürfnisse Ihres Lebens ganz neu zu definieren. Viele Leute empfinden es als niederschmetternd, dass ihnen mit der Scheidung Besitzstände verloren gehen, die sie sich über Jahre hinweg aufgebaut und gepflegt hatten. Manche Verhältnisse ändern sich über Nacht. Was als finanziell abgesichert galt, ist von heute auf morgen in seiner Substanz bedroht. Es liegt nahe, in einer solchen Situation jede Hoffnung aufzugeben und es ist hart, wieder von vorne anzufangen.

Im beruflichen Bereich beginnt es unter Umständen bereits damit, dass man überhaupt erst mal eine Stelle finden muss. Wenn Sie seit Jahren nicht mehr zur Arbeit gegangen sind, werden Sie sich fragen, was Sie überhaupt für den Lohn zu bieten haben, den Sie erhalten. Während einer Scheidung geht das Selbstvertrauen eines Menschen gewöhnlich in den Keller und er bezweifelt mitunter, ob es für den einfachsten Job reichen wird. Da erscheint es einem fast sinnvoller, gar nichts zu tun, als irgendwo herumzuwursteln.

Deshalb – nehmen Sie sich die Zeit und sehen Sie sich zunächst nach einer Arbeit um, die Sie nicht übermäßig unter Druck setzt, sondern Ihr Vertrauen stärkt, dass auch wieder gute Zeiten kommen werden. Auch wenn sich der Lohn und das Prestige Ihrer Tätigkeit in Grenzen halten, so ist es doch wichtig, dass Sie angefangen haben, Ihr eigenes Geld zu verdienen. Betrachten Sie also das Ganze als einen ersten Schritt in Ihre neue Zukunft, nicht als Sackgasse. Nutzen Sie die Dienste von Arbeitsämtern, Berufs-Bildungszentren und privaten Arbeitsvermittlern und nehmen Sie an möglichst vielen Eignungstests teil, um herauszufinden, wo Ihre Interessen und Fähigkeiten im Moment liegen. Nichts über die eigenen Stärken und Vorlieben zu wissen kann keine Entschuldigung dafür sein, dass man überhaupt nichts unternimmt. Jeder Mensch hat Gaben und Talente, mögen sie auch einem flüchtigen Blick zunächst verborgen bleiben. Nutzen Sie jede sich bietende Gelegenheit, wie ein Schüler in die unterschiedlichsten Berufszweige hineinzuschnuppern. Und vielleicht führt die sorgfältige Wahl Ihres Arbeitsplatzes ja direkt in eine Karriere. Einen Job zu haben bedeutet, dass man seine Zeit investiert und dafür die entsprechende Bezahlung erhält. Karriere zu machen heißt jedoch, neben der Vergütung auch noch eine Identität aufzubauen und Prestige und Respekt zu ernten. Sie machen nicht einfach irgendwas, Sie sind wer!

Was die Karriere betrifft, so bedenken Sie: Beruflicher Aufstieg ist kein Naturereignis, er hängt nicht von irgendwelchen Umständen, vom Schicksal oder vom Glück ab. Man kann ihn planen. Manche Menschen sehen in ihrer Ehe die einzige Art von Laufbahn, die sie jemals eingeschlagen haben. Vielleicht glauben sie, dass das alles ist, was sie zustande bringen. Und wenn ihre Ehe aufgelöst wird, findet diese Laufbahn eben ihr abruptes Ende. Eine Ehe ist aber keine Erfolgsleiter und auch nicht der einzige Weg zu einem erfüllten Leben. Karriere zu machen ist eine Erfahrung, die jeder für sich machen kann, der sich entschieden hat, konzentriert seine Kraft dafür einzusetzen. Sie kann durchaus ein Motor sein für persönliches Wachstum, ein Anstoß, die eigenen Grenzen zu erweitern und eine Quelle für umfassende Zufriedenheit. Denken Sie an die Frage, die Sie als Kind sicher öfter zu hören bekommen haben: „Was willst du denn einmal werden, wenn du groß bist?" Die meisten Kinder geben daraufhin Einblick in großartige Träume und luftige Ideale. Einige Menschen erreichen nie das, was sie sich wünschen, weil sie sich nie ein Ziel gesetzt und einen Weg dorthin gesucht haben. Andere wiederum werden erst gar nicht erwachsen.

Lassen Sie mich zusammenfassen: Wenn Sie Ihre gegenwärtige Situation beurteilen, dann berücksichtigen Sie Ihre finanzielle Lage, Ihren beruflichen Standort und die Richtung, in die Ihre Karriere laufen könnte. Stellen Sie sich einen Reiseplan zusammen, der Sie dahin führen soll, wo Sie hinwollen. Folgen Sie diesem Plan. Stellen Sie sich aber auch darauf ein, dass die Route sich ändern könnte, während Sie reisen.

2. Entdecken Sie ganz neue Facetten des Lebens

Was macht den Menschen zum Entdecker? Es ist der Kitzel, unbedingt noch einen Blick hinter die nächste Biegung des Flusses oder die aufragende Bergkette werfen zu wollen. Kinder sind großartige Forscher. Wenn sie noch ganz jung sind, leben sie eine Neugier aus, die noch ungetrübt ist von jeglichem Wissen um drohende Gefahren. Alles, was sie entdecken, zieht sie in einen Bann, alles muss ausprobiert werden, kein Spaß wird ausgelassen. Dann aber setzt der Reifungsprozess ein und man wird vorsichtiger, während die Gefahren, die mit dem Forschen verbunden sind, an Bedrohlichkeit zunehmen. Indem Sie sich Ziele für die Zukunft setzen, werden auch Sie zum Entdecker und Eroberer. Bringt nicht der Reiz des Unbekannten einen Hauch von Abenteuer in Ihren Alltag? Es besteht absolut kein Grund, die veränderten

Lebensumstände als Bedrohung anzusehen. Betrachten Sie es aus dem Blickwinkel eines Forschers, der frei ist mitzunehmen, was er will, und beiseitezulassen, was ihm nichts bringt. Prüfen Sie die Alternativen. Wo immer sich Ihnen eine neue Situation eröffnet, sollten Sie eine Liste der positiven und der negativen Aspekte erstellen, die sie mit sich bringt und wie sich das alles auf Ihr Leben auswirkt.

Eine Scheidung ist vergleichbar mit der Zeit des Laufen-Lernens. Zuerst krabbelt man, dann macht man – oft mithilfe anderer – seine ersten Schritte und bald rennt man durch die Gegend. Wenn Sie für Ihre Zukunft Verantwortung übernehmen, werden Sie frei, Neues für sich zu entdecken, neue Ideen, neue Situationen.

3. Setzen Sie sich kurzfristige und langfristige Ziele

Ist es nicht so? Was geschehen muss, das sollte unserer Meinung nach möglichst umgehend geschehen. Wer wartet schon gerne auf morgen, nächste Woche oder gar nächstes Jahr? Wir schaffen es so selten, uns Nah- und Fernziele zu setzen, weil wir einfach nicht abwarten können, bis die Zukunft Gegenwart geworden ist. Konstruktive Zielsetzung heißt: Ich hole mir die Anreize, auf Fernziele hinzuarbeiten, aus der Begeisterung, die in mir wächst, wenn ich viele kleine Nahziele erreiche. Nehmen wir an, Sie wollten Lehrerin werden, hatten aber gerade mal zwei Semester studiert, als Ihre Hochzeit „dazwischenplatzte". Ihr Fernziel ist also nach wie vor, Lehrerin zu werden, und Ihre Nahziele sind die einzelnen Schritte, die Sie dorthin bringen.

Erster Schritt: Sie immatrikulieren sich und besuchen die Universität. *Zweiter Schritt:* Sie sollten gerade im ersten Semester auf gute Leistungen achten, um nicht zuletzt sich selbst zu beweisen, dass Sie es durchaus noch „draufhaben". *Dritter Schritt:* Alle Ihre Sinne stellen sich langsam wieder auf die für Sie verschüttete Welt der Wissenschaften ein.

Ob Sie sich Ziele für den nächsten Tag, die kommende Woche, den Monat oder das Jahr setzen – wichtig ist, dass sie erreichbar sind und Ihnen auch ein Erfolgserlebnis vermitteln und Ihr Selbstvertrauen stärken. Ein Ziel erreicht man in dem Bewusstsein: „Ich gehe meinen Weg. Ich habe eine Strategie und eine Absicht." Viele Geschiedene hüpfen durch das Leben wie ein Korken auf einem Wildbach. Sie gehen planlos vor und ihre Ziele (sofern sie überhaupt welche haben) hängen weitgehend von den Personen ab, die ihnen gerade über den Weg laufen.

Kurzfristige und langfristige Ziele helfen Ihnen, am Morgen voller Zuversicht aufzustehen und am Abend zufrieden ins Bett zu gehen. Was Sie mit Ihrem Leben vorhaben, bestimmen Sie selbst und kein anderer.

4. Keine Angst vor Verbindlichkeit!

„Vor dem Altar macht man Versprechen, die, wenn sie in der Ehe nicht gelebt werden, mit der Scheidung gebrochen werden." Eine Lebenserfahrung, die bestürzt.

Viele Menschen blicken auf eine unglückliche Ehe zurück, in der die meisten Versprechen nicht gehalten wurden und schwören sich, niemals wieder irgendwelche Verpflichtungen einzugehen. Sie werden in vielen Bereichen ihres Lebens beziehungsscheu, weil sie verletzt wurden, und schneller als man denkt, haben sie einen Schrein um ihre Wunden errichtet und verbringen den lieben langen Tag damit, sie anzubeten. Gebrochene Versprechen der Vergangenheit dürfen Sie aber nicht davon abhalten, neue Verpflichtungen einzugehen. Aus den Fehlern von früher müssen nicht zwangsläufig die Fehler von morgen resultieren, es sei denn, man hat aus den Erfahrungen nichts gelernt. Die Angst vor dem Scheitern hindert so viele daran, neue Verpflichtungen im beruflichen oder im zwischenmenschlichen Bereich einzugehen. Natürlich möchte keiner verletzt werden oder versagen. Doch es gehört zu unserem Dasein dazu, dass man uns manchmal wehtut und dass wir von Zeit zu Zeit scheitern. Doch wir wachsen nur, wenn wir bereit sind, aus unseren Erfahrungen zu lernen.

Eine Verpflichtung einzugehen ist keinesfalls leicht und setzt immer eine Willensentscheidung voraus. Die Person, die sie eingegangen ist, muss sie in ihrem Leben umsetzen. Es heißt also, zu seinen Verpflichtungen zu stehen, will man ein verantwortungsbewusster Erwachsener sein. Und Verantwortung für die eigene Zukunft zu übernehmen beginnt damit, dass man sich verbindliche Ziele setzt, auf die man zuarbeiten kann.

Die „Zehn Gebote" für ehemals Verheiratete
1. Du sollst nicht in der Vergangenheit leben.
2. Du sollst für deine Gegenwart Verantwortung übernehmen und die Schwierigkeiten nicht auf Vergangenes schieben.
3. Du sollst dich nicht einem diffusen Selbstmitleid hingeben.
4. Du sollst aufhören, anderen die Schuld am Ende deiner Ehe hinterherzutragen.
5. Du sollst nicht versuchen, deine Vergangenheit zu begraben und eine glückliche Zukunft herbeizuzwingen, indem du dich übereilt in eine neue Ehe stürzt.
6. Du sollst deine Kinder nicht zum Opfer deiner vergangenen Ehe machen.
7. Du sollst die gemeinsame Zeit mit deinen Kindern nicht dafür missbrauchen, sie davon zu überzeugen, wie schrecklich und gemein „der andere" ist.
8. Du sollst dich damit auseinandersetzen, was es heißt, eine Familie mit nur einem Elternteil zu sein.
9. Du sollst andere um Hilfe bitten, wenn du sie brauchst.
10. Du sollst Gott bitten, dir zu helfen, wenn es darum geht, das Gestern zu begraben, das Heute zu erschaffen und das Morgen zu planen.

5. Vertrauen Sie Gott Ihre Zukunft an

Ich wiederhole noch einmal das 10. Gebot für ehemals Verheiratete: *Du sollst Gott bitten, dir zu helfen, wenn es darum geht, das Gestern zu begraben, das Heute zu erschaffen und das Morgen zu planen.* Gott mit der Gestaltung Ihrer Zukunft zu betrauen bedeutet, ihn einzuladen, Ihre diesbezüglichen Gedanken und Vorhaben zu lenken. Bitten Sie ihn, Ihre Planungen zu inspirieren oder zu korrigieren. Riskieren Sie es und vertrauen Sie darauf, dass er Ihr Leben heute ebenso in der Hand hält wie morgen. Natürlich dürfen Sie *Vertrauen auf seine Führung* nicht so auslegen, dass Sie selbst jegliche Planung einstellen. Manch einer tut einfach nichts und hofft, dass Gott alles übernimmt. Gott gab uns den Verstand, damit wir ihn einsetzen. Wir sind nicht als seelenlose Roboter konstruiert, die das Programm „Eigeninitiative" nicht kennen und nur auf Befehl hin aktiv werden. Die Bibel sagt uns in 2. Timotheus 1,7: „Gott hat uns nicht einen Geist der Feigheit gegeben, sondern den Geist der Kraft, der Liebe und der Besonnenheit." Gott erwartet von uns, dass wir unseren gesunden Menschenverstand einsetzen, wenn wir uns mit unseren Zielen befassen.

Wenn Sie Gott Ihre Ziele anvertrauen, dann heißt das aber auch nicht, dass Sie frei sein werden von Ärger und Problemen. Dementsprechend werden Sie nicht immer nur begeistert sein über das, was geschieht. Es bedeutet allerdings, dass man jemanden hat, zu dem man all diese Belastungen bringen kann. Vertrauen Sie darauf, dass er die Lage unter Kontrolle hat.

Die Tage, die kommen werden, können Ihnen als Freund oder auch als Feind begegnen. Gehen Sie sie kreativ und konstruktiv an, indem Sie feste Ziel hineinstreuen. Es ist Ihre Zukunft – planen Sie sie sorgfältig, Sie haben keine andere.

Denken Sie immer daran:
Es gibt kein Wachstum ohne Schmerzen.

Anregungen, Fragen für Ihr persönliches Wachstum und Grundlagen für eine Diskussion:

1. Wo möchten Sie zu einem bestimmten Zeitpunkt in folgenden Bereichen stehen?
Finanzen
Beruf
Karriere

2. Notieren Sie auf einem Zettel fünf bis sechs Ziele, die Sie innerhalb der nächsten sechs Monate erreichen wollen, und pinnen Sie diese Liste an Ihre Kühlschranktür.

3. Wenn Sie sicher sein könnten, dass ein Scheitern ausgeschlossen ist, welches Ziel würden Sie anstreben?

4. Wo liegen für Sie die Probleme, wenn es darum geht, Ziele zu artikulieren und anzusteuern?

5. Wie sehen Sie (ganz ehrlich!), nachdem Sie dieses Kapitel gelesen haben, Ihre Zukunft?

6. Welches persönliche Ziel haben Sie für die nächste Woche?

7. Eine Familie finden

„Ich habe eine Familie" heißt: „Ich gehöre zu jemandem".

In der Gesellschaft unserer Tage behauptet die Familie allen Unkenrufen zum Trotz ihre besondere Bedeutung. Ich schreibe diese Zeilen zufällig im Wonnemonat Mai, einem Monat, der für mich als Pastor viele Hochzeiten mit sich bringt. Alle diese Feierlichkeiten haben gemein, dass Mann und Frau sich aneinanderbinden, indem sie „verbindliche" Gelübde ablegen. Dem Willen Gottes entsprechend, in den Augen der Familie und der Freunde und nach Sicht des Staates werden sie ein Paar. Für die meisten Paare drückt sich diese Verbindung ganz natürlich in der Geburt ihrer Kinder aus. Zwei Menschen bilden ein Paar. Zwei Menschen mit einem Kind sind schon eine Familie.

Wenn das wahr ist, kann man dann so einfach sagen, dass eine Familie aufhört zu existieren, wenn ein Elternteil „ausscheidet"? Ich glaube nicht, auch wenn viele von uns Familie im engeren Sinn als eine Lebensgemeinschaft betrachten, die Vater, Mutter und *alle* Kinder umfasst. Wenn Sie eine Familie haben, dann heißt das, dass Sie zu jemandem gehören. Sie sind Teil einer Gruppe, die Sie so annimmt, wie Sie sind, sich um Sie kümmert, Sie liebt und Sie unterstützt. Eine Scheidung entwurzelt und entfremdet Mitglieder einer Familie. Das kann so weit gehen, dass sie sich vollkommen heimatlos und mutterseelenallein fühlen. Deshalb ist es so wichtig, dass die Betroffenen auch während einer Scheidung das Gefühl familiärer Geborgenheit und Hilfe erfahren. Wie das geschehen kann, werde ich im Folgenden zeigen.

Lassen Sie mich Ihnen zunächst drei verschiedene Arten von Familie vorstellen. Sie werden selbst merken: Es wird Ihnen helfen, an Ihrer Scheidung zu wachsen, wenn Sie sich als Teil einer Familie begreifen können.

1. Die Familie, in die Sie hineingeboren wurden

Die erste Familie, die Sie kennengelernt haben, waren die Menschen, in deren Mitte Sie hineingeboren wurden. Wahrscheinlich waren dies Mutter, Vater, Brüder, Schwestern und alle anderen Verwandten. Als Sie noch ein zappelnder Embryo waren, hat sich sicherlich keiner mit der Frage an Sie gewandt, in welche Familie Sie wohl gerne hineingeboren werden möchten. Sie hatten keine Wahl. Und als Sie dann im Kreise Ihrer Lieben aufgetaucht waren, konnten auch diese nicht wählen zwischen den Optionen, Sie zu behalten oder gegen ein anderes Modell umzutauschen. Sie mussten sich wechselseitig akzeptieren.

Durch Ihre Familie lernten Sie, was es heißt, geliebt, gewollt und umsorgt zu werden, lange bevor Sie diese Zuneigung zurückgeben konnten. Viele der Gedanken und Gefühle, die Sie heute mit dem Begriff Familie verbinden, resultieren aus den Erfahrungen mit der Gruppe, in deren Schoß Sie aufwuchsen. Im Rückblick werden Ihnen sicher gute wie schlechte Erlebnisse in den Sinn kommen, doch egal, was überwiegt, es war unbestreitbar Ihre irdische Familie, die Sie auf Ihren ersten Schritten ins Leben begleitet hat.

Während Sie Ihre Familie vor Ihrem geistigen Auge aufmarschieren lassen, denken Sie doch mal ein paar Minuten lang über diese Fragen nach:

- Wie hat Ihre Familie Sie aufgenommen?
- Wie haben Sie sich zu Ihrer Familie gestellt?
- Was hat Ihre Familie für Sie getan?
- Was haben Sie für Ihre Familie getan?

Ihre Herkunftsfamilie hat Ihnen das Tor zu den Menschen dieser Erde geöffnet. Durch sie haben Sie Liebe und Unterstützung erfahren – oder auch nicht. Hoffentlich haben Sie durch diese Menschen überwiegend Gutes empfangen und konnten ihnen auch etwas zurückgeben von diesem Segen.

2. Die Familie, die Sie durch Ihre Heirat gegründet haben

Geborgen in Ihrer Familie und im Kreis Ihrer Freunde standen Sie eines Tages vor einem Wendepunkt in Ihrem Leben: Sie wollten heiraten und eine neue Familie gründen. Um das zu tun, mussten Sie Ihr altes Umfeld verlassen und Ihre Prioritäten ganz auf die neue Familie setzen. Es lag keineswegs in Ihrer Absicht, mit der alten Familie zu brechen, Sie haben sie nur um ein neues Kreissegment erweitert. Es begann mit zwei Personen und wuchs bald an auf drei – vielleicht schneller, als Sie eigentlich wollten. Das war nun Ihre eigene Familie, in die Sie alles einbrachten, was Sie in Ihrer ersten Familie gelernt hatten.

Wenn Sie zurückblicken auf diese zweite Familie, dann denken Sie doch bitte kurz über folgende Fragen nach:

- Welche Träume hatten Sie für diese Familie?
- Haben sie sich erfüllt?
- Fühlen Sie sich immer noch als Bestandteil dieses Kreises?
- Haben Sie seit Ihrer Scheidung das Gefühl, keine Familie mehr zu haben?

Es mag wohl sein, dass diese Familie Ihre Erwartungen in keiner Weise erfüllt hat. Genauso gut ist es möglich, dass Ihre Scheidung Sie im Blick auf das Ideal der Familie desillusioniert hat. Wahrscheinlich sind Sie ein Stück weit verbittert und sehnen sich doch nach einer Familie, die nicht durch eine Laune des Augenblicks oder einen plötzlichen Sinneswandel zu erschüttern ist. Und schließlich wäre es nicht verwunderlich, wenn Sie das ganze Prinzip familiären Zusammenlebens infrage stellen und stark daran zweifeln, jemals wieder die Liebe, Wärme und Hilfe eines anderen Menschen erfahren zu können.

Ihre erste Familie, in die Sie hineingeboren wurden, kann Ihnen durch den Tod genommen werden. Genauso gut ist es möglich, dass Sie von zu Hause weit wegziehen müssen, weg von Ihren Lieben und Freunden. Die räumliche Distanz kann schon morgen die Bedeutung mindern, die diese Bande heute noch in Ihrem Leben haben. Und letztlich ist nicht auszuschließen, dass Ihnen durch verletzte Gefühle und Missverständnisse Ihre erste Familie genauso fremd wird wie eine zweite Familie, die durch die Scheidung zerbricht.

Eine Familie zu haben und sie wieder zu verlieren, kann ein traumatisches Erlebnis sein. Nicht weniger dramatisch ist der Kampf, den so mancher austragen muss, der das Gefühl der Geborgenheit in einer Familie überhaupt jemals wieder erfahren will.

3. Gottes Familie

In den Seelsorgeseminaren, zu denen wir Geschiedene einladen, zeigen wir unseren Gästen, dass es noch eine dritte Art von Familie gibt, die jederzeit für sie offensteht. Das ist die Familie Gottes.

Wenn Sie in Ihrem Leben wenige oder gar keine Erfahrungen mit Gott gemacht haben, wird es für Sie ein seltsamer Gedanke sein, einer solchen Gruppe anzugehören. Wahrscheinlich bezweifeln Sie, dass so etwas den Platz einer irdischen Familie ausfüllen kann. Ich möchte Ihnen im Folgenden ein paar Eigenschaften dieser Familie schildern, die Ihre Meinung ändern könnten:

1. Gottes Familie ist eine Familie mit „Ewigkeits-Perspektive". Sie stirbt nicht aus und wechselt nicht ihre Mitglieder. Zu Ihrer ersten und zweiten Familie weist sie deutliche Unterschiede auf. Während Sie diese durch den Tod, durch menschliches Versagen oder durch räumliche Trennung verlieren können, bleiben Sie, wenn Sie sich dafür entschieden haben, für alle Ewigkeit Teil der Familie Gottes. In 1. Petrus 2,9-10 finden Sie in diesem Zusammenhang eine herrliche Verheißung: „Ihr aber seid das auserwählte Volk, das Haus des Königs, die Priesterschaft, das heilige Volk, das Gott selbst gehört. Er hat euch aus der Dunkelheit in sein wunderbares Licht gerufen, damit ihr seine machtvollen Taten verkündet. Früher wart ihr nicht sein Volk; aber jetzt seid ihr das Volk, das Gott gehört. Früher galt euch nicht sein Erbarmen; aber jetzt habt ihr sein Erbarmen erfahren."

2. Sie finden Ihren Platz in dieser Familie, wenn Sie den Sohn Gottes, Jesus Christus, als den anerkennen und in Ihr Leben einlassen, der Ihrem Schicksal eine neue Richtung geben kann und darf. Als Sie ein Kind waren, waren Ihre ersten Laute in etwa „wa wa". Mit zunehmendem Alter wurde daraus „Papa", dann vielleicht „Paps" oder „Vater". Je älter Sie wurden, desto selbstverständlicher verbanden Sie

mit diesem Namen Begriffe wie Liebe, Fürsorge, Anleitung, Korrektur, Voraussicht und Schutz, und je länger Sie Ihren Papa kannten, desto mehr Bedeutung bekam er in Ihrem Leben. Sie schlossen ihn fest in Ihr Herz, weil Sie verstanden, dass er sie liebte und sich um Sie kümmerte. Genau dasselbe passiert, wenn Sie Ihr Leben Jesus anvertrauen. Sie fassen nach und nach Vertrauen, weil er Tag für Tag zeigt, dass er Sie bedingungslos liebt. Und während Sie an seiner Hand durch Ihr Leben gehen, bauen Sie eine tiefe Beziehung zu ihm auf. Er bedeutet Ihnen etwas und Sie bedeuten ihm etwas.

3. Mit jedem Tag, den Sie als Teil seiner Familie verbringen, wachsen Sie ein Stück. Die meisten von denen, die den Schritt in seine Familie wagen, haben zunächst viele Fragen. Wenn ein Mensch sich entscheidet, Jesus nachzufolgen, dann will er so viel wie möglich über den wissen, dem er sich angeschlossen hat und darüber, wie seine neue Familie funktioniert. Das meiste erfährt er durchs Bibelstudium, durch Predigten, Gebete und Gespräche mit den anderen Familienmitgliedern. Und langsam aber sicher werden Sie auch in diesem Bereich wachsen, ganz so, wie es war, als Sie zu verstehen begannen, was Ihr irdischer Vater für Sie bedeutete und was er von Ihnen erwartete. Gott hat keine Eile, seine Zeit ist unbegrenzt. Er möchte einfach an Ihrer Seite sein und Ihnen auf Ihrer Reise durchs Leben helfen.

4. Wenn Sie sich der Familie Gottes anschließen, dann erweitert sich die Zahl Ihrer Brüder und Schwestern mit einem Schlag ins schier Unermessliche. Das sind die Menschen, die vor Ihnen eine Heimat im Schoß dieser Familie gefunden haben. Einen größeren Clan kann es nicht geben und ich garantiere Ihnen – ein nie zuvor gekanntes Zugehörigkeitsgefühl wird Sie erfassen. Mögen Sie sich jetzt auch noch so einsam, leer, ungeliebt und heimatlos fühlen, mit Ihrer Heimkehr in die Familie Gottes spüren Sie sofort die „Nestwärme" einer Gemeinschaft, die Sie so annimmt, wie Sie sind, mit Ihnen kämpft und mit Ihnen wächst. Ihre neuen Geschwister werden in den glücklichen wie den traurigen Momenten Ihres Lebens bei Ihnen sein. Sie werden Sie mit einer Liebe empfangen, die jene Zuneigung wahrscheinlich noch übertreffen wird, mit der Ihnen Ihre natürliche Familie begegnete.

5. Den neuen Geschwistern gegenüber gehen Sie natürlich auch Verpflichtungen ein, so wie diese Ihnen gegenüber. Können Sie sich noch daran erinnern, wie Ihr Vater oder Ihre Mutter Sie in Ihre ersten Haushaltspflichten einführte? Sicher waren Sie felsenfest überzeugt, damit ganz ungeheuer an Bedeutung gewonnen zu haben, denn schließlich hatten Sie ja immer schon vieles von dem, was Mama und Papa so taten, in Ihrer kleinen Welt nachgespielt. Jetzt aber hatten Sie echte Aufgaben übernommen, und fleißig kamen Sie diesen Pflichten nach – Tag für Tag, so lange, bis nach und nach der Sand der Routine ins Getriebe kam und alles irgendwie banal und schließlich langweilig wurde. Und plötzlich suchten Sie nach Möglichkeiten, diese Jobs zu umgehen. Aber irgendwie waren alle Auswege verbaut und Sie mussten sie wohl oder übel weiterhin erledigen. Sie mussten Ihren Anteil an den Pflichten innerhalb Ihrer Familie tragen.

Wundern Sie sich nun darüber, dass ich in Kapitel 3 erklärt habe, wir wären nicht verantwortlich für andere Leute und das, was sie tun? Das stimmt auch nach wie vor, doch in der Familie Gottes gilt eine andere Art von Verantwortlichkeit, nämlich die wechselseitige. Es gehört zum Lebensstil eines Christen, dass er Verantwortung wahrnimmt, indem er

- *seine „Nächsten" als Brüder und Schwestern annimmt*
- *sie so akzeptiert, wie sie sind*
- *sie teilhaben lässt an seinem Leben*
- *sie liebt und ihnen hilft, wo immer es nötig ist*
  und ihnen so die Liebe Christi vorlebt

Die anderen wiederum sind verpflichtet, auch Ihnen im selben Geist zu begegnen. Der Apostel Paulus drückt das so aus: „Macht also einander Mut und helft euch gegenseitig weiter, wie ihr es ja schon tut" (1. Thessalonicher 5,11).

6. Sie können die Mitgliedschaft in dieser Familie nicht ruhen lassen. Es gibt so viele Gründe dafür, den Kontakt zur eigenen Herkunfts-Familie zu verlieren. Genauso viele Wege gibt es, die Familie hinter sich zu lassen, in die man hineingeheiratet hat. Scheidung ist einer davon. Ein Anwalt, ein Bogen Papier, ein richterliches Urteil, und es ist alles

vorbei. Wie aber lässt man sich *von Gott* scheiden? Gibt es so etwas überhaupt? Ich glaube nicht. Die Bibel gibt mir recht, indem sie Jesus selbst zitiert: „Alle, die mein Vater mir gibt, werden zu mir kommen, und niemand, der zu mir kommt, wird von mir abgewiesen" (Johannes 6,37). Und in Römer 8,39 versichert uns Paulus: „Nichts in der ganzen Welt kann uns jemals trennen von der Liebe Gottes (...)". Wenn wir zu Gott kommen und unser Leben Jesus übergeben, dann gilt für uns die Verheißung, dass er uns weder hinauswerfen noch den Rücken zukehren wird. Niemals.

Das heißt aber nicht, dass wir selbst nicht in der Lage oder willens wären, uns von ihm abzuwenden. Wir können uns auf eigenen Wunsch von ihm abkoppeln. Wir können unsere Verantwortung, Fortschritte im Glauben zu machen, ausblenden und nur dem Namen nach eine Beziehung zu ihm unterhalten. Das hieße, die Privilegien einer Familie wahrnehmen zu wollen, ohne den damit verbundenen Pflichten nachzukommen.

Viele Menschen, die durch eine Scheidung gegangen sind, haben die Wärme und Nähe verloren, die eine gute Familie so wertvoll macht. Sie vermissen die Stütze einer Gemeinschaft, die sich um sie und ihr Schicksal kümmert. Ein unverzichtbarer Teil unseres Seelsorgeprogramms für Geschiedene besteht darin, Menschen den Segen zu vermitteln, der darin liegt, wenn einer für den anderen Sorge trägt. Wir erreichen das, indem wir den Leuten zeigen, dass sie einen Platz in unserer Mitte haben, wo sie Annahme, Fürsorge und Liebe finden. Sie werden aufgenommen von einer Gruppe von Leuten, die ähnliche Erfahrungen gemacht haben, und entdecken, dass das Leben nach einer Scheidung nicht zu Ende ist. Und während sie die kleinen Austauschgruppen, Seminare, Workshops, Einzelgespräche und Bibelstunden besuchen, wird auch denen, die fest zu wissen glaubten, dass sich niemand für sie interessiert, langsam klar, dass es tatsächlich noch Menschen gibt, denen sie durchaus am Herzen liegen. Ein Teil unserer Hilfsleistung liegt darin, dass wir den geborstenen Gefühlstank der Geschiedenen reparieren und aufs Neue füllen. Ein anderer, eher praktischer Teil ist, dass wir sie darin unterstützen, die Anforderungen, die das tägliche Leben an sie stellt, wieder unter die Füße zu kriegen. Es herrscht ein ausgesprochen familiärer Geist, wenn sich in unseren Gruppen Menschen aller Altersgruppen Woche für Woche darüber austauschen, wo sie im geistigen, sozialen, physischen und geistlichen Bereich Heilung und Wachstum erfahren haben.

Der Geist, der unseren Dienst an den ehemals Verheirateten durchdringt und antreibt, ist der Geist Christi. Es ist der Geist der Annahme und der Vergebung, auf die ich im folgenden Kapitel näher eingehen werde.

Lassen Sie sich das eine zusprechen: Es gibt Menschen, die sich so gerne um Sie kümmern würden und Ihnen die Liebe entgegenbringen möchten, die sie als Teil der Familie Gottes selbst erfahren.

Die folgenden Worte beschreiben die Erfahrung derer, die ihren Platz in dieser Familie gefunden haben:

Auf der Suche
Aus meiner Einsamkeit kam ich – auf der Suche.
Aus meinen versteckten Ängsten trat ich – auf der Suche.
Aus meiner Sehnsucht nach Freunden trieb es mich –
auf die Suche.
Aus lauter Hunger nach Gott machte ich mich – auf die Suche.
Und ich fand Menschen, denen ich nicht gleichgültig bin –
und eine neue Liebe.

WIE FINDE ICH SO EINE GEMEINSCHAFT?

Der Schlüssel zu einem Neuanfang liegt zweifellos darin, dass Sie Ihr Leben Christus übergeben und sich seiner Gemeinde anschließen. Wenn Sie einmal diese Entscheidung getroffen haben, dann ist es wichtig, dass Sie sich eine Gruppe suchen, die dieselben Erfahrungen gemacht hat wie Sie und in dieselbe Richtung geht wie Sie.

Überall im Land gibt es Austausch- und Selbsthilfegruppen, die mühelos Ihre Freizeit mit Kriseninterventionsprogrammen auf mentaler, sozialer und physischer Ebene füllen könnten. Doch leider ist die Zahl der Gemeinschaften, die das Problem von der spirituellen Seite her angehen, ungleich kleiner. Die einzige Agentur auf unserer Welt, die Hilfe in allen vier Bereichen anbieten soll und kann, ist die Kirche. Viele Gemeinden jedoch betrachten die Geschiedenen in ihren Reihen mit einem deutlichen Stirnrunzeln, während andere überhaupt keinen Bedarf an Hilfe jedweder Art sehen. Gehen Sie am besten auf den Pfarrer oder Pastor in Ihrer Stadt zu, der Ihnen am vertrauenswürdigsten erscheint, und sprechen Sie ihn auf die Möglichkeit an, in seiner Gemeinde eine Gruppe zu gründen, die sich um die Bedürfnisse der Geschiedenen kümmert.

Sobald es sich herumspricht, dass Ihre Gemeinde eine Alternative bietet zum eher drögen Abhängen in der Kneipe, werden Ihnen die Leute unter Umständen die Bude einrennen in der Hoffnung, endlich eine geschützte und aufrichtige Gemeinschaft zu finden, die ihre Probleme ein Stück weit persönlicher aufzufangen verspricht. Und könnte nicht der Inhalt dieses Buches zunächst die Grundlage für den Austausch in diesem Kreise sein?

Das Ganze ist zwar kein Kinderspiel, der Lohn aber, den es mit sich bringt, wenn man sich um die Nöte der Geschiedenen kümmert, wiegt alles auf. Ich spreche aus eigener Erfahrung, denn es ist mein Beruf.

„Denn mein Plan mit euch steht fest", spricht Gott.
„Ich will euer Glück und nicht euer Unglück. Ich habe im Sinn, euch eine Zukunft zu schenken, wie ihr sie erhofft.
Das sage ich, der Herr" (Jeremia 29,11).

Anregungen, Fragen für Ihr persönliches Wachstum und Grundlagen für eine Diskussion:

1. Beschreiben Sie, welche Art von Beziehung Sie heute zu Ihrer Herkunftsfamilie haben.

2. Wie steht Ihre Familie zu Ihrer Scheidung?

3. Inwieweit hat Ihre Scheidung Ihre Auffassung von Familie beeinflusst?

4. Wenn Sie eine Familie (Eltern, Geschwister, Großeltern ...) um sich haben, dann erklären Sie, was das für Sie bedeutet und wo sie hilfreich für Sie ist.

5. Sind Sie bereits Teil der „ewigen Familie" Gottes? Falls ja, dann schildern Sie, wie Sie dorthin gelangt sind.

6. Welches persönliche Ziel haben Sie für die nächste Woche?

8. Die Kraft der Vergebung erfahren

„Ich brauche keine Lorbeeren, ich brauche Vergebung."

Der Heilungsprozess, den wir durchlaufen, wenn wir uns durch unsere Scheidung hindurcharbeiten, hat einen Abschnitt, den die meisten Betroffenen nur zu gerne umgehen würden. Es ist die Frage, ob wir Vergebung erfahren haben. So mancher Betroffene entwickelt eine Methode, mit seiner Scheidung fertig zu werden, die einem rein mechanischen Vorgang gleicht, doch die Frage nach der Vergebung kann er auf diesem Level nicht beantworten. Die stellt sich auf der spirituellen Ebene.

Von der christlichen Gemeinde wurde die Scheidung lange Zeit als eine Sünde betrachtet, die nicht vergeben werden kann. Diese Sichtweise wird von der Bibel zwar keineswegs unterstützt, trotzdem schaffte es die Kirche irgendwie, die Menschen so etwas glauben zu machen. Man erklärte die Scheidung zu einem Vergehen, das schwerer wiegt als Diebstahl oder gar Mord – eine Todsünde eben. Auch heute noch kann es einem passieren, dass man als Geschiedener als dauerhaft beschädigt, verdorben oder verdammt betrachtet wird, mögen uns diese Urteile auch noch so mittelalterlich oder unchristlich erscheinen. Ich will mit diesem Kapitel gar nicht die Haltung der Gemeinde gegenüber den Geschiedenen verändern, das geschieht bereits in vielerlei Hinsicht. Denn ob Ihnen die anderen Kirchgänger verzeihen, ist nicht wirklich wichtig. Was wirklich zählt, ist die Frage, ob Sie persönlich um die Auswirkung echter Vergebung auf Ihr Leben wissen.

Vergebung vertreibt den Hass
Neben der Scheidung kenne ich keine andere Erfahrung im Leben eines Menschen, die seine Gefühle so radikal von Liebe in Hass umkippen lässt. Eine Scheidung bringt Sie so weit, dass Sie Mauern hochziehen,

statt Brücken zu schlagen. Es beginnt damit, dass Sie wütend sind auf Ihren ehemaligen Ehepartner, und endet damit, dass Sie einfach alles und jeden abgrundtief hassen, einschließlich sich selbst. Sie könnten glatt ertrinken in einem Meer finsterer Gedanken anderen gegenüber. Gefühlsstürme dieser Art machen jegliches Wachstum unmöglich und verhindern, dass Sie ein neuer Mensch werden.

Im Laufe der Zeit werden die Schmerzen des Hasses zwar abnehmen, niemals aber ausheilen. Die Kraft der Vergebung aber vertreibt den Hass für immer aus Ihrem Leben. Sie hat mehrere unterschiedliche Seiten, die ich Ihnen im Folgenden gerne vorstellen möchte.

1. Gott vergibt mir

Ich glaube, dass die beste Therapie, die Gott den Menschen jemals verordnet hat, die Vergebung war. Ohne sie wären wir hoffnungslos verstrickt und verwickelt in die Kausalketten unserer Schuld. Jesus hat einen Ausweg aus diesem Dilemma gezeigt. Einmal muss er sich mit religiösen Führern auseinandersetzen, die eine Frau vor ihn bringen, sie beschuldigen, auf frischer Tat beim Ehebruch ertappt worden zu sein und seine Reaktion herausfordern, um ihm einen Strick daraus zu drehen (Joh. 8). Man muss gar nicht weit hineinlesen in dieses Kapitel, um zu erkennen, dass die Vertreter der Religion ganz und gar fixiert waren auf eine korrekte Bestrafung der Schuldigen, während es Jesus darum ging, der Frau Vergebung zu ermöglichen. Im letzten Vers des Berichtes richtet Jesus die folgenden Worte an die Frau: *„Ich verurteile dich auch nicht. Du kannst gehen, aber tu diese Sünde nicht mehr!"* So wie ich es sehe, gibt er uns ein Beispiel, wie wir mit den Fehlern der anderen umgehen können und wie Gott damit fertig wird. Jesus hat die Frau nicht bestraft. Er vergab ihr und ermutigte sie, künftig ein neues Leben zu führen. Die Pharisäer dagegen hätten zu gerne ein Exempel an ihr statuiert. Doch Jesus wusste besser um die Unvollkommenheit des Menschen als jene, die ihn eigentlich als Priester vor Gott vertreten sollten.

Die Heilige Schrift kennt viele Berichte darüber, wie Jesus mit menschlicher Schwäche umgegangen ist. Er drückte zwar immer wieder seine Enttäuschung darüber aus, verdammt hat er sie jedoch nie. Er war ein Meister im Handwerk des Vergebens. Seine Antwort auf die Frage der Jünger, wie sie denn beten sollten, war das Vaterunser, das unter anderem die Bitte enthielt: „*Vergib uns unsere Schuld, wie auch wir vergeben unseren Schuldigern.*" Doch der Wunsch nach Vergebung setzt auch immer die eigene Vergebungsbereitschaft voraus. In 1. Johannes 1,9 lesen wir: „Wenn wir aber unsere Verfehlungen eingestehen, können wir damit rechnen, dass Gott treu und gerecht ist: Er wird uns dann unsere Verfehlungen vergeben und uns von aller Schuld reinigen." Dieser Vers verspricht uns die vollständige Vergebung, wenn wir unsere Sünden bekennen.

Ich glaube, Scheidung ist Sünde. Sie gehört einfach nicht in Gottes perfekten Plan für den Menschen. Doch der Mensch ist schwach und erdverhaftet und wird dem göttlichen Ideal aus eigener Kraft niemals auch nur annähernd entsprechen können. Deshalb hat Gott uns Leitlinien gegeben, in denen unser angefochtenes Leben dennoch gelingen kann. Verlassen wir diese Spur und damit auch ihn, dann brauchen wir seine Vergebung, und unser Kontakt zu ihm wird wiederhergestellt. Dr. Dwight Small stellt in einem Artikel unter dem Titel „Scheidung und Wiederheirat. Eine unkonventionelle Perspektive" fest:

> „*Eine Scheidung ist ein Verstoß gegen Gottes gute Vorgaben für unser Leben und damit Sünde. Beide Parteien brauchen seine Gnade, egal ob sie sich eher schuldig oder unschuldig fühlen. Vergebung zu erlangen setzt einzig und allein voraus, dass die Beteiligten ihre Schuld bekennen, Reue zeigen und den ernsthaften Willen haben, bei ihren weiteren Lebensschritten nach Gottes Willen zu fragen.*"

Will man also Gottes Vergebung erfahren, fängt man am besten damit an, die eigene Schwäche und das eigene Fehlverhalten zu bekennen. Die inneren Widerstände, die sich dabei auftun, lassen das Ausmaß der Befreiung erahnen, die dieser Akt der Buße nach sich zieht.

Wie war es denn, als Sie als Kind gegenüber Ihren Eltern ungehorsam waren? Wahrscheinlich konnten Sie des Öfteren das, was Sie ausgefressen hatten, eine Weile vor Papa und Mama geheim halten. Allerdings bedeutete das, mit der permanenten Bedrohung leben zu müssen, jederzeit überführt und bestraft werden zu können. Dazu kam das Gewicht, das ein schuldbewusstes Gewissen nun einmal von Natur aus hat. Als Sie dann schließlich Ihr Vergehen beichteten, verspürten Sie in den meisten Fällen eine ungeheure Erleichterung und hatten das gute Gefühl, dass alles wieder im Lot war zwischen Ihnen und Ihren Eltern.

Dasselbe Gefühl stellt sich ein, wenn Sie mit Gott ins Reine kommen. Hier ist ein ganz einfaches Gebet, das ungefähr ausdrückt, in welcher Lage Sie sich befinden. Wie wäre es, wenn Sie sich mit diesen oder ähnlichen Worten selbst an Gott wenden würden?

Gott, ich weiß, dass es falsch ist, sich scheiden zu lassen.
Ich weiß, dass das nicht in deinem Plan
für mein Leben vorgesehen war.
Gott, ich bekenne dir meine Schwächen und mein Versagen,
die bewusst oder unbewusst zu meiner Scheidung beigetragen haben.
Gott, vergib mir bitte meine Scheidung.
Hilf mir, in deiner Vergebung deine Liebe zu erfahren.
Lass mich wachsen und schenke mir einen Neuanfang
in meinem Leben.
Danke, Herr. Amen!

2. Ich vergebe mir

Ein weiterer Schritt im Prozess der Vergebung ist für manche Menschen der schwierigste. Es ist manchmal leichter, seine menschlichen Schwächen vor Gott zu bekennen, als sie uns selbst einzugestehen. Viele leben nach dem Motto: *„Ich gebe zu, nicht perfekt zu sein. Und doch wäre es mir lieber, wenn sie mich daran nicht erinnern würden."* Unsere eigenen Unzulänglichkeiten sind für uns selbst oft am schwersten zu ertragen.

Selbst der umsichtigste Richter im Land wäre überfordert damit, auch nur für einen einzigen Scheidungsfall sämtliche Faktoren und Details zusammenzutragen, die zur Trennung führten, und nur wenige Eheberater verfügen über so viel Erfahrung, dass sie einschätzen können, an welchem Punkt der Auflösungsprozess einer Ehe irreversibel wurde. Da es also keine Schiedsstelle gibt, die perfekt ausbalancierte Schuldzuweisungen ausspricht, nimmt eine eher vorsichtige Natur in den „Zweifelsfällen" einer laufenden Scheidung so manche Schuld auf die eigene Kappe. Wie wir in Kapitel 1 schon festgestellt haben, gibt es viele Menschen, die sich selbst die Rolle, die sie in dem Trennungsprozess gespielt haben, nicht vergeben können. Sie sind gefangen im immer wiederkehrenden Selbstvorwurf „Hätte ich doch nur ...!" Doch auf diesem Weg wird man für sein Problem keine Lösung finden, weil es an den Tatsachen einfach nichts ändert. Was geschehen ist, ist geschehen.

Sich selbst vergeben können heißt:
- *Ich akzeptiere die Schwächen, die ich als menschliches Wesen nun mal habe.*
- *Ich nehme mir die Freiheit, scheitern zu dürfen.*
- *Ich übernehme die Verantwortung für meine Fehler.*
- *Ich übe es, mir selbst meine Fehler zu vergeben.*
- *Ich nehme Gottes Vergebung an.*
- *Ich mache mich neu auf den Weg.*

Viele Menschen haben sich eingerichtet unter dem Joch eines selbst auferlegten Schuldvorwurfes. Sie können die Tatsache nicht ertragen, dass zum Menschsein das Fehlermachen dazugehört und sie werden so lange an ihrer eigenen Existenz leiden, solange sie sich der frischen Luft der Selbstvergebung entziehen.

3. Ich vergebe meinem früheren Ehepartner

Ich kann mir vorstellen, was Ihnen bei dieser Überschrift durch den Kopf schießt: „Jetzt geht's aber zu weit! Nach all dem, was er oder sie mir angetan hat ...!"

Klar, mitten in der Hitze der verbalen und emotionalen Auseinandersetzung dürfte der Gedanke an Vergebung so ziemlich das Letzte sein, was einem in den Sinn kommt. Es wird ja nicht von Ihnen erwartet, dass Sie Ruckzuck-Amnestien erteilen. Vergebung ist ein Prozess, in den man langsam hineinwächst. Auch in meinen Seelsorgefreizeiten gab es kaum Teilnehmer, die Hals über Kopf aus den Seminarräumen gestürzt wären, um auszuprobieren, wie das funktioniert. Am unkompliziertesten erscheint uns die Vergebung, die von Gott kommt. Sie ist der erste Schritt. Sich selbst zu vergeben folgt als zweiter und ist schon ein Stück weit schwieriger zu fassen. Um dem früheren Ehepartner aber vergeben zu können, muss man im eigenen Heilungsprozess schon ein gutes Stück weit vorangekommen sein, die lodernden Flammen des Scheidungsfeuers sollten erloschen sein und einem kühlen Kopf das Feld überlassen haben.

Natürlich werde ich immer wieder gefragt, wie man das Ganze denn dem oder der „Ex" gegenüber am besten ausdrückt. Am besten fängt man an, indem man sagt: „Es tut mir jetzt alles so leid. Bitte vergib mir doch meine Fehler, die dazu beigetragen haben, dass wir uns haben scheiden lassen." Klingt hart, nicht wahr? Ist es auch. Doch das Wissen, einen entscheidenden Schritt in meinem Wachstum vorangekommen zu sein und das rundum gute Gefühl, das sich damit für mich verbindet, ist es allemal wert.

Mit diesem Schritt zeigen Sie, dass Sie zu Ihren Schwächen stehen und Ihre Verantwortung für das, was passiert ist, zu tragen bereit sind. So wie Sie unbestreitbar Teil der Ehegemeinschaft waren, so haben Sie gleichermaßen Anteil am Problem Ihrer Scheidung. Und nicht zuletzt erkennen Sie den Wert eines anderen Menschen an und die Tatsache, dass auch er Vergebung nötig hat.

Viele Männer und Frauen unterhalten auch noch Jahre nach ihrer Scheidung eine ausgesprochen feindselige Beziehung zueinander. Vergebung nach Gottes Willen hat eine aktive und eine passive Seite, umfasst sowohl das, was ich falsch gemacht habe als auch das, was mir der andere angetan hat. Letzten Endes sind Sie aber nur für Ihren eigenen Anteil an diesem Prozess verantwortlich. Es ist nicht Ihre Aufgabe, den anderen an seine Vergehen zu erinnern, auf dass auch er um Vergebung bittet – nämlich Sie.

Und was ist, wenn er Ihnen nicht vergibt? Sie hatten sich aus Ihrer Deckung gewagt und um Vergebung gebeten. Die Antwort jedoch war ganz anders ausgefallen, als Sie es sich vorgestellt hatten. Das Angebot wurde auf die leichte Schulter genommen und zurückgewiesen, vielleicht sogar lächerlich gemacht oder ganz einfach ignoriert. Was macht man jetzt? Nichts! Sie haben Ihren Teil der Aufgabe erfüllt und können vom anderen nicht die Antworten erzwingen, die Sie gerne hören würden. Wenn der andere Sie lieber ignoriert, dann ist das sein Problem. Sie jedenfalls können sicher sein, dass Sie alles getan haben, was in Ihrer Macht steht und den Rest getrost ihm überlassen.

4. Vergeben und vergessen

Immer wieder höre ich, dass man zwar vergeben könne, niemals aber vergessen. Und wenn man es nur in der menschlichen Perspektive betrachtet, stimmt das auch, denn aus eigener Kraft zu vergessen dürfte schwer, wenn nicht gar unmöglich sein. Ich denke, dass nur Gott einem Menschen Vergessen schenken kann. Und die Zeit, der man ja die Kraft zuschreibt, Wunden zu heilen.

Ich bin mir sicher, dass wir auf unserer Suche nach Vergebung, die mit der Zeit all die Spannungen und Verletzungen auslöscht, die uns heute noch quälen, langsam aber sicher auch das Schlechte vergessen und uns nur noch an das Gute erinnern. Im Bereich der Vergebung kann man jederzeit selbst aktiv werden. Gott und der Lauf der Zeit tragen das ihre dazu bei.

Überhaupt ist Gott in einem fort damit beschäftigt, Menschen einen Neuanfang zu ermöglichen. Er tut das, indem er den Menschen durch Kampf hindurch wachsen lässt, heil und ganz macht. Die Bibel predigt das Prinzip der unbegrenzten Vergebung. Jesus fordert uns auf, „siebzigmal siebenmal" zu vergeben (Matthäus 18,22). Damit meint er natürlich nicht, dass wir exakt 490-Mal verzeihen sollen und dann Schluss, sondern, dass unsere Vergebungsbereitschaft nach dem Vorbild Gottes unbegrenzt sein sollte.

Eine Scheidung kann unser Leben verwüsten, und dennoch ist sie nicht „unverzeihlich". Gott hat die vielen Millionen Schicksale immer vor Augen, die durch eine Scheidung erschüttert wurden und er sieht, wie bitter nötig sie die heilende Kraft seiner Liebe und Vergebung haben. Auch Sie können sie haben! Was bringt uns die Perfektion eines schillernden Lebens, wenn wir wissen, was Vergebung wert sein kann?

Gebet eines Geschiedenen

Gott, du Herr über Einheit und Zertrennung, lehre mich, wieder allein zu gehen und dennoch stark zu sein.

Heile meine Wunden. Lege deine durchbohrten Hände auf meine Narben und Verletzungen, damit ich mich nun wieder als einzelner Mensch den kommenden Tagen zuwenden kann.

Schaffe in mir, Herr, ein weises Herz und reinige mich von Feindseligkeit und Rachedurst.

Lehre mich zu lachen ohne Falsch, und Zuwendung zu schenken, ohne dabei Angst haben zu müssen.

Lass fern sein von mir finstere Gedanken und Verzweiflung.

Stärke in mir das Wissen, dass das jüngste Kapitel in meinem Leben einen Abschluss gefunden hat und nicht mehr fortgeschrieben wird. Das Thema, unter das du mein Leben stelltest, hat sich geändert und der erwartete Ausgang wird so nicht kommen.

Soll ich trauern über diesen Wandel der Geschichte?

Wäre es nicht besser, ich könnte mich erinnern ohne den Stachel des Zorns und zurückblicken ohne den Schmerz der Reue, und du lehrtest mich, ganz neu zu lesen und zu schreiben, sodass ich diesen unerwarteten Epilog meiner Tage bis heute verwandeln könnte in ein neues Vorwort für ein neues Leben?

Gewichen ist das verschwommene Zwielicht, vergangen die Tage der Spannung, lass doch die bittern Gedanken verwehen und die grellen Erinnerungen verblassen.

Und lass mich meine Straße ziehen in Liebe und Freundlichkeit.

„Vergebung heißt: Ich verzichte auf mein Recht zurückzuschlagen, wenn man mich verletzt hat."
(Dr. Archibald Hart, Autor des Buches „Damit die Wunden heilen")

Anregungen, Fragen für Ihr persönliches Wachstum und Grundlagen für eine Diskussion:

1. Wenn Sie Gottes Vergebung in Ihrer Scheidung erfahren haben, beschreiben Sie, wie das geschah.

2. Wo stehen Sie im Moment in dem Ringen, sich selbst zu vergeben?

3. Wenn Sie Ihren ehemaligen Partner bereits um Vergebung gebeten haben – was geschah daraufhin? Wenn Sie diesen Schritt noch nicht vollzogen haben – was empfinden Sie, wenn Sie darüber nachdenken?

4. Haben Sie in Ihrem Leben schon einmal die Erfahrung gemacht, dass man Ihnen vergeben hat? Haben Sie schon einmal Vergebung gesucht und keine bekommen? Wie war das?

5. Wie gehen Sie im Zusammenhang mit Ihrer Scheidung mit dem Vergessen um?

6. Welches persönliche Ziel haben Sie für die nächste Woche?

9. Und auf einmal bist du wieder siebzehn

„Ich weigere mich einfach, wieder wie ein Siebzehnjähriger handeln, denken und Verabredungen treffen zu müssen."

Das Gesellschaftsleben der meisten Geschiedenen ändert sich durch eine Scheidung geradezu radikal. Soziale Kontakte und Termine werden komplett über den Haufen geworfen, wenn Menschen sich trennen. Der Geschiedene scheint einfach nicht mehr in die Welt der Verheirateten zu passen. Von einem Moment auf den anderen wird er hinauskatapultiert aus der gewohnten Sicherheit, dass da immer einer ist, der zu ihm gehört, hinaus in eine vollkommene Leere. Bemüht er sich dennoch, weiterhin teilzuhaben am gesellschaftlichen Leben, bleibt ihm nichts anderes übrig, als mit Vertretern desselben Geschlechts auszugehen oder durch die Kneipen, Klubs und Single-Treffs zu ziehen, wo er früher oder später aufs Neue um die Aufmerksamkeit des anderen Geschlechts buhlen wird. Doch so mancher ehemals Verheiratete, der die Welt der Singles betritt, wird sie als einen gruseligen Platz empfinden und sich alsbald in die Geborgenheit seiner eigenen vier Wände flüchten. Kein Wunder, dass so viele Singles sich zu Hause einigeln.

Erst vor Kurzem hat das eine geschiedene Person mir gegenüber folgendermaßen kommentiert: „Ich weigere mich einfach, wieder wie ein Siebzehnjähriger handeln, denken und Verabredungen treffen zu müssen." Ein Großteil von denen, die einmal verheiratet waren, teilen diese Ansicht, und doch wird ein Mensch, der Anschluss sucht und neue Freunde finden will, nicht darum herumkommen, Verabredungen zu treffen. Es gibt allerdings Menschen, die es nach einer Scheidung gar nicht erwarten können, „auf die Pirsch zu gehen" und neue Beziehungen zu knüpfen, die ruckzuck in die nächste Ehe führen. Sie werden getrieben von ihrer eigenen Unsicherheit und der schieren Angst vor der Einsamkeit. Doch es ist ein großer Fehler, sich Hals über Kopf in ein Liebesverhältnis zu stürzen, bevor man sich ausreichend Zeit genommen hat, sich in der neuen Situation und ihren Anforderungen zurechtzufinden.

Eine neue Beziehung knüpfen – was manche fürchten
Sechs Fragen schwirren durch die Köpfe derer, die über eine neue Liebesbeziehung nachdenken:

1. Wie kann ich sicher sein, dass es diesmal hält?
Auf Beziehungen – egal, die wievielte es ist – gibt es keine Haltbarkeitsgarantien. Und hat man die Scheidung nach Jahren des Kampfes, der Heilung und des Wachsens glücklich „durch", dann ist es nicht ausgeschlossen, dass man nach dieser Zeit des Rückzugs auf sich selbst ein Stück weit „beziehungsscheu" geworden ist. Viele Männer und Frauen sind so verunsichert, dass sie aus Angst, erneut verstoßen zu werden, Kontaktversuche jeglicher Art abblocken. Andere stürzen sich von einem emotionalen Konflikt in den anderen und hoffen dabei, dass sie endlich den einen Menschen finden, der ihre Schmerzen lindert und einen Regenbogen der Hoffnung über ihr Leben schlägt.

- *Jede neue Liebe ist ein Risiko.*
- *Es bleibt Ihnen gar nichts anderes übrig:*
- *Lernen Sie aus den Erfahrungen der Vergangenheit!*
- *Gehen Sie zuversichtlich in die Zukunft!*
- *Üben Sie, Stück für Stück wieder Vertrauen zu investieren!*

2. Kann ich jemals wieder einem Mann oder einer Frau trauen?
Die Menschen sind nicht alle gleich. Wenn Sie verletzt wurden und den Glauben an eine bestimmte Person verloren haben, dann heißt das noch lange nicht, dass Sie so eine Behandlung nun von jedermann zu befürchten haben. Es sind nicht alle Männer schlecht. Es sind nicht alle Frauen schlecht. Es ist ziemlich unfair, aus seinen persönlichen Erfahrungen ein allgemeines Misstrauen gegenüber dem anderen Geschlecht abzuleiten. Es braucht natürlich seine Zeit, bis Vertrauen wieder wachsen kann. Dauerhafte Beziehungen wachsen nicht über

Nacht. Es hat keinen Sinn, im Handumdrehen eine intime Freundschaft oder gar Ehe herbeizaubern zu wollen, indem man die Stufe der Vertrauensbildung überspringt.

3. Werde ich dieselben Fehler wieder machen?
Nicht, wenn Sie aus den alten Fehlern gelernt haben und Zeit zum Wachsen hatten. Im Allgemeinen braucht man zwei bis drei Jahre, um eine Scheidung einigermaßen unter die Füße zu bekommen und die notwendigen Lektionen zu verinnerlichen. Im Sport werden durch gutes Training und viel Übung Haltungsfehler und störende Bewegungsgewohnheiten nach und nach ausgeschaltet. Wenn Sie in aller Ehrlichkeit die Fehler bewerten, die Sie in Ihrer Ehe gemacht haben, dann werden Sie sogar noch einen Nutzen daraus ziehen. Immer nur auf die andere Seite zu schimpfen, hilft Ihnen dagegen in keiner Weise weiter. Am besten lernt man nach dem Prinzip *Versuch und Irrtum*, und während die meisten bereit sind, zu ihren Versuchen zu stehen, schweigt man die Irrtümer doch lieber tot. Wer aber an seinen Fehlern nicht arbeitet, wird sie mit größter Wahrscheinlichkeit auch in die nächste Ehe einschleppen und sie dort wiederholen.

4. Werde ich mein Glück finden, wenn ich wieder heirate?
Wie lange versucht man schon zu definieren, was Glück ist? Bedeutet es nicht für jeden Menschen etwas anderes? Viele Menschen suchen nach dem einen besonderen Partner, der ihnen die Erfüllung bringen soll. Sie weigern sich, Verantwortung für das eigene Glück zu übernehmen und möchten sie einem anderen zuschieben. Wie tragisch, denn eigentlich gilt das Gegenteil: Glückliche und zufriedene Menschen ziehen glückliche und zufriedene Menschen an. Ist ein Mensch mit sich im Reinen, dann wird sich das in erster Linie in der Zweierbeziehung ausdrücken, die er führt, und wenn man zu neuer Ausgeglichenheit gefunden hat, dann wird dieser Geist auch die neue Partnerschaft prägen. Das Verheiratetsein allein ist noch lange kein Garant für Glück, ebenso wenig wie das Alleinleben.

5. Was, wenn ich keinen Partner finde?

Aus den Statistiken geht hervor, dass etwa 90% aller Geschiedenen wieder heiraten. Die Wahrscheinlichkeit ist also hoch, dass auch Sie eines Tages wieder Ihr Jawort geben. Hoffentlich warten Sie damit, bis Ihr Leben in ruhigeren Bahnen verläuft und Sie Ihre Erfahrungen verinnerlicht haben.

Nun tritt häufig das seltsame Phänomen auf, dass die Frauen sich fragen, wo all die guten und begehrten Männer stecken und die Männer sich fragen, wo all die guten und begehrenswerten Frauen sind. Eins ist sicher – sie haben sich nicht allesamt an einem bestimmten Platz verkrochen. Wundervolle Menschen gibt es überall und Sie werden sie schon finden, wenn Sie sich ein bisschen Zeit bei der Suche lassen.

Es gibt aber auch Menschen, die ziehen es vor, nicht wieder zu heiraten. Auch das hat seine Berechtigung, nicht alle müssen unter die Haube gebracht werden. Jeder Einzelne soll herausfinden, was für ihn das Beste ist.

6. Bin ich schon innerlich gefestigt genug, um wieder auf das andere Geschlecht zugehen zu können?

Es ist nicht gerade einfach, nach zehn, zwanzig oder dreißig Jahren Ehe erneut auf „Freiersfüßen" zu wandeln. Das, was uns dabei Probleme macht, ist meistens weniger eine Frage des Alters, sondern eher des Eingerostetseins. Nach langen Jahren mit einem vertrauten Gegenüber muss man sich erst mühselig wieder in Erinnerung rufen, was man bei diesen Gelegenheiten so sagt, was man tut, wo man hingeht und wie man sich verhält. Stelldicheins dieser Art werden für Sie genauso aufregend sein wie für einen 15-jährigen Teenager. Doch mit den ersten Erfolgen stellt sich auch das nötige Selbstvertrauen ein. Und wenn Sie nicht für den Rest Ihrer Tage Single bleiben wollen, wird Ihnen nichts anderes übrig bleiben, als in den Reigen der Verabredungen einzutreten.

Eine neue Beziehung knüpfen – was man dabei beachten sollte
Wenn Geschiedene erneut aufs Meer der Möglichkeiten hinausschippern, sollten sie eine Reihe von Signalflaggen kennen, die ihnen begegnen könnten. Die folgenden Fragen fassen diese Signale zusammen:

1. Habe ich durch meine Scheidung etwas über mich gelernt?
Eigentlich sollte jeder seine Erfahrungen in einem Büchlein festhalten, das den Titel tragen könnte: „Lektionen, die meine Scheidung mich lehrt." Wer nämlich hineinspringt ins Vergnügen neuer Verabredungen, ohne sich über seine Stärken und Schwächen klar geworden zu sein, spielt mit der Gefahr neuerlichen Scheiterns. Er geht das Risiko ein, einen emotionalen Schock zu erleiden, wenn die erste Freundschaft nach dem Ende seiner Ehe auch gleich wieder in die Brüche geht, anstatt in eine Ehe zu münden. Ich kann nur wiederholen: Nehmen Sie sich die Zeit zu einer Neueinschätzung Ihrer Person!

2. Ist genug Zeit vergangen, dass der Staub sich legen konnte?
Ich habe bereits angedeutet, dass in der Regel zwei bis drei Jahre vergehen müssen, bis der Aufruhr der Herzen sich gelegt hat – je nachdem, wie lange die Ehe gedauert hat. Dem Ex-Partner durch eine rasche Wiederheirat beweisen zu wollen, dass man immer noch eine gute Partie ist, wird kaum zu einer Entspannung der Situation beitragen. Die atmosphärischen Gewitterstürme, die Sie erleben, verziehen sich nicht in einem Augenblick und Geschiedene begehen einen Fehler, wenn sie neues Eheglück im Expresstempo herbeizwingen wollen.

3. Ist es eine gesunde Beziehung, die ich da eingehe?
Es ist das wechselseitige Geben und Nehmen von Mann und Frau, das eine gute Ehe ausmacht. Mit einer gesunden Partnerschaft hat das wenig zu tun, wenn zwischen beiden eine Schieflage herrscht, die dem einen von beiden langsam alle Kraft raubt. Beide Teile sollten so viel zum Bau der Beziehung beitragen können, dass es sich ungefähr die Waage hält. Nehmen Sie es also als eine sinnvolle Faustregel, nur auf Menschen zuzugehen, die, soweit sie geschieden sind, ihre Trennung

mindestens genauso lange hinter sich haben wie Sie. Es ist wichtig, dass Sie beide wieder mit beiden Beinen im Leben stehen.

Außerdem sollten Sie beachten, dass „da draußen" genug unverheiratete „Raubvögel" kreisen, die sich mit Vorliebe unter den emotional Angeschlagenen ihre Opfer suchen, die sie für ihre egoistischen Ziele und Bedürfnisse ausnutzen wollen. Selbst wenn Sie sich gefühlsmäßig schon wieder einigermaßen sicher auf den Beinen fühlen, sollten Sie diesen Menschen aus dem Weg gehen. Eine gesunde Beziehung kann nur aufgebaut werden, wenn beide Parteien wachsen und mit ihrer Scheidung Frieden gemacht haben.

4. Was bringe ich aus meiner vergangenen Ehe in die neue Beziehung mit ein?
Es ist ein untrügliches Zeichen dafür, dass Sie wachsen und auf dem richtigen Weg sind, wenn Sie immer weniger über Ihre gescheiterte Ehe, den alten Partner und die ganze Scheidung sprechen. Menschen, deren Erholung voranschreitet, haben kein Interesse mehr an Scheidungsgeschichten. Wenn Sie dagegen jedes Treffen mit dem anderen Geschlecht dafür nutzen, Trennungsprobleme aufzuarbeiten, dann schleppen Sie vollkommen überflüssiges Gepäck mit sich herum. Werfen Sie das über Bord, sonst wird es Ihre neue Ehe beeinträchtigen! Lassen Sie Vergangenes vergangen sein und konzentrieren Sie sich ganz auf einen Neuanfang, neue Ziele und neue Träume.

Eine neue Beziehung knüpfen – auf was kann man bauen?
Auf dem Schild einer Kneipenwand stand der Spruch: „Gott kann ich trauen – alle anderen zahlen bar." Es ist relativ leicht, auf Gott zu vertrauen. Er hat im Allgemeinen einen guten Ruf. Viel schwerer dagegen fällt es uns, auf Menschen zu bauen, weil sie uns durchaus auch enttäuschen.

Jeder Mensch, auch der schwierigste Eigenbrötler, hat Beziehungen. Das beginnt schon mit seiner Beziehung zu sich selbst, dann zu Gott (Vertrauen, Ignoranz, Ablehnung? Irgendwie muss er ja zur Gottesfrage stehen) und schließlich zu den Menschen in seinem Umfeld. Täglich arbeiten wir an diesen Verbindungen. Eine Scheidung erschüttert dieses Verhältnis zur Außenwelt und stürzt uns in tiefste Zweifel, wie stabil unsere Bekanntschaften, Freundschaften usw. überhaupt sind und welchen Wert sie haben.

Ich möchte hier kurz die Faktoren erläutern, die das Zustandekommen neuer Beziehungen beeinflussen.

1. *Im Vertrauen auf Gott und seine Hilfe kann ich neu beginnen*
Europa aus den Ruinen, die der Zweite Weltkrieg hinterlassen hatte, wieder aufzubauen, war eine Herkulesarbeit. Ohne die feste Entschlossenheit der Menschen läge noch heute alles in Trümmern. Genauso schwer ist es, ein Leben aus Ruinen wiederauferstehen zu lassen, es erfordert alle Willenskraft, die ein Mensch nur aufbringen kann. Gottes Aufgabe ist es dabei nicht, Ihr Scheitern milde zu belächeln, er will, dass Sie ihm vertrauen und sich frisch ans Werk des Neuanfangs machen.

2. *Mit der Hilfe Gottes lerne ich wieder neu, zu leben und anderen Vertrauen zu schenken*
Liebe und Vertrauen gehen in einem Menschen während einer Scheidung oft vollständig verloren und es ist eine Mammutaufgabe, sie neu aufzubauen. Die Gefahr, sich neu zu verlieben und wieder verletzt zu werden mag Ihnen so groß erscheinen, dass Sie jeden Gedanken an einen weiteren Versuch von vornherein aufgeben. Bertrand Russell sagte einmal: „Die Liebe zu fürchten heißt, das Leben zu fürchten, und der Mensch, der das Leben fürchtet, ist bereits zu drei Vierteln tot." Sie mögen sich zwar auch tot fühlen, doch Sie leben. Mit Gottes Hilfe werden Sie Schritt für Schritt lernen, Liebe und Vertrauen wieder zuzulassen.

3. *Ich vertraue darauf, dass Gott in meinem Leben etwas Neues beginnt und es auch fortführen wird. Falls und wenn ich wieder heirate, wird das eine der wertvollsten Erfahrungen in meinem Leben*
Wenn Sie Gott die Regie dabei überlassen, kann eine Wiederheirat für Sie durchaus eine ganz wunderbare *Chance* werden. Ich freue mich jedes Mal über die Gruppe von Gemeindegliedern, die sich regelmäßig

in unserer Kirche trifft, um in der Bibel zu lesen und Gemeinschaft zu haben. Diese Leute haben eins gemeinsam: Sie waren alle einmal verheiratet. Sie stiegen hinab in das Tal der Scheidung und kletterten den gegenüberliegenden Abhang hinauf bis zum Gipfel der Heilung. Sie kennen die Verletzungen, das „Herzeleid" und die Einsamkeit, die mit diesem Ereignis verbunden sind, aber sie lassen sich nicht unterkriegen. Sie haben intensiv daran gearbeitet, sich in einem neuen Leben einzurichten, indem sie auch neue Beziehungen eingegangen sind. Aus diesen Beziehungen wurden Ehen, die viele neue und wertvolle Erfahrungen mit sich bringen. In der Gruppe tauschen sie sich darüber aus, auf was für Herausforderungen, Freuden und Schmerzen man trifft, wenn man bewusst am Erfolg seiner Ehe arbeitet. Auf die Probleme, die sie haben, werde ich im folgenden Kapitel näher eingehen.

Sich zu treffen, Freundschaften zu schließen und erneut auf eine Ehe zuzugehen gehört zu den eher heiklen Phasen in Ihrem Scheidungs- und Wachstumsprozess. Mal stürzt man sich leidenschaftlich ins Getümmel, mal hat man die Nase voll vom anderen Geschlecht. Mal könnte man schier verzweifeln angesichts so vieler Treffen und Kontakte, die einfach zu nichts führen, und mal fühlt man sich wie ein Stück Ware auf dem Wochenmarkt. Doch das, was Sie fühlen, sollte niemals das beeinflussen, was Sie sind. Und Sie sind auf dem besten Weg, sich von Grund auf eine neue Existenz aufzubauen. Mit jedem Tag findet ein neuer Baustein seinen Platz. Glauben Sie mir – Gott beginnt etwas Neues in Ihrem Leben und er wird es zur Vollendung bringen.

---

*Lassen Sie sich nicht einschüchtern
von den Totengeistern einer gescheiterten Ehe.*

Anregungen, Fragen für Ihr persönliches Wachstum und Grundlagen für eine Diskussion:

1. Tragen Sie einige der Ängste zusammen, die Ihnen bei dem Gedanken an eine neue Ehe in den Sinn kommen.

2. Was lernen Sie über sich auf dieser Stufe des Scheidungsprozesses?

3. Beschreiben Sie zuerst die Person, mit der Sie Ihre erste Ehe eingegangen sind, und dann den Menschentyp, mit dem Sie sich eine neue Beziehung vorstellen können.

4. Welche Rolle spielt Gott in Ihren Überlegungen, wenn es darum geht, eine neue Beziehung zu entwickeln?

5. Welches persönliche Ziel haben Sie für die nächste Woche?

10. Wiederheirat – deine, meine, und was das für unsere Familie heißt

*„Meine Ehe – vom hohen Ideal zur alltäglichen Qual.
Es ist Zeit, ganz neue Wege zu gehen."*

Es ist nicht immer leicht, mit einer neuen Ehe auch völlig neue Wege zu beschreiten. So wie die Scheidung ein ganzes Spektrum von Problemen und Frustrationen mit sich bringt, so hat auch eine Wiederheirat ihre ganz eigenen Herausforderungen. Es sind nicht gerade wenige, die sich aufs Neue binden und dann feststellen, dass eine Vielzahl von Faktoren, die sie aus der ersten Ehe kennen, auch in der zweiten Ehe das Zusammenleben bestimmen. Der einzige Unterschied ist der neue Ehepartner. Man braucht gar nicht viel Zeit, um herauszufinden, dass man in der neuen Welt dieser Ehegemeinschaft zur täglichen Routine eine Reihe von sehr spezifischen Problemen hinzubekommt. Es ist eben nicht einfach derselbe Bund zweier Menschen, wie er auch nach der ersten Hochzeit bestand, sondern vielmehr eine Vereinigung zweier unterschiedlicher Familien. Und wenn beide Partner bereits eine Scheidung hinter sich haben, dann kann sich sehr leicht ein Mix aus vier verschiedenen Familien ergeben – die viel zitierte „Patchworkfamilie". Das kann den Effekt haben, dass sich Ihre Freude verdoppelt, der Frust aber manchmal vervierfacht.

Sie werden Zeit brauchen, bis Sie die Verhältnisse innerhalb dieser Zweier- und Viererfamilien zufriedenstellend geregelt haben und es gibt eine Reihe von Fragen, die Sie vor und nach einer Wiederheirat beantworten sollten.

Überlegungen vor einer Wiederheirat

Die folgenden sieben Fragen stehen beispielhaft für eine Vielzahl von Überlegungen, die sich stellen, wenn eine neue Ehe konkret wird:

1. Wie viele Kinder werden in die neue Ehe miteinbezogen sein, wer wird das Sorgerecht haben, wer wird Unterhalt zahlen und wo wird welches Kind leben? Da ich hier von Verhältnissen rede, die in einer unendlichen Vielzahl von Kombinationen auftreten können, versuche ich gar nicht erst, diese Frage zu beantworten. Sie selbst werden sich am besten durchfinden durch Ihre spezielle Situation.
2. Wie viel vom Einkommen der neuen Familie wird abgezweigt werden müssen für die Unterstützung des früheren Partners und der Kinder?
3. Wo werden Sie leben? In Ihrem Haus, dem des neuen Partners oder unter einer ganz neuen Adresse? Sie werden sich einige Probleme sparen, wenn Sie gemeinsam einen neuen Wohnsitz beziehen, weil Sie damit vermeiden, dass sich einer von beiden wie ein Gast im Heim des anderen fühlt.
4. Wie stellen sich die Kinder zum jeweils neuen Elternteil?
5. Wo werden die Kinder untergebracht, die beim „Ex" leben und an den Wochenenden, in den Ferien oder einfach über Nacht kommen?
6. Könnte eine Adoption zum Thema werden und eine damit verbundene Namensänderung der Kinder?
7. Welchen Stellenwert wird in Ihrem neuen Haushalt der Erziehungsstil einnehmen? Können Sie ausschließen, dass jeder Partner seine eigenen Kinder denen des anderen vorzieht?

Fragen solcher Art stellen sich sehr eindringlich, wenn kleine Kinder in eine Wiederheirat einbezogen sind. Sind sie bereits erwachsen und selbst verheiratet, verlagert sich das Ganze vielleicht schon auf die Großelternebene. Tragen Sie die besonderen Bedingungen Ihrer Situation auf einer Liste zusammen und sprechen Sie sie gründlich durch, bevor Sie erneut vor den Traualtar treten. Andernfalls kann es sein, dass Ihr frisches Glück eine erste Trübung erfährt, wenn Probleme dieser Art erst im Trubel des Ehealltags zur Sprache kommen. Aus dem

Feld dieser Überlegungen stechen drei Fragen hervor, die in manchen „zweiten Ehen" nie vollständig geklärt werden. Da ist zum einen die weitere Beziehung zum früheren Partner, dann die faire Behandlung der Kinder beider Seiten und nicht zuletzt die Herausforderungen, die entstehen, wenn man in der Planung des Familienbudgets zwei Haushalte berücksichtigen muss. In meiner Zusammenarbeit mit Wiederverheirateten sind mir einige Fragen immer wieder begegnet, die darüber entscheiden, ob eine neue Ehe erfolgreich wird. Hier sind sie:

Wem soll meine Loyalität gehören?
Meinem neuen Ehepartner? Dem früheren? Meinen eigenen Kindern? Den Kindern, die mein Partner mitbringt? Oberflächlich betrachtet, scheinen die Antworten klar zu sein. Doch das Leben spielt sich im Kleinklein des Alltags ab, wo sich von Stunde zu Stunde alles ändern kann. Und mit den Umständen wechseln auch oft die Verpflichtungen, die man vor Kurzem noch für selbstverständlich gehalten hat. Was wäre denn, wenn Ihr ehemaliger Partner ernsthaft erkrankt? Würden Sie vielleicht alles stehen und liegen lassen und an sein Bett eilen? Was, wenn Ihr neuer Partner Ihren Kindern eine strenge Disziplin abverlangt? Zu wem halten Sie? Zu ihm oder zu Ihrem „eigen Fleisch und Blut"? Und wenn Ihre trauernden Kinder sich Ihrem neuen Glück in den Weg stellen und Ihre Beziehung zu knacken versuchen – auf wessen Seite stehen Sie? Es ist für eine Familie überlebenswichtig, dass Eltern sich gegenseitig unterstützen und zueinanderstehen. Bei einer neuen Ehe setzen manche Kinder genau hier an und versuchen, die beiden Erwachsenen gegeneinander auszuspielen. Sie wollen einfach den Papa oder die Mama, die sie verlassen hat, wieder ganz für sich haben und verweigern sich dem „Ersatz" in einer ausgesprochen feindseligen Haltung. Hier ist es hilfreich, wenn man sich vor der Hochzeit genügend Zeit nimmt und mit den Kindern ausgiebig spricht. Natürlich macht sich jedes Kind so seine Gedanken über die Rolle, die der neu hinzugekommene Partner übernehmen wird. Ist er nett, streng, lieb, gemein? Sie wollen wissen, was sich mit dieser neuen Beziehung in ihrem Leben ändern wird. Jede „erste Ehe" hat immer den Vorteil, dass man langsam in den Familienstand hineinwachsen kann. Die zweite Ehe wird in bestehende Verhältnisse hineingeworfen. Zu oft sucht man

das Gespräch und die Entscheidung erst, wenn man bereits vor vollendeten Tatsachen steht. Werden Sie sich deshalb über Ihre Loyalitäten klar, bevor sie eingefordert werden müssen.

So werden Stiefkinder zu einer Bereicherung

Vater oder Mutter wird man nicht über Nacht, man braucht Zeit, um sich auf diese Rolle einstellen zu können. Viele Stiefeltern erwarten aber von den Kindern, dass sie sie mit offenen Armen empfangen und leben einfach so weiter, als ob sich nichts geändert hätte. Doch nur wenige Kinder gehen diese Veränderungsschritte einfach so mit, besonders, wenn der andere Elternteil in nächster Nähe wohnt und regelmäßig Kontakt zu ihnen hat.

Die *erste Regel*, die man beachten sollte, wenn man als Stiefmutter oder Stiefvater Erfolg haben will, ist, dass man der neuen Beziehung Zeit zum Wachsen gibt. Den *zweiten Schritt* müssen Sie tun, indem Sie bewusst an vertrauensbildenden Maßnahmen arbeiten. Ihre neue Position im gemeinsamen Heim mag Ihnen Autorität garantieren, Respekt aber müssen Sie sich erst verdienen. Ich bin der Meinung, dass es in der Verantwortung des neuen Elternteils liegt, die Achtung und Liebe seiner Stiefkinder zu gewinnen. Wenn von der Zuneigung, die Sie Ihrem neuen Partner entgegenbringen, nichts übrig bleibt für seine Kinder, dann werden Sie die Folgen zu spüren bekommen. Ich weiß von Stiefvätern und -müttern, die die Kinder ihres Partners buchstäblich ignoriert haben und das Feld ganz und gar seinem Ex-Partner überließen. Nur wenige Beziehungen überstehen ein solch frostiges Klima.

Einen *dritten Schritt* hin zu einem vertrauensvollen Kontakt zu den neuen Kindern gehen Sie, wenn Sie ihnen zeigen, dass sie Ihnen ebenso wichtig sind wie Ihre eigenen Kinder. Liebe, die zu gleichen Teilen verschenkt wird, fällt in reichem Maß auf den Geber zurück. Unbegrenzte Möglichkeiten stehen Ihnen zur Verfügung, wenn Sie Ihre Zuneigung zeigen wollen. Herzen werden immer durch Liebe gewonnen.

Der *vierte Schritt* setzt voraus, dass Sie sich klarmachen, dass Sie nicht einfach ein Ersatz für den abwesenden Elternteil sind. Versuchen Sie so etwas gar nicht erst! Sie sind das, was Sie sind – keine Kopie eines anderen Menschen. Begehen Sie nicht den Fehler, in einen Wettbewerb mit dem oder der anderen zu treten. Unterstreichen Sie von Anfang an Ihre individuellen Stärken und stehen Sie zu Ihren Schwächen, und Sie werden Respekt ernten.

Wie man unterschiedliche Lebensstile unter einen Hut bringt

Wenn der andere Elternteil erneut heiratet, dann müssen die Kinder erst mal damit zurechtkommen, dass fortan zwei unterschiedliche Lebensstile in ihrem familiären Umfeld gelebt werden. Der eine prägt ihren Alltag und das Heim, in dem sie leben, während der andere dort herrscht, wo sie ihre Wochenenden, Ferien oder Ähnliches verbringen. Wenn der auswärts lebende Elternteil nicht wieder geheiratet hat, können die Besuche durchaus zu einem Unternehmen „Spaß ohne Grenzen" ausarten. Jegliche Disziplin geht dabei flöten und die Heimkehr am Sonntagabend wird zu einem traumatischen Erlebnis. Nicht selten brauchen die Kinder Tage, um sich wieder in ihrem Alltag einzufinden und einzuordnen.

Sollte der andere Elternteil nicht einsehen, dass es sinnvoll ist, den Kindern einen relativ gleichmäßigen Lebensstil zu gewährleisten, dann ist es geraten, den Kindern zu erklären, was da vor sich geht und warum. Kinder verstehen vieles, wenn man sich die Zeit für Erklärungen nimmt. Zwar hat jeder das Recht, so zu leben, wie er will, doch kann man seine Vorstellungen nur so weit ausleben, wie das gesunde Wachstum eines anderen Menschen nicht beeinträchtigt wird.

Wie gehe ich mit dem früheren Partner meines neuen Ehegatten um?

Einige Kapitel zuvor habe ich auf die Tatsache hingewiesen, dass sich die Scheidung vom Tod dadurch unterscheidet, dass von Fall zu Fall der Expartner an den Zäunen der zerbrochenen Beziehung auftaucht. Bevor einer der beiden Geschiedenen wieder heiratet, leben beide oft in einem permanenten Kleinkrieg unterschiedlicher Ansichten. Bindet sich einer neu, nehmen die Spannungen ab, was daher kommt, dass der neu Verheiratete sein Interesse ganz von selbst anderen Themen zuwendet. Haben beide Seiten geheiratet, verschwindet das Problem vollständig, weil auf beiden Seiten die Terminkalender mit anderen Dingen angefüllt sind.

Spätestens ab diesem Zeitpunkt kann die Beziehung zum früheren Partner auf einer gesunden Grundlage neu aufgebaut werden. Dem einen mag dieser Gedanke wie ein schönes Ideal erscheinen, der andere sieht darin etwas, was unbedingt verhindert werden muss. Doch wenn Sie Kinder haben, dann sollte eine entspannte Beziehung zum Vater oder zur Mutter Ihrer Kinder die alleroberste Priorität genießen. Jeder Rosenkrieg fordert von beiden Parteien einen hohen seelischen und gesundheitlichen Tribut. Darum muss das oberste Ziel jeder Scheidung sein, im ehemaligen Partner einen Freund zu gewinnen, statt einen unversöhnlichen Feind zu schaffen. Es macht das Leben einfach leichter. Warum sollte nicht Ihr neuer Ehepartner eine Unterstützung für Sie sein, wenn es darum geht, ein gutes Verhältnis zum „Ex" zu finden? Vielleicht indem er Ihnen hilft, die Dinge objektiv zu sehen?

Wir alle brauchen hin und wieder Menschen, die bestimmte Situationen in unserem Leben für uns übersetzen oder interpretieren. Sie helfen uns, das zu begreifen, was gesagt oder getan worden ist, indem sie uns auf unsere wunden Punkte aufmerksam machen. Mal übernehmen sie die Rolle eines Resonanzbodens, mal die eines Puffers. Schließlich ist gar nicht auszuschließen, dass Ihr neuer Partner einen Draht findet zu Ihrem alten, was allerdings ein gesundes Selbstbewusstein bei ihm voraussetzt.

Wir alle müssen lernen, mit anderen auszukommen und können nicht immer nur vor den schwierigen Zeitgenossen davonlaufen. Zwar ist es fraglich, ob man jeweils wieder eine besonders hohe Ebene freundschaftlicher Beziehung zum alten Ehepartner erreichen wird oder will, ein realistisches Ziel aber sollte sein, dass man frei von Feindseligkeit miteinander umgeht und einen aufrichtigen Austausch pflegt. Sobald Sie offen und ehrlich kommunizieren, ist auch wieder ein konstruktives Miteinander zwischen allen Beteiligten möglich. Das ist ein hochgestecktes Ziel, das allerdings alle Anstrengungen wert ist.

Wie hält man es mit der lieben Verwandtschaft und anderen Anhängseln?
Es gibt Menschen, denen sich mit ihrer zweiten Ehe eine ganze Welt neuer Freunde und Verwandten erschließt, für andere wiederum reißen mit ihrer Wiederheirat alle Verbindungen dieser Art ab. Möglich,

dass Ihre Familie und Ihre Freunde nicht einverstanden sind mit Ihrer Wahl und die Verbindung zu Ihnen einschlafen lassen. Andere werden Sie vielleicht unterstützen und bewusst an Ihrer Seite bleiben. Was kann man schon dagegen tun, wenn andere einen als Freund oder Verwandten verstoßen? In der Regel gewinnt man ebenso viele neue Bezugspersonen, wie man verliert.

Das Beste wird sein, wenn Sie von Ihrer Seite aus bewusst in die Freundschaften investieren, die es Ihnen wert sind und im Übrigen den anderen die Entscheidung überlassen, ob sie sich für Rückzug oder Treue entscheiden. Einige Wiederverheiratete pflegen weiterhin einen guten Kontakt zu den ehemaligen Schwiegereltern und anderen Verwandten des früheren Partners. Es besteht ja auch selten ein Grund, diese Verbindungen zu kappen. Die meisten von uns können so viele Freunde gebrauchen, wie sie bekommen können. Wenn Ihre Kinder sehr an den Großeltern der „anderen Seite" hängen, sollten Sie sie auf keinen Fall von diesen Bezugspersonen trennen. Für Lieblingsonkel und -tanten gilt dasselbe. Viele Neuverheiratete versuchen, alle ihre alten Kontakte durch neue zu ersetzen. Menschen in Ihrem Umfeld mögen Ihnen unter dem Druck Ihrer Situation als Belastung erscheinen. Sie haben es aber nicht verdient, dass Sie Ihren Rachedurst an ihnen stillen, indem Sie ihnen die Freundschaft kündigen.

Bewerten Sie so objektiv wie möglich, welchen Wert Ihre Beziehungen zu den verschiedenen Verwandten und Freunden haben. Pflegen Sie die auch weiterhin, die für beide Seiten hilfreich sind. Scheidung und Wiederheirat machen Sie doch nicht zu einem Ausgestoßenen.

Wie man zusammenwächst

Wir haben uns nun Gedanken gemacht über Ihre Kinder, Verwandten, Freunde und früheren Ehepartner. Zweifellos spielen sie alle eine wichtige Rolle in der Welt der Wiederverheirateten. Im Zentrum dieser Welt aber stehen die beiden Menschen, die sich geschworen haben, einander treu zu sein, sich zu lieben, zu ehren, zu unterstützen und ihr Leben zu teilen.

In eine neue Ehe zu gehen ist kein Spaziergang. Sie werden mehr Zeit und Geduld aufbringen müssen, als Sie sich vorstellen können. Viele, viele Kleinigkeiten sind Tag für Tag zu klären und Fragen, die

Sie längst beantwortet glaubten, werden wieder neu hochkommen. Klärungsbedarf gibt es allerorten: Wie steht es mit dem Geld, mit den Kindern, mit dem Erziehungsstil, mit dem Expartner, mit juristischen Problemen, mit den diversen Untiefen ihrer Persönlichkeiten und allen möglichen anderen Fragen, die das Sich-aneinander-Gewöhnen so mit sich bringt?

Phasenweise werden Sie sich sogar fragen, wo Sie da nun wieder hineingeraten sind.

Nachdem ich jahrelang Menschen begleitet habe, die sich haben scheiden lassen und wieder heirateten, kann ich mittlerweile zehn Fehler ganz klar benennen, die Männer wie Frauen nach ihrer ersten oder gar zweiten Wiederheirat überdurchschnittlich häufig begehen. Lesen Sie sich diese Punkte sorgfältig durch, denn gewarnt zu sein heißt, gewappnet zu sein:

1. Mindestens einer der beiden Partner ist nicht wirklich bereit für neue Verpflichtungen.
2. Die eine Seite drängt die eher unentschlossene Seite – entweder vor den Altar oder zur Tür hinaus.
3. Einer von beiden übernimmt sich an seiner selbst gewählten Retterrolle. („Ich erlöse dich von deinem Schmerz, indem ich dich heirate!")
4. Mindestens einer von beiden schleppt seine ungelösten Probleme aus der ersten Ehe in die zweite Ehe ein. (Denken Sie an eine gründliche Gepäckkontrolle vor der zweiten Ehe!)
5. Mindestens einer von beiden hat seine Hausaufgaben nicht gemacht, er will nicht wirklich wachsen. (Jeder Betroffene muss Zeit investieren und seine eigenen Lernschritte gehen!)
6. Mindestens einer von beiden scheut die Mühe, sich die Menschen genauer anzusehen, die in absehbarer Zeit seine neue Familie sein sollen. (Sehen Sie lieber rechtzeitig nach, welche Leichen im Keller rumliegen!)
7. Die Partner teilen keine gemeinsamen Träume. (Wenige schaffen es, sich wie ein Anhalter im Traum eines anderen Menschen mitnehmen zu lassen.)
8. Die Partner kommen aus zu unterschiedlichen Welten. (In einer

zweiten Ehe blickt mindestens ein Partner bereits auf eine relativ bewegte Lebensgeschichte zurück.)
9. Alles geht viel zu schnell. („Wenn ich nur genügend Druck mache, spare ich in jeder Hinsicht Zeit!")
10. Die Kinder können sich noch nicht mit der Situation abfinden. („Man muss nur ein bisschen nachhelfen, dann klappt das schon." – Das ist falsch!)

Bevor man erneut „Ja, ich will" sagt, sollte man sich im Klaren sein über
1. den Gesundheitszustand des anderen,
2. die finanziellen Verhältnisse des anderen,
3. den Leumund, wenn nicht gar das polizeiliche Führungszeugnis des anderen,
4. die Frage, ob Gütergemeinschaft oder -trennung herrschen soll,
5. die geistige Ehemündigkeit des anderen. Ein guter Psychologe oder Eheberater hilft hier weiter.

Ich gebe zu, dass diese Liste es in sich hat, doch ich habe zu lange auf diesem Gebiet gearbeitet, um mir noch irgendwelche Illusionen erlauben zu können. Ich will ehrlich sein und versichere Ihnen, dass man seine Hausaufgaben in diesen Angelegenheiten gar nicht sorgfältig genug machen kann.

Eine Ehe zum Blühen zu bringen ist keine leichte Aufgabe, egal ob es der erste, der zweite oder der dritte Versuch ist. Immer neue Lektionen wollen gelernt sein, der ganze Erfindungsreichtum eines Menschen ist gefragt, wenn er seine Liebe lebendig halten will. Von entscheidender Bedeutung ist dabei, dass die Partner zusammenhalten und gemeinsam am Erfolg ihrer Gemeinschaft arbeiten. Es gibt so viele Dinge, die in Ihre Ehe eindringen und Sie vom Kurs abbringen wollen. An dem Versprechen, das Sie sich gegenseitig gegeben haben, müssen Sie eisern festhalten. Verspüren Sie bereits beim ersten stärkeren Wellengang das Bedürfnis, vom rollenden Schiff zu hüpfen, dann lesen Sie sich in aller Ruhe Ihre Hochzeitsurkunde, den Text Ihres Eheversprechens und den Bibelvers durch, der für Ihre Trauung ausgewählt wurde. Und rufen Sie sich Ihre Verantwortung ins Gedächtnis und das, was im Leben wirklich zählt.

Ich habe mal einen Spruch gelesen, der lautete: „Dinge kann man benutzen, Menschen muss man lieben." Liebe braucht Zeit zum Wachsen. Ihre zweite Ehe ist ein echtes Liebeslabor. Und selbst in einem Labor grünt und blüht auch nicht alles über Nacht.

Vermeiden Sie emotionale Konflikte größeren Ausmaßes.
Sie können Ihre Zukunft ruinieren.

Anregungen, Fragen für Ihr persönliches Wachstum und Grundlagen für eine Diskussion:

1. Bringen Sie diesen Satz zu Ende: „*Bei dem Gedanken an eine zweite Ehe fühle ich mich ...*" Begründen Sie Ihre Antwort.

2. Beschreiben Sie, wie Sie die Frage nach Ihrer Loyalität in einer zweiten Ehe beantworten würden.

3. Was empfinden Sie bei dem Gedanken, die Kinder eines anderen zu „erben"?

4. Wo sehen Sie mit der Rolle eines Stiefvaters oder einer Stiefmutter eventuell Probleme auf sich zukommen?

5. Welche Freunde und Verwandte haben Sie durch Ihre Scheidung verloren und zu wem ist der Kontakt nicht abgebrochen? Warum?

6. Welche drei Ziele würden Sie in Ihrer zweiten Ehe vorrangig ansteuern?

7. Welches persönliche Ziel haben Sie für die nächste Woche?

11. Wie man die Waagschalen der Justitia einigermaßen ausbalanciert

„Was soll ich denn mit einem Anwalt?"

Eine Scheidung ist der finale Akt einer Ehe, bei dem verschiedene Menschen in bestimmte Rollen schlüpfen. Mann und Frau stellen die Kämpfer dar, die Kinder sind die Trauernden und die Anwälte geben die Bestattungsunternehmer.

Diese Rechtsgelehrten ernten oft nur Verachtung für die Rolle, die sie da übernehmen. In den Augen mancher handeln sie wie gierige Geier auf der Suche nach fetter Beute. Andere wiederum sehen in ihnen so etwas wie Freunde oder Führer durch jenes unheimliche Land der Geschiedenen. Sie allein kennen den Weg, seine Kurven, seine Schlaglöcher, seine Baustellen, seine Gefahrenzonen und die vielen Sackgassen, die zu beiden Seiten locken. Nicht selten werden sie umfunktioniert zu Beratern, Sozialarbeitern, Therapeuten, Priestern und Ärzten. Ein guter Anwalt wird es deshalb auch nicht versäumen, in der Bearbeitung seiner Rechtsfälle nicht nur aus den Gesetzbüchern zu schöpfen, sondern auch aus einer gesunden Portion Menschlichkeit oder gar Menschenliebe.

Wenn ich einen Menschen treffe, der sich mit dem Gedanken an eine Scheidung trägt oder bereits in diesem Prozess steckt, dann ist eine meiner ersten Fragen: „Haben Sie schon mit einem Anwalt gesprochen?" Und ich wundere mich immer wieder, wie viele Menschen diese Entscheidung einem anderen überlassen und sich überhaupt nicht damit auseinandersetzen. Gerade diejenigen, die eine Scheidung nicht wollen, antworten häufig: „Was soll ich denn nun auch noch mit einem Anwalt?" Dennoch – egal, ob Sie mit der Trennung einverstanden waren oder nicht: Einen Anwalt zu konsultieren kann nur Vorteile mit sich bringen. Wenn Sie sich durch den Paragrafendschungel schlagen müssen, der das Land der Geschiedenen zu großen Teilen bedeckt, werden Sie lernen, Beistand zu schätzen.

Täglich treffe ich Menschen, die so radikal über den Tisch gezogen worden sind, dass sie im Zuge ihrer Scheidung buchstäblich alles verloren haben. Sie haben es versäumt, sich rechtzeitig die Hilfe eines guten Anwaltes zu sichern. Wenn eine der beiden Scheidungsparteien einen Anwalt einschaltet und die andere nicht, dann werden diese so unterschiedlichen Entscheidungen unweigerlich Wirkung zeigen.

Wo findet man einen guten Anwalt?

Die verlässlichsten Empfehlungen erhält man natürlich durch Freunde oder Verwandte. Weniger sinnvoll ist es, die gelben Seiten durchzublättern oder das Telefonbuch. Ein Anruf bei der nächsten Anwaltskammer bringt Sie am sichersten auf die Spur geeigneter Scheidungsanwälte. Was Sie brauchen, ist ein Profi für Familienrecht. Ein Fachmann für Straf- oder Gesellschaftsrecht, der ein- oder zweimal im Jahr Scheidungen verhandelt, wird Ihnen kaum weiterhelfen. Da das Scheidungsrecht zurzeit weltweit starken Wandlungen unterliegt, sollten Sie einen Spezialisten aufsuchen, der in diesem Gebiet auf dem Laufenden ist und weiß, was all diese Gesetzesbuchstaben für Auswirkungen auf Ihr Leben haben. Ob er das ist, finden Sie am besten heraus, indem Sie ihm folgende Frage stellen: „Wie hoch ist aufs Jahr gesehen und in Prozenten gemessen der Anteil, den Scheidungen unter Ihren Rechtsfällen einnehmen?" Wenn das ein hoher Prozentsatz ist, dann kennt er sich in dieser Materie mit großer Wahrscheinlichkeit gut aus. Scheuen Sie sich nicht, Fragen zu stellen. Verschaffen Sie sich absolute Gewissheit, bevor Sie juristischen Beistand in Anspruch nehmen.

Hilfreiche Tipps eines Anwalts

Ich habe einen befreundeten Anwalt, der sich auf Scheidungsrecht spezialisiert hat, gebeten, für dieses Buch einige seiner wichtigsten Erfahrungen preiszugeben. Hier ist, was er jemandem in Ihrer Situation rät:

1. Schöpfen Sie alle Möglichkeiten aus, die eine kompetente Partnerschaftsberatung bieten kann, bevor Sie die Scheidung einreichen.
    a) Unternimmt nur eine der beiden Parteien einsame Anläufe, wird

kaum ein objektives Bild der Sachlage zustande kommen, geschweige denn Lösungsansätze, die die Ehe retten könnten.

b) Wählen Sie in aller Sorgfalt einen Eheberater aus und berücksichtigen Sie dabei günstigstenfalls Empfehlungen von ebenfalls Betroffenen.

c) Gehen Sie in die Beratungsgespräche möglichst ohne Vorbehalte hinein. Das Mindeste, was Sie finden werden, ist eine neue Perspektive Ihres „wahren Ichs".

2. Haben Sie Grund zu der Befürchtung, dass die andere Partei Ihr gemeinsames Konto abräumt, dann übertragen Sie als Erstes ausreichende finanzielle Mittel auf ein eigenes Konto.

a) Das ist kein unsauberes Vorgehen. Es erhält Ihnen vielmehr die Handlungsfreiheit für notwendige Maßnahmen in der Zukunft, wie zum Beispiel die Tilgung von Schulden, die gerechte Aufteilung des gemeinsamen Besitzes, die Bezahlung eines Anwalts usw.

b) Eine einseitige Vorteilnahme ist ausgeschlossen, denn jedes Gericht wird Sie zum Ausgleich ungerechtfertigter Abzüge auffordern und Sie sind gut beraten, solchen Forderungen Folge zu leisten.

3. Lassen Sie sich auf keine „Do-it-yourself"-Scheidung ein, es sei denn, es gibt keinerlei finanzielle Fragen zu verhandeln, Kinder sind nicht betroffen und auch der Ehegattenunterhalt steht nicht zur Debatte. Anwaltskosten zu sparen ist durchaus empfehlenswert, es darf jedoch nicht so weit gehen, dass Sie Ihre Sparsamkeit irgendwann bitter bereuen.

4. Gegen einen „Gedankenaustausch" mit dem Anwalt der Gegenseite ist nichts einzuwenden. Sie sollten aber auf keinen Fall irgendwelche bindenden Übereinkünfte treffen, ohne vorher mit einem kompetenten Ratgeber Ihres Vertrauens gesprochen zu haben. Geben Sie sich nur nicht der schönen Hoffnung hin, dass ein Anwalt beiden Seiten gerecht werden könnte. Fragen Sie im Zweifelsfall den Juristen selbst, wer sein Klient wirklich ist.

5. Wenn der Scheidungsprozess bevorsteht, wählen Sie in aller Sorgfalt Ihren gerichtlichen Beistand. Und auch hier gilt wieder: Lassen Sie sich

bei dieser Suche durch persönliche Empfehlungen vertrauenswürdiger Ratgeber leiten. Mitten im Galopp die Pferde zu wechseln, kann teuer werden.

6. Nehmen Sie den Anwalt und seine Qualitäten persönlich und eingehend unter die Lupe. (Oh ja, das können und dürfen Sie durchaus!)
   a) Stellen Sie ihm ganz konkrete Fragen (... und beurteilen Sie, wie konkret und logisch seine Antworten ausfallen):
      - Wie lange ist er schon „im Geschäft"?
      - Wie kann er seine Erfahrungen auf dem Gebiet des Familienrechts belegen?
      - Wie hoch ist das Honorar und welche Spesen fallen im Allgemeinen an?
      - Wie gedenkt er, seine Aufgabe anzugehen?
   b) Erwarten Sie nicht gleich von Ihrem ersten Treffen konkrete Antworten auf Ihre Probleme. Seien Sie vielmehr skeptisch, wenn Ihnen vollmundig Garantien gegeben werden.
   c) Bauen Sie zu Ihrem Anwalt ein stabiles Vertrauensverhältnis auf.

7. Sprechen Sie mit Ihrem Anwalt von Anfang an ganz offen und direkt über die Kosten der Scheidung.
   a) Sie haben ein Recht darauf zu wissen, was auf Sie zukommt. (Wann haben Sie zuletzt einen größeren Einkauf getätigt, ohne einen Schimmer zu haben, was das Ganze kostet?)
   b) Hüten Sie sich vor Anwälten, die versuchen, der Kostenfrage auszuweichen.

8. Nehmen Sie sich die Freiheit, die Sachlage in aller Gründlichkeit durchzusprechen und Fragen zu stellen.
   a) Es macht keinen Sinn, sich über das komplizierte Prozedere zu beklagen, wenn man nicht fragt.
   b) Es macht keinen Sinn, den eigenen Anwalt anzulügen – genauso wenig wie den Doktor oder den Pfarrer.
   c) Hören Sie auf seine Ratschläge und folgen Sie ihnen. Dafür bezahlen Sie schließlich.

9. Erzählen Sie ihm ganz offen von Ihren Ängsten und Wünschen. Auch wenn ein Erfolg nicht garantiert werden kann, so hat doch ein Anwalt, der rundum informiert ist, die besten Aussichten, in Ihrer Sache die gewünschten Ergebnisse zu „erstreiten".

10. Leben Sie mit den Ergebnissen. Rachsucht zerstört. Lernen Sie aus dem Gestern und bereiten Sie sich auf das Morgen vor. Bedenken Sie: Wichtige Schlüsselfragen, die Ihrer Meinung nach nicht hinreichend geklärt worden sind, können auch zu einem späteren Zeitpunkt vor Gericht neu verhandelt werden. Das mag erneut Kosten verursachen, doch die Rahmenbedingungen, unter denen Ehegatten- und Kindesunterhalt gezahlt werden oder Besuchs- und Sorgerechte geregelt sind, können sich im Lauf der Monate und Jahre durchaus ändern und neu zur Disposition stehen.

Sollten wir uns nicht doch lieber an einen Mediator wenden?

Auch wenn den Scheidungsparteien der Weg der Mediation bereits seit den Siebzigerjahren offensteht, hat er erst in den letzten Jahren an Bedeutung gewonnen. Familientherapeuten sehen in der Mediation die behutsamste und die Gesundheit am ehesten schonende Art und Weise, den Treck durchs Tal der Scheidung durchzustehen. Viele Rechtsanwälte, die sich dem Familienrecht widmen, haben sich in der Praxis der Mediation schulen lassen und begleiten die Betroffenen nicht selten in enger Zusammenarbeit mit Familientherapeuten.

Mediatoren arbeiten darauf hin, dass die seelischen und finanziellen Verluste, die eine Scheidung mit sich bringt, durch das Mittel intensiver Kommunikation so weit wie möglich in Grenzen gehalten werden.

Gary Friedman, Anwalt, Mediator und Buchautor, nennt in einem seiner Bücher vier Kriterien, die eine erfolgreiche Mediation ausmachen:

1. Die Betroffenen müssen mitmachen. Fühlt sich eine der Parteien in diesen Prozess hineingezwungen, wird er unweigerlich scheitern.
2. Die Betroffenen müssen in der Lage sein, die Situation objektiv zu beurteilen und Prioritäten für die Zukunft zu formulieren.

3. Die Betroffenen müssen in der Lage sein, widersprechen zu können. Beiden Beteiligten muss es möglich sein, sich einer Vereinbarung zu verweigern, mit der sie nicht weiterleben können.
4. Die Betroffenen müssen ein Interesse haben, über kurz oder lang zu einer Einigung zu kommen. Mediation funktioniert nicht, wenn man an einer Übereinkunft überhaupt nicht interessiert ist.

Ausgebildete Mediatoren finden Sie über Ihr örtliches Familiengericht, kirchliche oder kommunale Beratungsdienste oder einfach über das Internet.

Wenn Sie sich an einen Mediator wenden, sparen Sie Anwalts- und Gerichtskosten in beachtlichem Ausmaß. Zugleich nehmen Sie einen Großteil der Spannungen, der Wut und der Rachgedanken aus dem Spiel, die eine Scheidung so unendlich schwer machen können. Mediation erlaubt Ihnen außerdem, Ihre Angelegenheiten in weitaus größerer Selbstverantwortung zu regeln, als unter den Bedingungen einer Gerichtsverhandlung. Doch vergessen Sie nicht, sie funktioniert nur, wenn beide Parteien mitmachen.

Was zu beachten ist bei gerichtlichen Auseinandersetzungen

1. Bedenken Sie, dass die Mühlen der Justiz nur langsam mahlen. Vor den Gerichtsschranken stauen sich die Scheidungsfälle, und der Ihrige ist nur einer von ihnen. Manche Prozesse können sich über Jahre hinziehen – je nachdem, wie verbissen die Parteien kämpfen.
2. Stehlen Sie Ihrem Anwalt nicht die Zeit, indem Sie ihm nahezu täglich Ihr Herz ausschütten über die Dinge, die Sie zwar bedauerlicherweise durchmachen müssen, die aber nichts zum Erfolg Ihrer Scheidungssache beitragen. Seine Arbeit findet auf der juristischen Ebene statt. Für psychologische Fragen stehen Ihnen Berater, Seelsorger oder Therapeuten zur Verfügung.
3. Unterschreiben Sie kein einziges Schriftstück und treffen Sie keinerlei Vereinbarungen mit der gegnerischen Partei, ohne Ihren Anwalt konsultiert zu haben.
4. Lassen Sie in allen juristischen Fragen Ihren Anwalt sprechen.
5. In der Hitze Ihres Scheidungsgefechts dürfte Ihr Anwalt der Ein-

zige sein, der einen kühlen Kopf bewahrt. Hören Sie also auf den Einzigen, der wirklich klare Gedanken fassen kann.

6. Bewahren Sie sich ein gesundes Misstrauen gegenüber den juristischen Tipps von Freunden, selbst wenn die bereits eine Scheidung hinter sich haben. Jeder Fall ist anders gelagert und wird von zu vielen unterschiedlichen Faktoren beeinflusst, als dass man die Vorgehensweise anderer einfach kopieren könnte und zum gleichen Ergebnis käme.

7. Seien Sie vorsichtig mit den Empfehlungen der einschlägigen Ratgeberliteratur, die so etwas wie „kinderleichte Scheidungen zum Selbermachen" verspricht. Diese Lösungen greifen meistens nur dann, wenn man besitz- und kinderlos auf einer einsamen Insel haust.

8. Unsere Gesetze regeln sowohl den gemeinsamen Besitz in einer ehelichen Gütergemeinschaft als auch das gemeinsame Sorgerecht für die Kinder. Diese Paragrafen wurden von den Verantwortlichen in unserer Legislative mit den besten Absichten eingeführt. Sie legen fest, dass die Besitztümer eines Ehepaares in einer Scheidung gleich und gerecht aufgeteilt werden und beide Elternteile auch nach dem Ende einer Ehe zu gleichen Teilen die Verantwortung für die gemeinsamen Kinder tragen. Manchmal klappt das ganz so, wie es die Buchstaben des Gesetzes vorschreiben. Manchmal aber auch nicht. Die juristische Dimension einer Scheidung gehört zu ihren kompliziertesten Bereichen. Man sagt, dass jeder Mensch, der eine Scheidung erlebt, in erster Linie drei Dinge braucht: einen guten Freund, einen guten Anwalt, und Gott.

Anregungen, Fragen für Ihr persönliches Wachstum und Grundlagen für eine Diskussion:

1. Nehmen oder nahmen Sie für Ihre Scheidung die Dienste eines Anwaltes in Anspruch?

2. Leistet er – oder sie – gute Arbeit?

3. Haben Sie den Eindruck, in juristischer Hinsicht fair behandelt worden zu sein?

4. Was haben Sie aus den Fragen, die vor Gericht verhandelt wurden, gelernt?

5. Was würden Sie am Scheidungsrecht Ihres Landes ändern?

6. Welches persönliche Ziel haben Sie für die nächste Woche?

12. Gewinnen Sie Ihr Leben neu

*„Wenn du nicht weißt, wer du bist,
dann weißt du auch nicht, wo du hinwillst!"*

Aus meinen zahllosen Gesprächen mit Geschiedenen höre ich immer wieder ein großes Maß an Ratlosigkeit heraus. Sie sind sich unsicher, was oder wer sie denn nun sind und welchen Weg sie einschlagen sollen. Viel zu viele haben ihre Identität in der zurückliegenden Ehe aufgegeben oder litten unter einem dominanten Partner, der ihnen ihr Selbstbild raubte. Nicht richtig zu wissen, wer man ist, ist schon schlimm genug. Die Richtung aber nicht zu kennen, die der zukünftige Lebensweg einschlagen soll, ist noch schlimmer.

Viele Männer und Frauen richteten sich, als sie noch verheiratet waren, in der Planung ihres alltäglichen Lebens ganz und gar nach dem Ehepartner. Sie folgten den Wünschen des anderen und hatten gar keine Zeit, darüber nachzudenken, inwieweit sie als Familie oder als Individuum diesem Oberhaupt – männlich oder weiblich – regelrecht unterworfen waren. Nach ihrer Scheidung wird all diesen Menschen klar, dass da keiner mehr ist, nach dessen Pfeife sie tanzen müssen und dass sie selbst verantwortlich sind für das Gelingen ihres Lebens.

Es gibt vier zentrale Fragen, die Ihnen helfen, Ihr Leben nach der Scheidung wieder in die richtige Spur zu bugsieren. Teilen Sie ein Blatt Papier in vier gleich große Rechtecke. Nehmen Sie für jeden Block eine dieser Fragen als Überschrift:

1. Wer bin ich jetzt?
2. Wo will ich hin?
3. Wie komme ich dorthin?
4. Wer kann mir dabei helfen?

So etwas beantwortet man nicht eben mal im Vorbeigehen. Es kann Sie einige Stunden harter Denkarbeit kosten. Das Resultat aber kann durchaus so etwas wie der Spielplan für den Rest Ihrer Tage werden. Sie werden bemerkt haben, dass die 3. und 4. Frage ein Ensemble von Mitspielern auf den Plan ruft. Wer verlangt denn von Ihnen, dass Sie sich als einsamer Steppenwolf ohne die Hilfe anderer durchs Leben schlagen? Gott sendet uns Menschen, die uns helfen, unsere Ziele zu erreichen und unsere Träume in die Wirklichkeit umzusetzen.

Hier muss ich jedoch ein deutliches Warnsignal setzen. Wie ich an anderer Stelle schon beschrieben habe, versuchen viele Männer und Frauen nach dem Verlust ihrer alten Identität und nachdem sie scheidungsbedingt ihre früheren Lebensziele aufgeben mussten, in aller Eile eine andere Person zu finden, die all diese Sicherheiten im Handumdrehen wiederherstellt. Unmittelbar mit dem Beginn ihrer zweiten Ehe gleiten sie zurück in das vertraute Fahrwasser, ohne auch nur das Geringste über ihre eigene Persönlichkeit herausgefunden zu haben.

Wir empfehlen Geschiedenen nicht zuletzt deshalb, sich eine zwei- bis dreijährige Auszeit (oder Erholungsphase) im Beziehungsbereich zu nehmen, weil sie unbedingt die Möglichkeit wahrnehmen sollten, sich selbst näher kennenzulernen. Oder das Ziel ihres Lebens, oder die Menschen, die ihnen auf dem Weg dorthin zur Seite stehen könnten, oder einfach nur die Mittel und Wege, die sie brauchen, um dorthin zu gelangen. Die Menschen, die in diesem Sinne an sich arbeiten, werden entdecken, dass sie als starke Persönlichkeit in ihre nächste Ehe gehen und nicht als hilfsbedürftiges Menschlein. Dementsprechend suchen sie sich einen Partner aus, der einen ausgeprägten Orientierungssinn für sein Leben hat, der um sein Ziel und seine Identität weiß.

Ein neues Leben nach einer Scheidung aufzubauen setzt voraus, dass man sich Ziele setzt, die einem wirklich etwas bedeuten und die man auch erreichen kann. Einige müssen in greifbarer Nähe liegen, sodass baldige Erfolgserlebnisse garantiert sind und die Persönlichkeit des Betroffenen, der sein Selbstwertgefühl verloren hat und seinen Sinn für Produktivität, schnell wieder gefestigt wird.

Ich habe im Folgenden zehn Ziele formuliert, die zu erreichen sich wirklich lohnt, weil sie zusammen über die Qualität eines neuen Lebens entscheiden. Sie fordern allerdings dem, der sie verfolgt, einen großen Einsatz an Zeit und Energie ab. Zusammen bilden sie die Etappen eines langfristigen Lebensplans und es macht keinen Sinn, sie im „Schweinsgalopp" erledigen und abhaken zu wollen. Gehen Sie diese Schritte bewusst ganz allein und sprechen Sie dann über Ihre Erfahrungen mit Freunden, die Ihnen dabei helfen, in den vielen verschiedenen Bereichen Ihres Lebens neu Verantwortung zu übernehmen. Denken Sie daran – ohne Übernahme von Verantwortung keine Wiederherstellung einer heilen Persönlichkeit!

Wo will ich hin …

1. *… in meinem Beziehungsleben?*
Ich habe es bereits erwähnt – es kann durchaus sein, dass Sie durch Ihre Scheidung viele von den Freunden wieder verlieren, die Sie im Laufe Ihrer Ehe gewonnen hatten. Wenn diese Menschen verschwinden, brauchen Sie andere Bezugspersonen, die Ihrem Leben ein passendes Gerüst geben. Es ist sinnvoll, damit zu beginnen, dass Sie Ihre alten Freunde ganz direkt bitten, Ihnen auch in diesem neuen Lebensabschnitt die Treue zu halten. Manche werden das tun, manche nicht.

Sie selbst können Ihren Bedarf an freundschaftlicher Zuwendung am besten messen, wenn Sie diese Frage beantworten: „Welche Menschen brauche ich als unverzichtbaren Teil eines Beziehungsgeflechts, das mir auch durch die großen Umwälzungen meines Lebens hindurch Halt gibt?" Eine Antwort könnte zum Beispiel sein: „Ich brauche fröhliche Menschen um mich. Die, die ich bisher kannte, waren wohl etwas zu trocken …"

Eine andere wichtige Frage wäre, welchen Wert Ihre Freunde für Ihr Leben haben. Wer wirkt destruktiv, wer konstruktiv? Wer deprimiert Sie, wer baut Sie auf? Wer lässt sich nur an sonnigen Tagen blicken und taucht ab, wenn es dunkler wird? Ich denke, Sie wissen, was ich meine.

Ein gutes Ziel für Ihre Beziehungspolitik wäre, einen dynamischen und inspirierenden Kreis von Singles in Ihrer Gemeinde zu suchen oder selbst zusammenzubringen. Auch wenn solche Gruppen oft eher belächelt werden, sind sie doch in den allermeisten Fällen Anlaufstationen für interessante und sympathische Menschen wie Sie. Und stimmt es denn nicht, dass wir unsere wertvollsten Freundschaften häufig mitten in den größten Kämpfen unseres Lebens schließen?

Ich werde oft gefragt: „Ist es in Ordnung, dass ich mir als Ziel setze, eines Tages ‚den richtigen' Menschen zu finden und wieder zu heiraten?" Ja! Zögern Sie nicht, diesen Wunsch auf Ihre Liste langfristiger Ziele zu setzen, wenn er Sie so stark beschäftigt. Mancher frisch Geschiedene kann den Gedanken an eine Wiederheirat kaum ertragen. Doch wenn das Chaos des Scheidungsprozesses überwunden ist, wenn Wut und Schmerz abgeklungen sind und Sie sich wieder einigermaßen wohlfühlen in Ihrer Haut, dann kann die Möglichkeit einer neuen Ehe sehr wohl am Horizont Ihres Lebens auftauchen.

Eine Scheidung bringt Ihre Kontakte zu Familie und Freunden, zu den Leuten in Ihrer Gemeinde, im Beruf und in Ihrem ganzen Umfeld gründlich durcheinander. Verluste sind unvermeidlich. Es ist darum eine ernst zu nehmende Aufgabe für Sie, sich von Neuem daranzumachen, Ihr ganz persönliches soziales Netz zu knüpfen.

2. ... *im persönlichen Bereich?*
Persönliche Ziele setzt man sich nur für sich selbst. Sie haben nichts mit anderen Personen zu tun. Ob Sie diese Ziele erreichen oder nicht, unterliegt allein Ihrer Kontrolle. Nehmen wir beispielsweise eine Aktion, wie man sein Körpergewicht reduziert. Wir erzählen unseren Bekannten oder Freunden davon, doch meistens interessieren sie sich kaum für den Erfolg unserer Diätkur. Also trösten wir uns mit der Erfahrung, dass wir diese Diät ganz nach Belieben, ohne jeden äußerlichen Druck und so lange wir wollen, durchziehen können. Das reicht.

Im Sport kennt man den Begriff „persönliche Bestleistung". Er setzt voraus, dass die Athleten sich persönliche Ziele gesetzt haben, die über ihre bisherigen Leistungen hinausgehen. Jedes Mal, wenn sie eine neue Bestzeit oder einen Rekord erzielen, setzen sie sich selbst neue Standards. Sie treten in einen Wettkampf mit sich selbst, und wenn ihre eigene Bestmarke die der anderen übertrifft, haben sie gute Chancen, ein sportliches Kräftemessen im Vereinsrahmen für sich zu entscheiden. Ziele, die Sie sich selbst setzen, sind oft am schwersten zu erreichen. Es gibt kaum Zuschauer, die Sie anfeuern, nicht einmal, wenn Sie bei

Ihrem persönlichen Marathon die Ziellinie als Erster oder Erste überschreiten.

Ich erinnere mich noch gut an den Tag, als ich das frisch gedruckte Belegexemplar meines ersten selbst geschriebenen Buches im Briefkasten fand. Am liebsten wäre ich die Straße rauf- und runtergerannt und hätte allen Nachbarn auf die Nase gebunden, dass ich nun ein Schriftsteller sei. Es blieb jedoch dabei, dass kaum jemand Notiz vom Erscheinen dieses Buches nahm.

Wenn Sie nun eine Liste Ihrer fünf wichtigsten persönlichen Ziele zusammenstellen sollten – wie würde die aussehen?

Viele verbringen die besten Jahre ihres Lebens damit, den Vorgaben anderer hinterherzuhecheln. Manche bezahlen teuer für einen Pokal, den man einem anderen dann überreicht. Ihre Scheidung zwingt Sie wie kein anderes Ereignis Ihres Lebens, wenigstens ein paar Punkte, die durchaus Ihrer Wahl überlassen sein sollen, bewusst anzusteuern. Wie sehen sie aus?

3. ... im beruflichen Bereich?

Jeder neue Teilnehmer in unseren Austauschgruppen muss gleich nach der Frage nach seinem Wohnort darüber Auskunft geben, welchen Beruf er ausübt. Wir wollen nicht wissen, was er den lieben langen Tag so macht, wir fragen nach seinem Beruf und nach der Aufgabe, die er in der Gesellschaft ausfüllt, weil wir dadurch mehr über einen Menschen erfahren als mit vielen anderen Fragen.

Haben wir eine Antwort erhalten, verbietet sich ein Nachbohren, etwa mit den Worten: „Und warum tun Sie das?" Zu oft habe ich daraufhin hören müssen: „Keine Ahnung" – „Ich hab halt nichts anderes gelernt" oder „Das hat schon mein Vater gemacht".

Der Beruf sollte für jeden von uns eine herausragende Bedeutung haben. Er gibt dem Leben einen Rahmen, ein Ziel, eine Bedeutung und hoffentlich auch ein geregeltes Einkommen. Wenn wir ihn wechseln oder unsere Arbeitsstelle verlieren, kann unsere ganze Lebensordnung ins Wanken geraten. Es sind zwar nur ausgesprochen wenige, die wegen ihrer Scheidung ihre Stelle verlieren – einige Geistliche vielleicht ausgenommen –, umso mehr jedoch entscheiden sich während oder nach ihrer Scheidung, ihren Arbeitsplatz oder gar ihren Beruf zu wechseln. Im Zuge des „Reinen-Tisch-Machens" merken einige, dass sie eigentlich nie richtig glücklich waren mit ihrer Berufswahl und begrüßen die Gelegenheit, jetzt noch einmal etwas ganz anderes anfangen zu können.

Andere, die bisher keiner Arbeit nachgegangen sind, brauchen jetzt einen geregelten Beruf – schon um des Geldes willen. Der Mensch kommt zu seinem Beruf durch Vorkenntnisse, Begabung, Berufung, Mangel an Alternativen oder eben aufgrund größerer persönlicher Veränderungen. Es gibt ein paar hilfreiche Fragen, die ich denjenigen stelle, mit denen ich über ihre beruflichen Ziele spreche:

1. *Warum tun Sie das, was Sie Ihren Beruf nennen?*
2. *Kommen dabei auch Ihre Gaben, Talente und Fähigkeiten zum Einsatz?*
3. *Verspüren Sie am Ende Ihres Arbeitstages ein Gefühl der Befriedigung?*
4. *Denken Sie, dass auch Gott das gut findet, was Sie tun?*

4. ... im geistlichen Bereich?
Die Krise einer Scheidung wird Sie entweder näher zu Gott hinbringen oder weiter wegtreiben von ihm. Wenn Sie dafür gebetet haben, dass eine Scheidung Ihnen erspart bleiben möge und Sie dennoch geschieden wurden, dann kann es durchaus sein, dass Sie an Gott verzweifeln und ihm gegenüber das Handtuch werfen wollen. Sind Sie dagegen in Glaubensfragen bisher eher uninteressiert gewesen, dann kann dieselbe Situation bei Ihnen das Gegenteil bewirken und Sie ins Fragen bringen nach Gott und seiner Hilfe in Ihren Nöten.

Und schließlich ist es ja auch möglich, dass Sie vor Ihrer Scheidung ein intaktes Vertrauensverhältnis zu Gott hatten, das durch die Katastrophe nur noch stärker geworden ist, sodass Sie „am eigenen Leib" erfahren haben, wie viel Wahrheit in dem Bibelwort steckt: „Ich vermag alles, durch den, der mich mächtig macht – Christus" (Philipper 4,13).

Ihre Scheidung wirkt sich auf Ihren Glauben aus. Sie kann Sie schwächen oder stärken. Sie werden Ihre Verbindungen zur christlichen Gemeinde entweder abschneiden oder enger knüpfen. Sie kann Sie dazu bringen, die Hand Gottes fester zu umklammern – oder sie gänzlich fahren zu lassen.

Mit dem Zielsetzen fangen Sie am besten an, indem Sie sich fragen, wo Sie im Moment geistlich stehen und wo Sie in einem Jahr, in sechs Monaten oder auch in der nächsten Woche sein wollen. So entwickeln Sie neue Herausforderungen für Ihr geistliches Wachstum und vertiefen Ihre Gemeinschaft mit Gott. Hier sind ein paar ganz praktische Schritte, die Ihnen helfen werden:

1. Lesen Sie Bücher, die Ihr Vertrauen auf Gott aufbauen.
2. Wenn Sie noch keine geistliche Heimat haben, dann suchen Sie gezielt eine Gemeinde, wo Sie Liebe und Unterstützung erfahren.
3. Verbringen Sie täglich ein paar stille Minuten mit Gott, in denen Sie nachdenken, mit ihm reden und ihn anbeten.
4. Reservieren Sie in Ihrem Terminkalender regelmäßig mehr oder weniger lange „Auszeiten", in denen Sie sich fernab vom Alltagsgetümmel ganz auf Ihren Schöpfer ausrichten können. Eine 24-Stunden-Retraite wäre da ein guter Anfang.
5. Halten Sie die Augen offen nach ein paar Freunden – oder Glaubensgeschwistern –, die für Sie beten und Sie unterstützen.

5. ... im finanziellen Bereich?

Eine Scheidung kostet viel Geld. Nach meiner Erfahrung bleibt nur wenigen Betroffenen unterm Strich etwas mehr als ein mageres Girokonto und vielleicht noch ein paar Briefmarken. Viele gehen bankrott, sind kaum noch kreditwürdig und sitzen auf einem Haufen Rechnungen, darunter den gesalzenen Anwaltskosten. Man verkauft sein Haus und mietet sich eine Wohnung. Persönlicher Besitz wird zu Geld gemacht oder aufgeteilt. Nicht wenige haben mir ihr Leid geklagt, dass sie nur noch versuchen, sich gerade so über Wasser zu halten und die Schulden abzuzahlen.

Wer sich das finanzielle Fundament für sein neues Leben erwirtschaften muss, braucht Zeit und oft auch fremde Hilfe. Schuldnerberatung, Sparpläne und ein solider Haushaltsetat sind wichtige erste Schritte auf dem Weg zu finanziellen Zielen in der Zukunft.

Grundlage für alle diese Überlegungen sind auch hier die Schlüsselfragen: „Wo stehe ich jetzt und wo möchte ich in einem, drei oder fünf Jahren stehen?" und „Wie komme ich dorthin?" Im Buchhandel gibt es eine Reihe guter Bücher, mit deren Hilfe Sie Ihre Finanzen stabilisieren und neu organisieren können. In den Banken gibt es speziell geschulte Fachleute, die Ihnen helfen werden, Ihr Geld einzuteilen und arbeiten zu lassen. Die Ausgangslage ist denkbar einfach in diesem Bereich. Wenn Sie Hilfe und Beratung brauchen, bitten Sie darum und nutzen Sie sie.

6. ... im Bereich Bildung und berufliche Qualifikation?

Margaret war verunsichert, wieder in die Schule gehen zu müssen. Das Schlimmste war für sie der berühmte erste Schultag am örtlichen Abendgymnasium. Sie schlüpfte mit dem letzten Gongschlag in den Unterrichtsraum und drückte sich auf den letzten freien Platz in der hintersten Bankreihe. Als sie jedoch merkte, dass über 80% der Anwesenden in ihrem Alter waren oder gar darüber, entfuhr ihr ein tiefer Seufzer der Erleichterung. Sie alle mussten sich ihm stellen, dem Wachstumsprozess der Berufsfortbildung.

Ob Sie vor Ihrer Scheidung keiner Arbeit nachgegangen sind oder ob Ihre Firma Sie zu Weiterbildungszwecken in die Schule schickt – Sie werden nur einer oder eine von vielen sein, die sich heutzutage im Berufsleben neue Ziele setzen. Vielleicht wollen Sie ja auch Ihren Schulabschluss nachholen, den Sie nach Ihrer Hochzeit aus den Augen verloren hatten. Oder Ihren Zeugnissen einfach nur ein paar Zusatzqualifikationen hinzufügen, die Ihre Chancen auf eine gute Stellung verbessern werden. Es wird Ihnen helfen, Ziele im Bereich der Ausbildung zu formulieren, wenn Sie sich fragen: „Welche Qualifikationen brauche ich, um meine beruflichen Wünsche wahr werden zu lassen?" – „Wie lange brauche ich, um sie zu erlangen?" – „Wie viel Geld wird mich das Ganze kosten?" Viele Akademiker, die sich heute ins Berufsleben wieder eingliedern, machen die Erfahrung, dass das analytische Denken, das sie im Studium eingeübt hatten, immer noch funktioniert und dass sie sehr wohl immer noch gut genug sind für Bestnoten.

Arbeitsagenturen aller Art bieten Eignungstests an, wenn Sie sich nicht sicher sind, wo Ihre Talente liegen oder welche Berufsrichtung die richtige für Sie sein könnte. Die meisten Tests sind kostenlos, man muss nur seine Zeit opfern.

Und denken Sie immer daran: Nur die, die sich jedem persönlichen

Fortschritt verweigern, brauchen keine Hausaufgaben mehr zu machen.

7. ... im familiären Bereich?
Ob Sie geschieden sind oder nicht – wenn Sie Kinder haben, sind Sie eine Familie. Auch nach einer Trennung geht das Leben weiter, folgt einer gewissen Routine und läuft nach ganz bestimmten Regeln ab. Sie werden schnell merken, dass der Alltag eines Alleinstehenden deutlich anstrengender ist als der eines normalen Familienhaushaltes mit beiden Elternteilen an Bord. Für Alleinstehende scheint es vor allem entweder immer viel zu viel oder viel zu wenig zu geben.

Ziele, die man sich im familiären Bereich setzt, betreffen jedes einzelne Mitglied dieser Familie. Sie sind immer noch ein Team, und ein Team arbeitet zusammen. Ihr erstes Ziel dürfte wohl zunächst das nackte Überleben sein. Nach einer Weile aber werden weitere auftauchen. Familienfeiern, Ferien, Schulveranstaltungen sind nur einige Höhepunkte auf Ihrem Weg durchs Jahr. Was gibt es für „Highlights", die Sie sich für Ihre Familie (im weiteren Sinne) vorstellen könnten? Wer wird mitmachen und wie viel Kraft und Geld wird Sie das alles kosten? Welche Ereignisse, die Ihr Familienleben vor der Scheidung prägten, können Sie in die neue Zeit herüberretten? Welche müssen Sie verändern oder anpassen? Inwieweit ist jedes einzelne Mitglied Ihrer Familie durch Ihre neuen Ziele betroffen?

Bedenken Sie: Sie haben sich scheiden lassen – aber doch nicht von Ihrer Familie. Selbst wenn Sie eine Mutter oder ein Vater ohne Sorgerecht wären, wenn es darum geht, positive Ziele für Ihre Familie zu setzen, müssen Sie unbedingt dabei sein.

8. ... im gesundheitlichen Bereich?
Eine Scheidung kann sich auswirken wie ein Krankheit, die Ihre Gesundheit ruiniert. Viel zu viele Menschen, die eine seelische Krise durchmachen, haben keine Kraft, sich um ihr Wohlbefinden zu kümmern. Sie verplempern ihre kostbare Zeit mit Grübeleien über nutzlose Fragen wie: „Was wäre gewesen, wenn ...?" und „Hätte ich doch nur ...". Das, was Ihren Geist beeinflusst, kann sehr leicht auch Aus-

wirkungen auf Ihren Körper haben, es sei denn, Sie arbeiten ganz bewusst daran, die negativen Folgen zu minimieren. Fast jeden Tag sehe ich Menschen, die mit ihrer Hoffnung auch ihr Körpergewicht verlieren, depressiv werden und irgendwann jegliches Interesse am Gang des eigenen Lebens verlieren. Dem Kollaps einer Seele folgt nicht selten der körperliche Zusammenbruch. Der Gang in eine stationäre psychiatrische Einrichtung ist dann nur noch eine Frage der Zeit.

Was könnte es für Ziele im Bereich der Gesundheit geben?
1. Lassen Sie sich von Ihrem Hausarzt gründlich durchchecken. Vergewissern Sie sich, dass alles mit Ihrem Körper in Ordnung ist.
2. Tun Sie etwas für Ihre Fitness – vielleicht in einem Sportstudio, einem Aerobic-Kurs oder Ähnlichem.
3. Suchen Sie sich darüber hinaus eine Sportart, in der Sie sich austoben und psychisch aufbauen können.
4. Achten Sie ganz bewusst auf eine gesunde Ernährung. Meiden Sie alle Kalorienbomben à la Fastfood.
5. Suchen Sie die Gesellschaft von Menschen, die ein intaktes Körperbewusstsein haben und sich in der rechten Weise um ihr Wohlbefinden kümmern.
6. Denken Sie daran: Ihr Körper ist ein Tempel, den Gott Ihnen anvertraut hat. Machen Sie ihn zu einem Ort, an dem er gerne wohnt.

9. ... im sexuellen Bereich?

Es ist eine heikle Frage, die in unseren Seelsorge-Seminaren regelmäßig für Diskussionsstoff sorgt: „Wie gehen Sie nach der Scheidung mit Ihrer Sexualität um?" So klingt die etwas verschleierte Version von: „Ist es okay, eine sexuelle Beziehung zu einem Vertreter des anderen Geschlechtes zu haben, ohne mit ihm verheiratet zu sein?" Es mag sein, dass mit dieser Frage häufig die unausgesprochene Bitte mitschwingt: „Sagen Sie mir ganz einfach, ob das richtig oder falsch ist und ich werde hingehen und es genau so machen, wie Sie es mir gesagt haben."
Für einen Christen stellt sich nicht die Frage: „Was kann ich mir erlauben und was nicht?" Er muss sich überlegen: „Was will Gott von mir und was sagt sein Wort zu dieser Frage?" Wir ringen im Allgemeinen nicht so sehr mit anderen und ihrer jeweiligen Meinung über unser Tun

und Lassen, der wahre Kampf spielt sich ab zwischen uns und Gott und seinem Plan für unser Leben. Das könnte uns zu der Schlussfolgerung führen, dass ein Nichtchrist eigentlich alles tun kann was er will, jederzeit, überall, solange er damit kein Gesetz bricht. Ein Christ jedoch fragt: „Gott, was soll ich nach deinem Willen tun?"

Die christliche Auffassung von menschlicher Sexualität ist im Lauf des zwanzigsten Jahrhunderts nahezu aus der öffentlichen Wahrnehmung verschwunden. Die säkulare Meinung dazu: „Wenn es sich so gut anfühlt für dich, dann tu es doch einfach!", ist nach und nach in unser Denken eingesickert – auch in die Köpfe der christlichen Gemeindeglieder. Gerade auf diesem Gebiet können konkrete Ziele eine wichtige Hilfe sein für einen Menschen, der in seinem unverhofften Single-Leben erst wieder neu lernen muss, mit seiner Sexualität umzugehen.

Ein paar hilfreiche Orientierungspunkte könnten sein:
1. Was sagt die Bibel wirklich?
2. Gibt es eigentlich andere, die mit diesem Problem genauso zu kämpfen haben wie ich?
3. Gibt es Bücher, die ich zu diesem Thema lesen könnte?
4. Wie bringe ich den vielleicht an mir interessierten Vertretern des anderen Geschlechtes meine Prinzipien auf eine gute Art und Weise nahe?
5. Wie gehe ich mit den Menschen um, die andere Prinzipien haben?

Wenn Sie wissen wollen, was die Heilige Schrift dazu sagt, sollten Sie mit dem ersten Korintherbrief im Neuen Testament beginnen, und zwar mit den Kapiteln 10,31 und 6,12-20.

Denken Sie daran: Vielleicht ist es gerade auf diesem Gebiet besonders wichtig, sich darauf einzustellen, dass unter Umständen mächtige Versuchungen auf Sie zukommen, die Sie am Erreichen Ihrer Ziele hindern wollen ...

Denken Sie aber immer daran: Für einen Christen hat es kaum Bedeutung, was „die Leute" sagen. Was wirklich zählt ist das, was Gott sagt.

10. ... im emotionalen Bereich?

Wenn ich Sie heute fragen würde, wie es Ihrer Seele geht, was würden Sie sagen? „Gut! Schrecklich! Absolut im Eimer! Ich häng etwas durch! Ich wachse und wachse!"

Das Leben im Land der Geschiedenen besteht aus dem täglichen Wechsel von Hochs und Tiefs. Es ist am besten zu vergleichen mit einer endlosen Fahrt auf einer Achterbahn zu den höchsten Eintrittspreisen, die je gezahlt wurden. An schlechten Tagen fragt man sich, ob man jemals wieder aussteigen und ein einigermaßen normales Leben führen kann.

Emotionen sind wie Fanghaken, die irgendwo herumliegen und einen gerade dann aufspießen, wenn man am wenigsten damit rechnet. Sie holen einen auch von den schönsten Höhenflügen ganz schnell wieder runter.

Das erste Jahr nach einer Scheidung ist eine emotional absolut verrückte Zeit. Im zweiten Jahr passt sich die Seele der Situation schon besser an. Mit dem dritten Jahr finden die meisten Menschen eine gewisse seelische Balance wieder. Die meisten Männer und Frauen, die ich kenne, würden am liebsten von Monat eins direkt hinüberhüpfen in Jahr drei. Wir müssen jedoch von Tag zu Tag mit unseren Gefühlen leben, und es ist ein wichtiger Bestandteil guten Wachstums, wenn man sie zulässt und zu ihnen steht.

Dem Heilungsprozess der eigenen Seele Ziele zu setzen beginnt damit, dass man feststellt, wo man innerlich im Moment steht. Was meinen Sie, was Ihre Freunde, Ihre Familie oder gar Ihr Therapeut? Fragen Sie sie und machen Sie sich ein möglichst objektives Bild.

Dann legen Sie fest, wo Sie hinwollen. Berücksichtigen Sie jedoch, dass der Weg dorthin seinen Preis hat. Es kann durchaus eine schmerzvolle Erfahrung werden, wenn man lernt, die eigenen Gefühle wieder zuzulassen.

Vor Kurzem hat eine Dame ihre Ziele in diesem Bereich zusammengefasst: „Ich möchte einfach aufhören können zu weinen und mich ständig mies zu fühlen." Ein gutes Ziel. Sie kann es erreichen, wenn sie daran arbeitet. Emotionen, die geäußert werden, brauchen einen Widerhall, eine Antwort, einen Resonanzboden. Verständnisvolle und fürsorgliche Freunde können so eine Funktion für Sie übernehmen, wenn Sie es zulassen.

Das sind ein paar grundlegende Gedanken zur Frage der seelischen Heilung. Sie finden einen guten Ausdruck in den Worten eines mir unbekannten Schriftstellers:

Wachsen bedeutet Verrat an alten Kompromissen ...
Wachsen bedeutet Veränderung,
ebenso bedrohlich wie vielversprechend ...
Wachsen bedeutet, sich dem einen zu verweigern,
um das andere zu empfangen ...
Wachsen bedeutet Gefahr und herrliche Unsicherheit.

Es wird Zeit, dass Sie ein Leben gewinnen. Ihr eigenes!

Anregungen, Fragen für Ihr persönliches Wachstum und Grundlagen für eine Diskussion:

1. Welches der zehn aufgeführten Ziele scheint Ihnen am schwierigsten erreichbar und warum? Welches am leichtesten und warum?

2. Beschreiben Sie, wie Ihr fertiges ICH einmal aussehen soll.

3. Führen Sie diesen Satz zu Ende: „Was mich am meisten an dem Gedanken begeistert, mein Leben ganz neu aufzubauen, ist ..."

4. Welches persönliches Ziel haben Sie für die nächste Woche?

13. Die am häufigsten gestellten Fragen zum Thema Scheidung

„Werde ich das alles überleben?"

Sie steht den Männern und Frauen, die meine Seelsorgeseminare besuchen, ins Gesicht geschrieben. Es ist die ultimative Frage, die jeder stellt, der eine lebensbedrohliche Krise durchmacht: „Werde ich das alles überleben? Und falls ja, in welchem Zustand werde ich sein, wenn ich es hinter mir habe?" Wenn ich nicht schon seit so vielen Jahren auf dem Gebiet der Scheidungsseelsorge gearbeitet hätte, würde ich eine solche Frage kaum beantworten können. Aufgrund meiner Erfahrungen aber, die ich in Tausenden von Gesprächen mit Männern, Frauen und Kindern aller Altersstufen gesammelt habe, kann ich Ihnen, lieber Leser, garantieren, dass Ihre Chancen auf ein Leben nach der Scheidung exzellent sind. Sie werden sogar in bester Verfassung sein, wenn Sie auch mitten in den Stürmen Ihrer Krise konsequent das Ziel verfolgen, an dem, was Sie erleben, zu wachsen.

Auf Ihrem Weg vom bloßen Überleben zum Wachsen werden Ihnen eine Menge Fragen durch den Kopf gehen. Einige davon finden Sie sicher im Folgenden wieder. Da vorgegebene Antworten oft die unangenehme Eigenschaft haben, dem Leser ein eigenes Urteil zu erschweren, möchte ich Ihnen meine Ausführungen zu den Fragen als Vorschläge eines Menschen anbieten, der sich zumindest in den Randbezirken Ihrer Erfahrungswelt auskennt.

1. Wie lange werde ich noch diesen Schmerz verspüren?
Den seelischen Schmerzen kann man noch viel schlechter beikommen als den körperlichen. Es gibt kaum harmlose Pillen, die man dagegen einnehmen könnte und es bleibt in den meisten Fällen ein harter Prozess, den man durchkämpfen muss. Ein Prozess, der dem Sterben in

vielen Punkten gleicht. Man unterscheidet hier fünf Stufen: Leugnung, Wut, Betteln, Depression und Annahme. Eine Scheidung ist der Tod einer Beziehung. Die meisten Menschen brauchen zwölf bis achtzehn Monate, um diese Wegstrecke zurückzulegen. Wenn Wachstum an die Stelle des Schmerzes tritt, wird deutlicher, wie schnell und wie weit die Heilung fortschreitet. Seien Sie versichert – es ist in Ihrer Lage normal und kaum vermeidbar, Schmerzen zu durchleiden, und zwar Schritt für Schritt.

2. Gibt es keine Beispiele dafür, dass Männer oder Frauen, die eine Affäre haben und ihre Familie verlassen, auch wieder zurückkommen?
Doch, die gibt es, es sind allerdings nur sehr wenige. Wenn ein Mensch eine außereheliche Beziehung pflegt, dann richtet sich seine ganze Energie auf den neuen Menschen in seinem Leben. Nur selten kann er von dieser Kraft noch etwas abzweigen für die Reparatur seiner zerbrochenen Ehe. Außerdem – sollte eine Rückkehr nach einer Affäre im Bereich des Möglichen liegen, dann kann sie nur durch die Praxis eines professionellen Eheberaters erfolgen. Dort müssen die Hürden von Vergebung und Erneuerung gemeinsam überwunden werden.

3. Wie kann ich meinen Kindern am besten helfen, die Scheidung durchzustehen?
Das Beste, was Sie Ihren Kindern geben können, sind Liebe und Zeit. Durch eine Scheidung fühlen sich viele Kinder zumindest von einem Elternteil abgelehnt und müssen deshalb umso eindeutiger vermittelt bekommen, dass sie bedingungslos geliebt sind. Wenn Sie sich Zeit nehmen für sie und gemeinsam Spaß haben oder viel miteinander reden, dann wird die Botschaft der Liebe in ihren Köpfen und Herzen ankommen. Es gibt mitt-lerweile ein gut ausgebautes Netz von Gesprächs-, Seelsorge- und Beratungsangeboten für Scheidungskinder.

4. Wie knüpfe ich am besten auf behutsame Art und Weise neue Beziehungen zum anderen Geschlecht?
Eine gefährliche Unfallquelle im Land der Geschiedenen ist die Versuchung, den eigenen Scheidungsschmerz einfach wegzublenden, indem man sich überhastet in ein neues Liebesabenteuer stürzt. Manche machen sich schon ans Flirten, bevor überhaupt ihr Scheidungstermin in Sicht ist, weil sie die feste Absicht haben, es ihrem ehemaligen Partner mal so richtig zu zeigen und glauben, ihm unbedingt signalisieren zu müssen, dass es jederzeit Ersatz für ihn gibt. Die Erfahrung, abgelehnt zu werden, verarbeitet man aber kaum dadurch, dass man den, der einen ablehnt, einfach austauscht. Sie müssen wieder ganz werden, heil und glücklich, bevor Sie an neue Verabredungen denken. Ist es nicht ein seltsamer Gedanke, als (noch) verheirateter Mensch bei einem Stelldichein zu erscheinen? Wollen Sie das wirklich? Wie schon mehrfach erwähnt, halte ich eine Ruhezeit von 18 bis 24 Monaten in diesem Bereich auf jeden Fall für angeraten.

5. Wie gestalte ich meine Kontakte zu den Schwiegereltern während und nach meiner Scheidung?
Hier ist Vorsicht geboten! Viele Schwiegermütter und -väter neigen natürlich dazu, Partei für ihren Sohn oder ihre Tochter zu ergreifen, egal, was diese Person Ihnen angetan hat. Sehr viel seltener schlagen sie sich auf die andere Seite und nehmen den eigenen Nachwuchs ins Gebet.

Da sie aber auch die Großeltern Ihrer Kinder sind (falls Sie welche haben), sollte der Kontakt nach der Scheidung nicht abreißen. Schwiegereltern sind oft in einem noch größeren Dilemma als Sie selbst und brauchen Zeit, neue Wege einer anders gearteten, aber ebenso guten Beziehung zu Ihnen zu entwickeln. Stellen Sie sie nicht vor die Wahl. In 99% der Fälle tragen sie keine Schuld an dem, was geschehen ist. Zögern Sie nicht, Ihnen zu signalisieren, dass Sie sie weiterhin gern haben und ihnen auch künftig einen Platz in Ihrem Leben reservieren.

6. Wie findet man am besten zufrieden stellende Regelungen für Ferien und andere besondere Ereignisse des Jahres?
Im ersten Jahr nach der Trennung ist der Umgang mit diesen Terminen

außerordentlich schwierig. Ständig ertappt man sich bei Erinnerungen an glücklichere Zeiten und sehnt sich doch dahin zurück. Man will einfach abtauchen und erst wieder erscheinen, wenn die Sache vorbei ist. Geburtstage, Weihnachten und besondere Jahrestage bilden nur die Spitze des Eisberges, an dem man immer wieder zu zerschellen droht. Die meisten Konflikte entstehen rund um die Frage, wer die Kinder am längsten haben darf und wer sie dabei besser behandelt. Wenn zwischen Ihnen und Ihrem ehemaligen Partner ein normaler Austausch möglich ist, dann versuchen Sie, Ihre Urlaubspläne und sonstigen Termine rechtzeitig abzustimmen. Und wenn Sie dann allein sind, während die anderen verreisen, dann verbringen Sie diese Zeit so weit es geht mit Freunden und allerlei nützlichen Beschäftigungen, sodass das Gefühl der Verlassenheit gar nicht erst aufkommt.

Kinder sind in diesem Tauziehen um die Ferien häufig die Opfer. Reden Sie mit ihnen über ihre eigenen Wünsche und Vorstellungen und hören Sie sich an, was sie zu sagen haben, bevor die Erwachsenen ihre Entscheidungen fällen. Und grundsätzlich gilt – bleiben Sie allen Beteiligten gegenüber fair!

7. Wie gestalte ich die unendlich erscheinende Erholungsfrist von zwei bis drei Jahren, ohne dass ich einen Koller kriege?
Nehmen Sie sich die Zeit, von Anfang an einen groben Wiederaufbauplan aufzustellen, an dem Sie sich in Durststrecken festhalten können. Legen Sie fest, welche grundlegenden Veränderungen Sie in Ihrem Leben, in Ihrem Charakter oder Ihrem Verhalten sehen wollen und welche praktischen Ziele Sie anstreben. Eine gute Starthilfe wären da die zehn verschiedenen Zielarten aus dem vorhergehenden Kapitel 12. Gehen Sie in Gedanken und Gebeten durch, was Sie in diesen Bereichen im Einzelnen erreichen wollen. Das halte ich für sehr wichtig, denn ohne einen Plan fehlt Ihnen ein wichtiger Anreiz für die anstrengende Wiederaufbauarbeit. Holen Sie sich Rat und Tat von Menschen, die mit Ihrem Alltagsleben nichts zu tun haben. Nur sie können Ihre Lage einigermaßen objektiv einschätzen. Und denken Sie daran: Die Rekonstruktion einer Existenz braucht Zeit. Seien Sie sanft und geduldig mit sich selbst und gönnen Sie sich diese Monate.

8. Kann Gott einem Geschiedenen jemals vergeben?

Christen haben im Allgemeinen mit einer Scheidung große Probleme. Man hat ihnen beigebracht, dass eine Scheidung grundfalsch ist, und nun ist eines der schlimmsten Ereignisse ihnen selbst passiert. Viele haben Angst, von Gott für immer verdammt zu sein und kaum auf Vergebung hoffen zu dürfen, selbst wenn die Initiative nicht von ihnen selbst ausgegangen ist.

Es gibt aber eine gute Nachricht, die besagt, dass bei Gott die Vergebung ist: „Wenn ihr den anderen vergebt, was sie euch angetan haben, dann wird euer Vater im Himmel euch auch vergeben" (Matthäus 6,14). Das ist nur ein Vers von vielen in der Bibel, die von Vergebung sprechen. Lesen Sie sie mithilfe einer Konkordanz und begreifen Sie, dass eine Scheidung keine unverzeihliche Sünde ist – auch wenn andere Christen das behaupten.

Wenn Gott uns vergibt, dann lässt er die vergebene Sünde aus seinem Blickfeld schaffen. Lesen Sie das Kapitel 8 dieses Buches immer wieder, so lange, bis Sie die frohe Botschaft der Vergebung ganz und gar verinnerlicht haben. Ein gesunder und wachsender Christ im Land der Geschiedenen ist ein Sünder, dem ganz und gar vergeben wurde.

9. Was mache ich, wenn ich in Scheidung lebe und meine Gemeinde mich ausgrenzt?

Suchen Sie schnell eine neue geistliche Heimat! Eine Scheidung ist an sich ein Ausdruck von Ablehnung. Wenn die Gemeinde auf dieses Trauma der Zurückweisung noch eins draufsattelt, kann das den Betroffenen in tiefste Verzweiflung stürzen. Das Problem der Ausgrenzung kann man nicht durch Ausgrenzung lösen. Es ist für Gottes gute Absichten mit Ihnen vielmehr wichtig, dass Sie gerade in Ihrer Scheidungssituation Menschen um sich sammeln, die Sie annehmen.

Die, die Sie eigentlich mit ihrer Liebe auffangen sollten, wenn Sie Schlimmes durchmachen, sind leider oft gerade die, die Sie in all Ihrer Bedürftigkeit noch am meisten verletzen. Es gibt allerdings viele Gemeinden, die die Beladenen und Belasteten mit offenen Armen aufnehmen und sich der Aufgabe verschrieben haben, Hoffnung und Heilung in ihr Leben zu bringen. Zwar ist es hart, einen Ort zu verlassen, den man viele Jahre hindurch als geistliche Heimat geschätzt hat, doch es ist noch härter, dort auszuharren und die Verurteilungen wegstecken zu wollen. Wenn Sie zu einer Gemeinde gehören, die Sie durch Ihre Scheidung hindurchbegleitet und -geliebt hat, dann versuchen Sie, den Brüdern und Schwestern etwas zurückzugeben von dieser Liebe.

10. Wie spreche ich mit meinen Kindern über die Scheidung?
Viel zu oft wird den Kindern überhaupt nichts von dem erzählt, was während einer Scheidung passiert. Sie sammeln Gesprächsfetzen und Informationsbrocken auf und ziehen daraus ihre eigenen hilflosen Schlüsse. Für ihre inneren Kämpfe finden sie höchstens Gehör in ihrem Freundeskreis, während ihre Eltern sich nur um ihren eigenen Überlebenskampf kümmern.

Es gibt keine einfache Methode, nach der man mit Kindern über eine Scheidung sprechen kann. Ganz schnell kochen die Emotionen über. Zorn erzeugt zusätzlich Missverständnisse und Ablehnung. Ein Gespräch im Familienkreis kann unter Umständen ausarten in eine Familientragödie.

Grundsätzlich sollte man deshalb beachten, dass Kinder mit beiden Elternteilen über die Angelegenheiten reden müssen, entweder mit beiden gemeinsam oder einzeln. Es sind sowohl Gespräche unter vier als auch unter sechs und mehr Augen wichtig. Wenn Sie dafür Unterstützung brauchen, bitten Sie Ihren Pastor oder Therapeuten um Hilfe. Eines jedoch sollten Sie sich unbedingt merken: Ihr Kind muss aus Ihrem Munde erfahren, was da geschieht, nicht vom Nachbarn!

11. Ist es nicht sinnvoller, nach einer Scheidung aus der alten Umgebung fortzuziehen?
Die Umstände einer Scheidung zwingen die Betroffenen nicht selten, ihre Hütte direkt neben dem Grab ihrer Ehe aufzuschlagen. Die vorrangigen Gründe sind natürlich die Kinder, der Beruf, das soziale Umfeld und die familiären Bande. Haben Sie keinerlei Verpflichtungen dieser Art, dann kann ein Neuanfang an einem ganz anderen Ort tatsächlich hilfreich sein. Sobald aber Kinder im Spiel sind, wird ein Umzug praktisch unmöglich, weil jedes Gericht dem Anspruch des anderen Elternteils stattgeben wird, im Leben Ihrer Kinder präsent sein zu dürfen.

Und die Kinder haben dasselbe Recht. Ein Umzug mit den Kindern setzt also im Allgemeinen das Einverständnis des anderen Elternteils voraus. Auch wenn uns allen nach einer Krise ein Neubeginn in Begleitung eines gründlichen Tapetenwechsels ganz guttut – für Sie kann das nur bedeuten, dass er sich eher auf eine Veränderung innerhalb der Stadt (oder höchstens des Landkreises) beschränken wird.

12. Wie geht man mit den extremen Stimmungsschwankungen während einer Scheidung um?

Auf jeden Fall sanft! Sie werden Tage erleben, an denen Sie den Boden unter den Füßen zu verlieren meinen und absolute Hoffnungslosigkeit Sie überfällt. Sie werden andere Tage sehen, an denen Sie das gute Gefühl haben, die Sache langsam wieder in den Griff zu kriegen. Das Auf und Ab ist ein vorherrschendes Lebensgefühl während und nach einer Scheidung. Die Stimmungsschwankungen können ausgelöst werden durch einen Telefonanruf, eine Erinnerung, ein altes Foto oder einen Stapel unbezahlter Rechnungen.

Gefühle sind weder richtig noch falsch. Sie können sie aus- oder unterdrücken. Es ist aber von entscheidender Bedeutung für Ihr Wachstum, dass Sie zu Ihren Gefühlen stehen und herausfinden, was Sie beeinflusst. Suchen Sie sich vertrauenswürdige Freunde, mit denen Sie Ihren Gefühlshaushalt ordnen können, denn es wird Ihnen nicht gelingen, Ihren Seelenzustand über einen längeren Zeitraum hinweg zu verbergen. Bleiben Sie in Kontakt mit dem, was in Ihrem Inneren abläuft und machen Sie sich bewusst, dass auch die menschlichen Emotionen eine Gabe Gottes sind, die uns einzigartig machen.

13. Wie soll ich mich der Person gegenüber verhalten, die als eine „Affäre" meine Ehe auf dem Gewissen hat?

Sie sollten sie weder über den Haufen schießen noch zum Kaffeetrinken einladen. Genauso sollten Sie ihr nicht gestatten, auch noch in Ihrem gegenwärtigen Leben eine bestimmende Rolle einzunehmen – weder in konstruktiver Hinsicht noch in destruktiver. Allerdings sollten Sie auch beachten – egal was Ihnen Ihr Bauch auch sagt –: Nicht dieser Mensch hat Ihre Scheidung verursacht. Das war Ihr(e) „Ex"!

Eine Sache ist allerdings wirklich hart: Ihr geschiedener Partner könnte diesen Menschen tatsächlich heiraten und er (oder sie) wäre dann der Stiefvater (oder die Stiefmutter) Ihrer Kinder, die zu allem auch noch einen Narren an dieser Person fressen könnten. Das wäre in der Tat nicht ganz fair, aber ...

14. Kann mir eine Austausch- oder Selbsthilfegruppe im Prozess der Scheidung wirklich weiterhelfen?
Ja, ja und nochmals ja! Zum Beispiel werden Ihnen Leute, die die gleichen Kämpfe durchgemacht haben wie Sie, ein gewisses Maß an Sicherheit vermitteln. In ihrem Kreis dürfen Sie ehrlich und ohne Zurückhaltung das ausdrücken, was Sie beschäftigt. Hier gibt es kein Verstellen, kein Versteckspiel und keine Lügen. Jeder kleine Fortschritt, den ein Mitglied dieser Gruppe macht, wird auch Sie ermutigen und in Ihnen das Wissen festigen, dass auch Sie es schaffen werden. Eine solche Gruppe ist ein sicherer Hafen für die, die zerbrochenen Herzens sind, wo sie Hoffnung schöpfen können, dass man gemeinsam die Widerstände überwinden kann, die das Leben der Geschiedenen so schwer machen. Gemeinschaften dieser Art gibt es überall im Land. Machen Sie sich auf die Suche, es lohnt sich!

15. Ab wann ist es sinnvoll, professionelle Beratung in Anspruch zu nehmen?
Wenn die Probleme sich immer bedrohlicher vor Ihnen auftürmen, wenn Sie das Gefühl haben, dass die Dehnungskraft Ihrer Nerven absolut ausgereizt ist und Sie glauben, keinen einzigen Tag dieser Art überleben zu können, dann ist es höchste Zeit, dass Sie die Hilfe eines anderen Menschen in Anspruch nehmen.

Die Turbulenzen einer Scheidung wühlen oft längst versunken geglaubte Probleme Ihres Lebens wieder auf. Sie reißen die Riegel weg, hinter denen sich jahrelang erduldete Zurückweisung oder unbewältigte Kindheitstraumata aufgestaut haben, familiäre Beziehungsprobleme oder unausgeheilte Verletzungen in Ihrer Persönlichkeit brechen wieder auf und scheinen mit zunehmendem Alter nur noch schlimmer geworden zu sein.

Es ist nie zu spät, Hilfe zu suchen und sich ans Aufräumen zu machen. Hören Sie auf Ihre Freunde, hören Sie auf Ihr Herz und hören Sie auf Gott. Es gibt genug kompetente gläubige Therapeuten, die Ihnen helfen können, mit den Gespenstern der Vergangenheit und der Gegenwart fertig zu werden.

16. Wenn ich nur intensiv genug bete und ganz fest glaube, muss Gott dann nicht ganz einfach meine Ehe retten?

Sie werden durchaus Menschen finden, die das glauben. Gewöhnlich sind sie auch noch verheiratet. Der Knackpunkt aber ist, dass jene andere Person, mit der Sie so gerne Ihre Ehe weiterführen würden, eine ganz schlechte Wahl getroffen hat, indem sie Sie verließ und Sie jetzt diese Entscheidung eines anderen ausleben müssen. Gott zwingt keinen Menschen zu irgendetwas, er lässt jedem die freie Wahl. Genauso wenig aber richtet er sich nach unseren Kommandos. Wenn er das täte, hätten wir alle Probleme dieser Welt im Handumdrehen gelöst.

Sie werden nicht darum herumkommen – für die Rettung Ihrer Ehe braucht es zwei. Natürlich sollen Sie beten und glauben. Und doch sind auch Christen nicht selten gezwungen, so zu liegen, wie andere sie betten ...

17. Was mache ich, wenn „der" oder „die andere" meine Kinder manipuliert und sie gegen mich einzunehmen versucht?

Zahlen Sie zunächst mal auf keinen Fall mit gleicher Münze zurück! Das ist sicher schwer, denn es ist immer eine starke Versuchung, Feuer mit Feuer zu bekämpfen. Doch das Schlimme daran ist, dass Ihre Kinder wieder mal die Opfer wären. Unter Umständen führt das dazu, dass sie später einmal Vater und Mutter hassen. Es gibt viele verschiedene Formen von Manipulation und Kontrolle. Nennen Sie die Machenschaften beim Namen und tappen Sie nicht in ihre Falle. Auf lange Sicht kann mit solchen Spielchen keiner gewinnen. Ihre Kinder wachsen heran, werden klüger und durchschauen, wie sie missbraucht worden sind.

18. *Gibt es einen Zeitpunkt, ab dem ich um das alleinige Sorgerecht für meine Kinder kämpfen sollte?*
Ja, aber man sollte immer zuerst und gründlich überlegen, ob ein Sieg die Kosten einer solchen Schlacht wert ist. Manche Eltern tun es aus einer Laune heraus, um sich zu rächen oder um die volle Kontrolle über ihr Umfeld zu erlangen. Nur zu selten berücksichtigt man in einem solchen Fall die Gefühle der Kinder. Sie werden zu einer Trophäe herabgewürdigt, um die man sich balgt.

Normalerweise muss man vor Gericht beweisen, dass der andere Elternteil rundum unfähig ist und dass die Kinder ohne ihn besser zurechtkämen. Doch das gemeinsame Sorgerecht ist ja gerade der Versuch unseres Rechtssystems, Sorgerechtskriege zu vermeiden. Die beste Lösung wäre also, wenn man sich auch nach einer Scheidung in der Erziehung des gemeinsamen Nachwuchses ergänzt und abstimmt. Ihre Kinder brauchen ihre Mama genauso wie ihren Papa. Eine Ausnahme besteht natürlich dann, wenn nachgewiesen werden kann, dass ihr Zusammensein mit einem der beiden Elternteile eine zerstörerische Auswirkung auf ihre Entwicklung und ihre Gesundheit hat. Außerdem sollten Sie nicht übersehen, dass Sorgerechtsprozesse ein kleines Vermögen kosten.

19. *Was sind die häufigsten Fehler, die Betroffene während ihrer Scheidung machen?*
Nach meinen Beobachtungen gibt es da mehrere.
- Einer wäre zum Beispiel, dass man zu viel Zeit und Kraft darauf verwendet, mit dem früheren Ehepartner quitt zu werden. Das ist vergeudete Energie, die Sie für die Wiederaufbauarbeit an Ihrer Existenz dringend bräuchten.
- Ein anderer liegt darin, dass manche beharrlich die Augen verschließen vor der Tatsache, dass der Scheidungsexpress längst ins Rollen gekommen ist. Je eher man sich dieser Realität stellt, desto früher wird man frei für den Neuanfang.
- Und schließlich begehen viele den Fehler, dass sie einen Ersatz für den verlorenen Ehepartner suchen und sich viel zu schnell aufs Neue binden. Es ist leider eine Tatsache, dass Zweitehen noch häufiger scheitern als Erstehen.

20. Gehört auch Trauer zum Scheidungsprozess?

Definitiv! Die Erfahrung einer Scheidung kommt dem Tod des Ehepartners sehr nahe. Der einzige Unterschied liegt darin, dass der oder die andere nach einer Scheidung noch am Leben ist. Man trifft sie/ihn hin und wieder und hat manchmal das Gefühl, dass man über den Verlust wohl nie wieder hinwegkommen wird. Trauern braucht Zeit und jeder geht anders damit um. Zögern Sie nicht, für sich selbst eine Zeit des Trauerns „auszurufen". Wenn sie vorbei ist, kehren Sie ausgeglichener ins Leben zurück. Sicherlich werden Sie das Bedürfnis haben, sich richtig auszuweinen und sich zurückzuziehen und Sie werden sich schrecklich fühlen. Eine heilsame Trauerarbeit ist ein Prozess, der durch einen schweren Verlust in Gang gesetzt wurde. Jeder wird ihn anders durchlaufen, doch hindurch muss jeder.

21. Wie schütze ich mich vor weiteren seelischen Verletzungen?

Sie müssen sich im Klaren sein über Ihre Stärken und Schwächen. Das heißt zum Beispiel, einen Bogen zu machen um die Orte, die Ihnen nicht guttun und jene Menschen zu meiden, die Sie in irgendeiner Art und Weise ausnutzen. Einsamkeit ist die Geißel der Geschiedenen. So mancher sucht verzweifelt nach einem Menschen, der die große Lücke in seinem Leben ausfüllt und diese Einsamkeit vertreibt. Doch seien Sie auf der Hut, Verwundungen dieser Art machen Sie zu einer leichten Beute für Seelentröster und Messiasgestalten in Sachen Beziehungen.

22. Wie soll ich reagieren, wenn mein früherer Partner mir vorschlägt, nur einen Anwalt für uns beide zu engagieren, um Geld zu sparen?

Lächeln Sie wissend und suchen Sie sich umgehend einen eigenen Rechtsbeistand. Ein Rechtsanwalt kann immer nur eine Partei und ihre Interessen vor Gericht vertreten. Wie soll der Anwalt Ihres Ex-Partners zwei divergierende Interessenlagen unter einen Hut bringen? Ein juristischer Vertreter wird Sie zwar mehr kosten, Sie werden aber unter dem Strich und auf lange Sicht bedeutend mehr gewinnen.

23. Wie gehe ich mit dieser geballten Erfahrung von Ablehnung um?
Tun Sie alles, um Ihr eigenes Selbstwertgefühl zu stärken. Die bedingungslose Bestätigung, die Sie brauchen, werden Sie allerdings nicht von anderen bekommen. Das funktioniert nur kurze Zeit, und sobald die anderen wieder ihre eigenen Interessen verfolgen, verfliegt dieses Gefühl im Nu und Sie sind umso mehr dem Selbstmitleid ausgeliefert. Öffnen Sie sich stattdessen den unveränderlichen Zusagen Gottes. Begreifen Sie, dass Sie von ihm hundertprozentig bedingungslos akzeptiert werden. Hier liegt das Selbstbewusstsein eines Christen begründet. Wenn das erst mal das Fundament Ihres Selbstbildes ist, kann menschliche Zurückweisung Sie nie wieder ernsthaft verletzen.

24. Werde ich jemals wieder die Bitterkeit los, die mit der Scheidung in mein Leben kam?
Ja, wenn Sie das zu einem ernsthaften Ziel Ihres Wachstumsprozesses machen. Natürlich können Sie jahrelang in Bitterkeit verharren und sich darüber beklagen, dass das Leben einfach nicht fair ist, und nichts wird sich bessern. Die Samen der Bitterkeit quellen oft aus der Wut, die uns umtreibt, wenn Menschen uns übervorteilt haben. Wie oft steigern wir uns hinein in einen Hass auf diese Menschen und in eine Wut auf uns selbst, weil wir ihnen ihre Gemeinheiten auch noch erlaubt haben.

Wenn man beginnt, sich positiv und aufbauend um sich selbst zu kümmern, dann ist man schon auf dem besten Weg, den inneren Sumpf der Bitterkeit trockenzulegen.

25. Woher weiß ich, dass ich auf dem richtigen Weg bin?
Wir alle müssen von Zeit zu Zeit prüfen, wo wir im Leben stehen. Die, die uns am nächsten stehen, können uns dabei helfen, indem sie uns offen ihre Meinung sagen. Die besten Freunde sind die, die es verstehen, die Wahrheit in liebevolle Worte zu kleiden. Wenn Sie dieses Feedback erhalten haben, sollten Sie sich selbst in ein intensives Kreuzverhör nehmen. Stoßen Sie dabei auf eigene Fehler und Versäumnisse, dann korrigieren Sie sie so weit wie möglich und denken Sie im Übrigen an das Prinzip des Loslassens, das ich am Anfang des Buches geschildert

habe. Legen Sie die Vergangenheit zu den Akten, leben Sie ganz in der Gegenwart und fassen Sie Ziele neu ins Auge.

Das eigene Wachstum braucht Zeit. Feiern Sie die Momente, in denen Sie entdecken, dass Sie wieder einen Schritt in die richtige Richtung getan haben und bauen Sie Ihr Lebenshaus mit jedem Tag weiter aus.

14. Wie kann ich auch anderen helfen, an ihrer Scheidung zu wachsen?

„Es hat den Anschein, als ob jeder, dem ich begegne, im Moment in Scheidung lebt!"

Je nachdem, welchen Statistiken man Glauben schenkt, geht die Scheidungsrate mal hoch, mal runter. Es gibt nur wenige plausible Gründe für einen derartigen Anstieg der Scheidungszahlen in unserer westlichen Gesellschaft. Jeder Scheidungsfall ist anders gelagert und die Umstände werden von einer Unzahl von Fakten beeinflusst.

Wir leben in einem Zeitalter dramatischer kultureller Umwälzungen. Jeden Morgen, wenn ich die Zeitung aufschlage, scheinen sich die Traditionen, Trends, Stilrichtungen, Gefühle, Geschmäcker und Standpunkte in unserer Gesellschaft schon wieder geändert zu haben, und zwar über Nacht. Werte, die heute noch für heilig gehalten werden, sind morgen schon Geschichte. Unsere extreme Flexibilität in Beruf und Lebensstil ist Grund für eine radikale Entwurzelung unserer Familien. Leider sind auch unsere Gefühle gegenüber anderen Menschen restlos infiltriert worden vom Geist der Wegwerfgesellschaft. Ein Mensch wird benutzt und ersetzt, ohne dass man sich irgendwelche Gedanken darüber macht, inwieweit das sein Leben beeinträchtigt. Im Berufsleben wie in der Ehe sortiert man die Menschen mit genauso viel innerer Beteiligung aus, wie wir unsere Einwegflaschen in den jeweiligen Mülltonnen verschwinden lassen. In unseren zwischenmenschlichen Umgang sickern immer mehr Elemente unseres Geschäftsgebarens, das ja einzig und allein auf unseren Vorteil abzielt. Wenn irgendetwas nicht funktioniert, wird es weggeworfen und durch Neues ersetzt.

Die schönen neuen Freiheiten, die die Frauenemanzipation mit sich gebracht hat, haben unsere Kultur dramatisch verändert. Der Hunger des Menschen nach Selbstverwirklichung und sein Wunsch, die Grenzen des eigenen Bewusstseins zu erweitern, waren der Auslöser dafür, dass sich unsere Haltung zu so vielen Dingen so grundlegend verändert hat. Doch egal, wo wir heute innerlich stehen, Hochzeiten wird es immer geben – und nun eben die entsprechenden Scheidungen dazu …

Neulich sagte jemand zu mir: „Es hat den Anschein, als ob jeder, dem ich begegne, im Moment in Scheidung lebt!" Gerade wenn wir selbst Krisenzeiten durchleben, ist unser Bewusstsein für die Menschen in unserer Umgebung geschärft, die dasselbe durchmachen. Wie leicht findet man mit denen zusammen, deren Mitleid sich aus eigener Erfahrung speist. Das erlebt man schon, wenn man sich ein Bein gebrochen hat, sein Auto zu Schrott fährt, vor einer schweren Operation steht oder eben mit den Scherben seiner Ehe konfrontiert ist. Es ist eine Erfahrung, die eigentlich sehr wertvoll ist und uns so einiges lehrt. Eine ihrer guten Seiten ist, dass wir die Möglichkeiten haben, das, was wir lernen, im Gespräch mit anderen zu reflektieren. Wenn Sie die Wachstumsphase Ihrer Scheidung hinter sich haben, werden Sie um viele kostbare Einsichten reicher sein, die auch für andere Menschen von Wert sein könnten.

Hier sind ein paar Tipps, wie Sie vorgehen sollten, wenn Sie Ihre Erkenntnisse auch für andere Geschiedene fruchtbar machen wollen:

1. Beteiligen Sie sich nicht an Schuldzuweisungen
Wenn zwei Menschen beschließen, sich scheiden zu lassen, dann werden in den meisten Fällen sofort die Kampflinien gezogen zwischen den unmittelbar betroffenen Angehörigen und den Freunden. Man wählt die Partei aus, auf deren Seite man sich schlägt, und fängt munter an, die andere Seite in Grund und Boden zu verdammen. Familien und Freundeskreise zerlegen sich in ihre Einzelteile, weil kaum einer neutral bleiben und seine Beziehung zu beiden Seiten gleichermaßen aufrechterhalten will. Manchmal wird man auch von den Scheidungsgegnern selbst gezwungen, Partei zu ergreifen. Man hat gar nicht die Chance zur Neutralität.

Durch jede Scheidung ziehen sich endlose Verwicklungsketten, die man als Außenstehender weiträumig umgehen sollte. Versichern Sie beiden Parteien, dass Sie sie als Menschen hoch schätzen und dass Ihre

Freundschaft zu ihnen nicht abhängt von der Qualität der Beziehung, die sie untereinander pflegen. Bitten Sie sie ganz direkt, neutral bleiben zu dürfen und pflegen Sie weiter Ihre Kontakte zu beiden Seiten, je nach Belieben. Wenn dann doch noch die Familie oder die anderen Freunde kommen und versuchen, Sie auf eine der beiden Seiten zu ziehen, dann sagen Sie Ihnen, dass Sie sich in dieser Situation nicht wirklich zum Richter eignen und dass Sie Ihre Entscheidungen eigentlich lieber selbst treffen und Ihr Urteil durchaus eigenständig bilden können.

2. Seien Sie ein liebevoller und verständnisvoller Zuhörer

Ein guter Ratgeber ist immer auch ein guter Zuhörer. Als guter Freund kann man diese Aufgabe des Hörens und Ratens gleichzeitig ausüben. Die meisten Betroffenen suchen sowieso keine festen Antworten. Sie brauchen einfach nur einen Menschen, der ihnen freundlich und geduldig zuhört. Und das erfordert Zeit und Geduld. Man gibt dem anderen die Möglichkeit, all seine Gefühle, Frustrationen und Aggressionen rauszulassen. Gleichzeitig versucht man zu verstehen, an welchem Punkt in ihrem Leben diese Menschen gerade angekommen sind.

Das Beste, was Sie einem Freund anbieten können, der in Scheidung lebt, ist ein offenes Ohr – wann immer er es braucht. Die ersten Monate nach der Trennung können die einsamste und härteste Zeitspanne im Leben eines Menschen sein. Gute Freunde, die dann zur Stelle sind, haben einen unschätzbaren Wert.

Und im Übrigen denken Sie daran – wenn man einem anderen Menschen in Liebe zuhört, dann weigert man sich zugleich, voreilige Schuldzuweisungen zu verteilen.

3. Unterstützen Sie den anderen, wo Sie nur können

In einem alten Lied heißt es: „Ruf mich, wenn du Hilfe suchst. Wir alle brauchen jemanden, auf den wir uns verlassen können." Haben wir nicht alle schon die Erfahrung gemacht, dass wir in schwierigen Zeiten auf die Hilfe und Unterstützung eines anderen Menschen angewiesen waren? Ein anderes Lied stellt fest: „Denn kein Mensch ist eine Insel, keiner steht für sich allein (...)" Ein geschiedener Mensch braucht einen Kreis von Freunden, die ihm sowohl auf zwischenmenschlicher als auch auf praktischer Ebene beistehen. Das kann heißen, dass man ihm beim Umzug hilft, beim Verkauf seines Hauses oder bei der Suche nach einem neuen Job, dass man auf seine Kinder aufpasst, ihm einen Anwalt empfiehlt oder ihm in anderer Hinsicht den Alltag erleichtert. Wenn man in der Zeit nach einer Trennung alles allein machen muss, dann kann man angesichts der Frage, wie das alles weitergehen soll, eine fürchterliche Lebensangst bekommen. Freunde dagegen machen Mut.

Es reicht schon die einfache Frage: „Was kann ich tun?", um Ihre Hilfsbereitschaft zu signalisieren.

4. Geben Sie richtungsweisende Impulse

Einen Ratschlag zu geben kostet uns nichts. Wir bilden uns schnell unsere Meinung, und doch ist nichts schwieriger, als dann ernst gemeinte Empfehlungen zu bekommen, wenn sie wirklich gebraucht werden. Und es ist sogar noch schwieriger, selbst einen Rat zu erteilen. Was wir aus unserer eigenen Geschichte gelernt haben, macht uns zwar noch lange nicht zu einer Autorität in Scheidungsfragen. Wir können aber durchaus ein paar sehr wertvolle Tipps geben, die uns schon einmal weitergeholfen haben. Behalten Sie also die Grenzen Ihres Horizontes im Auge, wenn Sie einem anderen den Weg weisen. Helfen Sie da, wo Sie sich sicher sind.

5. Weisen Sie andere auch auf weitere Quellen der Unterstützung hin

In jedem Land der westlichen Hemisphäre gibt es endlose Listen von öffentlichen, kirchlichen oder privaten Anlaufstationen, wo man Hilfe in den unterschiedlichsten Formen findet. Die Leute wissen nur nichts davon, weil sie die Dienste dieser Organisationen noch nie in Anspruch nehmen mussten. Die erste Art von Beistand, die ein Mensch auf seinem Weg durch die Scheidung braucht, sind die Dienste eines Anwalts. Andere Anlaufpunkte wären zum Beispiel Sozialarbeiter, Berufsberater, Ärzte oder Therapeuten.

Diejenigen, die ihre Scheidung bereits hinter sich haben, können natürlich denen, die noch am Anfang dieser Strecke stehen, in dieser

Hinsicht wertvolle Hinweise geben. Es wird heutzutage eine Vielzahl von Workshops und Seminaren zur Bewältigung einer Scheidungskrise angeboten – sowohl auf seelsorgerlicher Ebene von Kirchen und Gemeinden, als auch auf psychologischer Ebene von staatlicher oder privater Seite. Es ist ein angenehmer Nebeneffekt dieser Art von Workshoparbeit, dass man Leute trifft, die denselben Hintergrund haben wie man selbst. Neue Freundschaften werden geschlossen und das Wachstum der Beteiligten erhält eine Fülle guter Impulse.

Andere kaum beachtete Anlaufstellen sind die öffentlichen Bibliotheken. Es gibt zahlreiche gute Bücher, die einem Geschiedenen weiterhelfen können.

Jeder Mensch, der in Scheidung lebt, befindet sich im Übergang aus dem einen Leben in ein anderes. Er muss einen Riesenschritt machen und ist dabei auf sehr viel Hilfe und Geduld seiner Mitmenschen angewiesen. Wenn Sie am eigenen Leib erfahren haben, was Scheidung bedeutet, dann sind Sie das geeignete Gegenüber für ihn, das ihm sowohl Ratschläge aus diesem Buch als auch Tipps aus eigener Erfahrung weitergeben kann.

Ein Vorschlag:
Machen Sie Kopien speziell von diesem Kapitel und senden Sie sie an die Menschen, die durchblicken lassen, dass sie einfach nicht nachvollziehen können, was Sie im Moment bewegt.

15. Blüten aus der Asche meines Lebens – eine Zusammenfassung

„Sie können Ihre Scheidung entweder erleiden – oder Sie können an ihr wachsen!"

Das ist der Grundgedanke, den ich Ihnen auf den zurückliegenden Seiten erläutert habe.

Natürlich können Sie ein zerzauster, ramponierter, verbitterter und typischer Vertreter der allgemeinen Scheidungsstatistik werden, wie so viele Tausend Geschiedene heutzutage.

Sie können Ihre Scheidung aber auch in eine Quelle inneren Wachstums umfunktionieren.

An keiner Stelle dieses Buches habe ich behauptet, dass eine Scheidung ein Spaziergang wäre und auf die leichte Schulter genommen werden darf. Sie ist eine beinharte, eiskalte und herzzerreißende Erfahrung, die ein menschliches Wesen durchaus zermalmen kann. Und sie ist wahrscheinlich eines der sozialen Probleme, dessen ganze Tragweite in unserer Gesellschaft noch immer am wenigsten erkannt, ja sogar bewusst ignoriert wird. Leider finden die, die sich mit den Folgen dieser Katastrophe herumschlagen, im Allgemeinen nur wenig Verständnis oder Hilfe.

Ich habe versucht, Ihnen, lieber Leser, einige praktische Einsichten zu vermitteln und Richtlinien an die Hand zu geben, die Ihnen helfen sollen, Ihre Scheidung in eine Wachstumserfahrung umzuwandeln. Dabei habe ich Ihnen keine billigen Lösungsvorschläge angeboten, keine Wunderrezepte und keine philosophischen Gedankenspielereien. Ich denke, es ist klar geworden, dass eine Scheidung tiefe Wunden schlägt. Es wird Tage geben, an denen Sie so tief am Boden zerstört sind, dass Sie kaum über den Tellerrand blicken können. Und dann wird es Tage geben, an denen Sie sich des nahen Sieges über alle Ihre Probleme absolut sicher sind.

Ich möchte Sie herzlich ermutigen, die Prinzipien und Vorschläge dieses Buches in Ihrem Leben umzusetzen. Diese Arbeit können nur Sie allein leisten, das kann Ihnen dieses Buch leider nicht abnehmen.

Zu guter Letzt will ich Sie entlassen mit jenen Worten der Hoffnung, die der Apostel Paulus frühen Christen schrieb, die ebenfalls in großen Schwierigkeiten steckten: „Ich bin von allen Seiten bedrängt, aber ich werde nicht erdrückt. Ich weiß oft nicht mehr weiter, aber ich verzweifle nicht. Ich werde verfolgt, aber Gott lässt mich nicht im Stich. Ich werde niedergeworfen, aber ich komme wieder hoch" (2. Korinther 4,8-9). Dem bleibt nur noch eine weitere Verheißung hinzuzufügen, die David in den Psalmen weitergibt: „Der Herr ist nahe denen, die zerbrochenen Herzens sind, und hilft denen, die ein zerschlagenes Gemüt haben" (Psalm 34,19).

Praxis-Teil

Wie man diesen Praxisteil am besten nutzt

Wie der Titel meines Buches schon sagt: „Blüten aus der Asche meines Lebens – An einer Scheidung nicht zerbrechen", möchte ich Ihnen helfen, Ihre eigene Scheidung gut durchzustehen, ja sogar an ihr zu wachsen. Ich will Sie ermutigen, jeden neuen Tag Ihres Lebens als ein einmaliges Geschenk zu betrachten, das viele spannende Lektionen birgt, die alle entdeckt sein wollen, das Heilung bringt und Licht für jeden weiteren Schritt. Wenn Sie diese praktischen Übungen durcharbeiten, werden Sie sich vielleicht erst richtig selbst kennenlernen – und lieben. Nutzen Sie diese Chance und lassen Sie sich von Gott dabei helfen, an Ihrer Situation zu reifen. Darüber hinaus bekommen Sie mehr als eine Ahnung von seiner sanften und heilenden Liebe. Schließlich werden Sie sich Ziele setzen und diese dann auch erreichen.

Bevor wir beginnen, sollten Sie sich noch einmal bewusst machen, dass Sie sich die Zeit nehmen dürfen, die Sie brauchen. Sie müssen sich ja nicht gleich verhätscheln, doch Geduld haben dürfen Sie allemal. Ob Gänseblümchen oder Eiche, ob Kind oder Erwachsener – alles wächst in kaum wahrnehmbaren Schüben. Jeden Tag geht es ein Stück vorwärts, auch wenn man es nicht sehen oder fühlen kann. Es ist kaum zu erwarten, dass Sie jeden neuen Morgen mit den überschwänglichen Worten des Psalmisten begrüßen werden: „Dies ist der Tag, den der Herr macht, lasst uns freuen und fröhlich an ihm sein" (Psalm 118,24). Doch Sie können jeden Tag abschließen mit einem Dank an Ihren Vater im Himmel, dass er sich um all die Kleinigkeiten Ihres Lebens kümmert, dass er an Ihrer Seite ist, wenn Sie sich mit den Lasten des Alltags herumschlagen und dass er versprochen hat, auch morgen wieder bei Ihnen zu sein.

Wenn Sie das Buch allein lesen

Wenn Sie sich an die Kapitel dieses Praxisteils machen, nehmen Sie einen Stift zur Hand. Diese Seiten sollen aktiv durchgearbeitet werden, nicht nur durchgelesen. Ihre Antworten müssen nicht besonders lang ausfallen, auch sollten Sie sich nicht mit einem perfekten Satzbau oder einer korrekten Schreibweise aufhalten. Das ist keine Schulaufgabe. Es ist eine Gelegenheit für Sie, über die wichtigen Dinge in Ihrem Leben nachzudenken, eine Gelegenheit, versteckte Emotionen zu entdecken und beim Namen zu nennen, und eine Gelegenheit, sich selbst ein ganzes Stück weit besser kennenzulernen. Je mehr Sie über Ihre Antworten nachdenken, desto mehr wird Ihr „inwendiger Mensch" gewinnen.

Wenn Sie das Buch im Rahmen einer Gruppe lesen

Wenn Sie der Leiter einer Kleingruppe sind, dann nutzen Sie doch dieses Buch als Grundlage und Themenplan für einen etwa 12-wöchigen Seelsorgekurs zum Thema Scheidung. Für die Vorbereitung Ihrer wöchentlichen Treffen möchte ich Ihnen hier ein paar Vorschläge machen. Gehen Sie in Ihren Gesprächsrunden vorrangig auf die *Saat-* und *Ernte*-Abschnitte eines jeden Kapitels ein.

Die *Saat* umfasst den Teil des Bibelstudiums. Gottes Wort hat allein für sich schon die Kraft zu heilen, zu ermutigen, zu korrigieren, herauszufordern, zu instruieren und ganz einfach wohlzutun. Lassen Sie diese Kraft in Ihrer Gruppe wirken, indem Sie sich zunächst ausschließlich den Bibelversen zuwenden, die die jeweiligen Kapitel einleiten.

Der *Ernte*-Abschnitt fördert den familiären Geist in Ihrer Gruppe. Die Leute werden aufeinander zuwachsen, wenn sie sich gegenseitig beim Verfolgen ihrer unterschiedlichen Ziele unterstützen. Man tauscht sich aus über die Hindernisse auf dem gemeinsamen Weg und feiert die Ziele, die man erreicht hat, die Anstrengungen schweißen zusammen und Freundschaften entstehen.

Die *Harken-*, *Gießen-* und *Unkraut-zupfen*-Abschnitte sollten die Gruppenmitglieder für sich allein bearbeiten, zumindest am Anfang der Workshopreihe. Menschen, die in einem Scheidungsprozess stecken, sind emotional sehr dünnhäutig. Gehen Sie also behutsam mit diesen Themen um und bedrängen Sie sie auf keinen Fall, Gedanken und Gefühle preiszugeben, wenn sie das noch nicht können. Wenn sie erst einmal vertrauter geworden sind, können Sie sich auch an die Fragen der *Harken-*, *Gießen-* und *Unkrautzupfen*-Kapitel machen.

Lassen Sie sich in Ihrem Vorgehen von Ihrem Fingerspitzengefühl leiten. Lernen Sie Ihre Gruppe kennen, sowohl die einzelnen Individuen als auch den Charakter der Gemeinschaft als Ganzes. Nehmen Sie die Stimmungen, Verletzungen und Fragen ernst, die die Teilnehmer beschäftigen. Entwickeln Sie ein Gefühl dafür, wann und wie weit Sie voranschreiten können. Seien Sie offen für Einzelgespräche und halten Sie die Adressen professioneller Berater und Psychotherapeuten für die bereit, die danach fragen.

Und schließlich: Beten Sie für die Teilnehmer. Diese Übungen, das ganze Buch und Ihre Gruppe sind Werkzeuge, die Gott für sein Werk der Heilung benutzen kann. Das wichtigste Instrument in Ihrer Hand aber ist das Gebet, das besser als jedes Buch oder alle Gruppentreffen die Kraft Gottes in das Leben der Menschen bringen wird.

1. Passiert das wirklich mir?

Saat

„Der Herr ist nahe denen, die zerbrochenen Herzens sind, und hilft denen, die ein zerschlagenes Gemüt haben" (Psalm 34,19)

➤ Ist Gott Ihnen im Moment eher nahe oder eher fern? Was fühlen Sie?

➤ Wenn Sie sich isoliert, zerbrochen und entmutigt fühlen, dann stellen Sie sich vor, wie Gott Ihnen am besten aus Ihrem Zustand heraushelfen könnte:

Manchmal muss er uns vor uns selbst beschützen und vor den Wunden, die wir uns selbst schlagen würden. Denn wie leicht gehen wir auf uns selbst los, wenn wir niedergeschlagen sind, klagen uns an und sperren unseren Geist in den Käfig des Selbstmitleids.

Ein andermal muss er uns vor denen in Sicherheit bringen, die vorgeben, helfen zu wollen, unsere Heilung in Wahrheit aber nur behindern. Er selbst bringt uns zurück an den Punkt, wo wir unser ganzes Vertrauen wieder auf ihn allein setzen.

Und schließlich bewahrt er uns vor Situationen, die uns nur noch tiefer verletzen würden – was wir selbst oft gar nicht mitbekommen. Er versetzt uns an einen sicheren Zufluchtsort.

Gott ist keine Handbreit entfernt von Ihnen. Können Sie heute seine Nähe spüren?

> Welches Gefühl beschreibt am besten Ihre gegenwärtige Situation?
 – Selbstvorwürfe
 – Selbstmitleid
 – Gottvertrauen

> Auch wenn Sie Gottes Nähe jetzt nicht fühlen können, versuchen Sie jetzt, ganz bewusst im Glauben zu fassen, dass er Ihnen nahe ist. Nehmen Sie ihn bei seinem Wort, dass er alle Tage bei Ihnen ist. Sollte Gott Sie verlassen haben? Suchen Sie Antworten auf diese Frage in Psalm 34,19; Psalm 46,2; Römer 8,31 und 5. Mose 31,8.

Harken, gießen, Unkraut zupfen

Wenden wir uns jetzt den Gefühlen zu, die Sie im Moment beschäftigen. Setzen Sie in der folgenden Liste einen Haken hinter die Emotionen, die Sie empfinden. Wenn Sie sich auf diese Weise zu Ihrem Seelenzustand stellen, machen Sie einen ganz entscheidenden Schritt in Richtung Ehrlichkeit. Ehrlichkeit vor allem sich selbst gegenüber – ein Punkt übrigens, auf den ich bereits in meinen einleitenden Worten großen Wert gelegt habe.

– geschockt	– bitter
– rachedurstig	– wütend
– hasserfüllt	– verraten
– benommen	– leer
– gefühllos	– feindselig
– lächerlich	– oder …

Wahrscheinlich haben Sie mehr als einen Zustand markiert. Falls das auf ein emotionales Chaos bei Ihnen schließen ließe, wäre das ganz normal.
Lesen Sie den folgenden Satz laut: „Gefühle sind normal. Meine Gefühle sind ganz natürlich."
Ich werde Sie im Laufe dieses Praxisteils noch öfters bitten, positive Feststellungen dieser Art laut auszusprechen. Unter dem Stichwort

„Freiheit" bekommt dieses laute Vorlesen einen Sinn: Sie sind frei, gerade in Ihrer Dunkelheit hinein Wahrheiten zu proklamieren. Sie setzen Gedanken dagegen, die Sie stark machen, heilen und befreien.

Im Allgemeinen durchlaufen Menschen, die geschieden werden, zunächst das Schockstadium. Schock äußert sich auf unterschiedliche Art und Weise.

➤ Wie haben Sie diese Erfahrung erlebt, welche der folgenden Verhaltensweisen kommt Ihnen bekannt vor? Kreuzen Sie an.
– Ich verkrieche mich in mich selbst.
– Ich leugne ganz einfach alles, was da passiert.
– Ich weigere mich, über die Scheidung zu reden.
– Ich ziehe mich von meinen Freunden und anderen sozialen Kontakten zurück.
– Ich suche mir eine neue Wohnung.
– Ich wechsle meine Arbeitsstelle.
– Ich kämpfe mit dem Gefühl des Scheiterns.
– Ich habe enorme Schuldgefühle.
– Ich lasse meine Wut mitunter an Unschuldigen aus.
– Ich schildere jedem, der mir über den Weg läuft, in aller Ausführlichkeit die Details meiner Situation.
– Ich stürze mich Hals über Kopf ins gesellschaftliche Leben.
– Ich verschanze mich hinter hektischer Betriebsamkeit.
– Ich klammere mich an einer Hoffnung fest, die eher auf meinem Wunschdenken basiert als auf den tatsächlichen Verhältnissen.

Wenn Sie sich nicht sicher sind in Bezug auf den Realitätsgehalt Ihrer Hoffnungen, dann lesen Sie die Fragen durch, die ich in *Kapitel 1, Im Schock erstarren – Und wie steht es um die Hoffnung?* gestellt habe. Egal, welche Verhaltensweisen Sie angekreuzt haben, irgendwann haben sie sich wahrscheinlich alle erledigt. Der Schock klingt ab und Sie richten sich ein in Ihrer Situation. Im Schockzustand begreift man die Tatsache der Scheidung und in der Gewöhnungsphase beginnt man, damit zu leben.

1. POSITIVE TRAUER
> Welche der folgenden Aussagen können Sie laut nachsprechen?
  – Ich bin froh, die guten Zeiten gehabt zu haben und wünschte, sie wären nicht vorbei.
  – Ich bin traurig, dass diese guten Zeiten vorüber sind, aber ich weiß, dass das Leben noch viel Glück für mich bereithält.
  – Ich habe ein Recht darauf, Verlust, Schmerz und Bedauern zu fühlen.
  – Ich bin verletzt und in meinem Leben wird ein leerer Raum bleiben.
  – Ich darf weinen, denn es sind heilende Tränen.

2. NEGATIVE TRAUER
> Welche der folgenden Aussagen kommen Ihnen bekannt vor?
  – Ich habe das Gefühl, in einem Ozean des Selbstmitleids zu ertrinken.
  – Das Ende meiner Ehe war allein meine Schuld.
  – Das Ende meiner Ehe geht voll und ganz auf das Konto meines ehemaligen Partners.
  – Das Leben hat mir wirklich übel mitgespielt und jeder soll das wissen.

3. DAS PUZZLE
> Wenn Sie Ihre Situation als eine Art Puzzle betrachten – welche Teile machen Ihnen die meisten Probleme?
  – das totale Durcheinander
  – das extreme Auf und Ab meiner Gefühle
  – Einsamkeit
  – das Leben eines Alleinerziehenden
  – die leidige Stellensuche
  – die Entscheidung, wo ich wohnen will
  – die Schwierigkeiten, die ich habe, wenn ich versuche, meiner Familie (Kinder eingeschlossen) und meinen Freunden die Situation zu erklären.
  Andere: ...

Nach diesem Harken, Gießen, Unkraut zupfen dürfte der Ist-Zustand Ihrer Situation einigermaßen klar umrissen sein. Da aber die Saat nur reifen kann, wenn in ihrem Umfeld auch wachstumsfördernde Bedingungen herrschen, ist es ganz wichtig, dass Sie selbst die nötigen Voraussetzungen dafür schaffen.
Auch hier gilt wieder: Nur absolute Ehrlichkeit sich selbst gegenüber bereitet den Boden vor für gutes Wachstum. Die entscheidenden Schritte aber machen Sie nur, wenn Sie einige wichtige Entscheidungen treffen und aktiv werden.

Ernte

➤ Heute kann ich einigermaßen überzeugt den folgenden Satz positiver Trauer nachsprechen:

➤ In der kommenden Woche werde ich den folgenden aufbauenden Gedanken bewegen und dadurch verhindern, dass meine Trauer das zarte Pflänzchen Zuversicht wieder erstickt:

➤ In der kommenden Woche beschränke ich meine tägliche Zeit für Selbstmitleid auf:
  – 30 Sekunden
  – 15 Sekunden
  – 10 Sekunden

➤ Welche der folgenden Sätze sprechen Ihnen im Moment aus dem Herzen? Entscheiden Sie sich ganz ehrlich für jeweils eine der beiden Aussagen, Grauzonen sind nicht vorgesehen ...

Ich hasse mich ganz einfach.
Oder:
Ich fange an, mich etwas besser leiden zu können.

Ich weigere mich, zu glauben, dass ich das alles überleben werde.
Oder:
Ich glaube, dass ich nicht nur einfach irgendwie durchkomme, sondern ich kann mir vorstellen, dass ich stärker und gesünder aus dieser Sache hervorgehen werde als je zuvor.

Ich glaube, dass eine Scheidung etwas Negatives und absolut Zerstörerisches ist.
Oder:
So traurig meine Scheidung sein mag – sie bietet mir auch die Chance, zu wachsen.

Ich erleide meine Scheidung.
Oder:
Ich wachse an meiner Scheidung.

➤ Welche Festlegungen treffen Sie in Ihrem Leben? Wählen Sie aus der oben stehenden Liste oder aus den neun Vorschlägen im Kapitel „Wachstum – Stufe 3" (Seite 17) ein bis zwei Sätze aus, die Sie daran erinnern sollen, was Sie anstreben.

1.

2.

➤ Setzen Sie sich weiterhin ein paar ganz praktische Ziele. Wie wär's mit:
  – Diese Woche werde ich mich mit einem Menschen treffen, der auch zu kämpfen hat und dennoch wächst.
  Ich treffe mich mit:
  – Ich reserviere mir Zeit zum Nachdenken, Lesen und Meditieren.
  Ich gönne mir diese Oase der Ruhe und Regeneration am:
  – Ab jetzt werde ich alle meine Schritte in diese ungewisse Zukunft Gott anvertrauen – und zwar täglich.
  Ich werde
  – beten,
  – in der Bibel lesen,
  – hören und überlegen.
  – Diese Woche werde ich mich mit dem Thema Vergebung auseinandersetzen.
  Dabei soll mich der Gedanke leiten, dass wir Menschen unseren Sünden unterschiedliche Bedeutung zumessen, Gott aber nicht. Er verspricht uns, dass er uns ausnahmslos alle unsere Sünden vergibt, wenn wir sie ihm bekennen (1. Johannes 1,9).
  – Ich setze mir folgendes Ziel:

➤ Und noch einmal: Entscheiden Sie sich, Ihre Scheidung zu erleiden oder an ihr zu wachsen?

FREIHEIT heißt ...
Ich kann mich aus freien Stücken entscheiden.

2. Loslassen

Saat

„Seid fröhlich als Menschen der Hoffnung, bleibt standhaft in aller Bedrängnis, lasst nicht nach im Gebet"
(Römer 12,12).

➤ Wie wäre das für Sie, wenn Gott Ihnen offenbaren würde, was er in den nächsten Jahren mit Ihnen vorhat?

➤ Denken Sie an die unvermeidlichen Kämpfe, die noch vor Ihnen liegen. Wenn Sie im Detail wüssten, was auf Sie zukommt, wäre das eher positiv oder eher negativ für Sie?

Gott will ganz einfach, dass wir die Wege akzeptieren, die er uns führt. Er ist der Architekt unseres Lebens und weiß, was er tut. Führt er uns von Zeit zu Zeit über holprige Wegstrecken, dann erwartet er die nötige Geduld von uns und vor allem, dass wir uns im Gebet an ihm festklammern. Geduld und Gebet sind die Stabilisatoren, die unseren Karren auf dem Weg halten, den wir durch unser Leben als Christen nehmen.

Wir können heute nicht wissen, wie sich der Plan Gottes für unser Leben entwickeln wird. Wir wissen aber, dass wir buchstäblich „frohgemut" sein dürfen, weil Gott sehr genau weiß, was er tut. Darum können wir auch geduldig warten und kontinuierlich beten. Gott wird den Prozess Stück für Stück offenlegen.

Der Architekt Ihres neuen Lebenshauses ist längst am Werk, vertrauen Sie ihm!

➤ Welche Beweise für Gottes Weisheit fallen Ihnen ins Auge, wenn Sie sich heute in der Welt umschauen?

➤ Beeinflussen diese Zeugnisse seiner Schöpferkraft auch Ihr Vertrauen in ihn?

➤ Die Empfehlungen des Paulus an die Gemeinde in Rom könnten auch Ihnen gelten: *„… bleib standhaft in aller Bedrängnis und lass nicht nach im Gebet!"* Haben Sie es denn schon einmal mit Beten versucht? Sie treffen die Entscheidung (wieder dieses Wort!)! Abgesehen davon, dass es Ihnen Kraft gibt, Geduld zu bewahren, werden Sie mit seiner Hilfe den liebevollen Lenker Ihres Schicksals viel besser kennenlernen als bisher. Was könnten Dinge sein, die Sie im Gebet mit Gott besprechen wollen?

Wenn man vorankommt, entfernt man sich auch gleichzeitig von einem bestimmten Punkt. Nun hat aber dieser Ausgangspunkt die seltsame Eigenschaft, dass er uns gut bekannt ist und dadurch Sicherheit suggeriert. Und auch wenn dieses vertraute Umfeld ungesund und mit Schmerzen verbunden ist, sehnen wir uns doch zurück zu ihm, weil es dort keine Überraschungen oder Brüche im alltäglichen Gang der Dinge gab.

➤ Zögern Sie noch, die alten Dinge loszulassen und sie gegen etwas Neues einzutauschen?

➤ Haben Sie mit der Angst vor einer unbekannten Zukunft zu kämpfen?

Bitte nehmen Sie den folgenden Abschnitt als eine Hilfe, das Unbekannte, das vor Ihnen liegt, in einem etwas weniger bedrohlichen Licht zu sehen. Nehmen Sie ihn als Hilfe dazu, sich auf die geistigen, zwischenmenschlichen, körperlichen und geistlichen Veränderungen einzustimmen, die Sie erleben werden, wenn Sie die Vergangenheit mit all ihren Schmerzen hinter sich lassen.

Harken, gießen, Unkraut zupfen

Wenn Sie nun an der Schwelle vom verheirateten Menschen zum Wieder-Single in Ihrem Denken und Fühlen einen natürlichen Widerwillen oder ein verständliches Zögern festgestellt haben, dann sehen Sie sich die vier Wachstumsregionen aus Kapitel 2 (Seite 21ff) noch einmal genau an:

Geistig
➤ Welche Haltung nehmen Ihrer Meinung nach die folgenden Personen Ihnen gegenüber ein? (Es ist selbstverständlich klar, dass Sie in Ihrer Antwort nicht objektiv sein können.) Und wie stehen Sie zu ihnen? Seien Sie ehrlich. Lassen Sie das raus, was Sie in diesem Zusammenhang beschäftigt – oder umtreibt – und schmeißen Sie damit belastendes Gepäck über Bord.

	Ihr Verhalten mir gegenüber:	Meine Haltung ihnen gegenüber:
Mein ehemaliger Partner		
Meine Kinder		
Meine Verwandten		
Meine Freunde		

Oft ist das, was ein Mensch als erste Reaktion zeigt, nicht von langer Dauer. Das Verhalten des anderen ändert sich, Ihr Verhalten ändert sich. Wiederholen Sie diese Einschätzung von Zeit zu Zeit und beobachten Sie, was passiert. Einige Freunde werden immer noch treu zu Ihnen stehen, so mancher Verwandte wird sich kaum noch ärgern, wenn er sich an die Fakten gewöhnt hat und einige Ihrer eigenen Emotionen werden deutlich abgekühlt sein.

Sozial
> Welcher Bereich wird durch Ihren Wechsel vom Verheirateten zum Single am stärksten in Mitleidenschaft gezogen?
– Beruf/Karriere
– Schule/Bildung
– Gemeinde/Glaubensleben
– Soziales Engagement/Vereinsleben
– Lebensstil
– Freundeskreis

Überlegen Sie sorgfältig! Die Angst verliert einen großen Teil ihrer Macht, wenn wir erst einmal erkannt haben, wovor wir uns überhaupt im Einzelnen fürchten.

> **FREIHEIT heißt ...**
> Ich muss mich auf ein paar grundlegende Veränderungen in meinem sozialen Umfeld einstellen und auf ein paar dumme Bemerkungen, doch das alles kann meinen Wert als Mensch nicht schmälern.

Physisch
> An welchen Punkten in Ihrem Alltagsleben verspüren Sie die Abwesenheit Ihres früheren Ehepartners am deutlichsten?

> Was würde Ihnen helfen, den Schmerz dieser Augenblicke zu mildern? Seien Sie erfinderisch! Vielleicht bringt es Sie ja weiter, wenn Sie Ihren Tagesablauf da umstellen, wo es möglich ist. Können Sie in diesen Momenten einen Freund anrufen? Können Sie Gott „anrufen"?

> **FREIHEIT heißt ...**
> Mein gegenwärtiges Alleinsein ist kein „Lebenslänglich", das man mir aufgebrummt hat, weil ich geschieden bin.

GEISTLICH
➤ Treibt Ihre Scheidung Sie weg von Gott oder hin zu ihm?

Wenn Sie „weg von Gott" geantwortet haben, bedenken Sie Folgendes:
– Gott hat Sie als ein Lebewesen mit Gefühlen geschaffen. Sie dürfen durchaus wütend sein – sogar auf Gott.
– Verwechseln Sie nicht Ihre Gemeinde mit Gott. Wo Menschen uns schon längst abgeschrieben haben, nimmt er uns mit offenen Armen auf.
– Gehen Sie nicht auf Distanz zu Gott, weil Sie selbst Ihre Scheidung für eine unvergebbare Sünde halten. Gott kennt keine Rangliste, die von den lässlichen bis zu den Todsünden reicht.

Wenn Sie „hin zu ihm" geantwortet haben, dann haben Sie den fürsorglichsten Begleiter an Ihrer Seite, den man sich vorstellen kann. Er wird den Wachstumssamen in Ihr Herz aussäen und sich um die Saat kümmern, bis die Erntezeit kommt.

> **FREIHEIT heißt ...**
> Auch wenn die Menschen um mich herum dazu nicht in der Lage sind – Gott vergibt mir. Und er ist es auch, der meinen Neuanfang segnend begleitet.

Ernte

Sie haben nun gehört, was Sie um Ihrer Freiheit willen in den vier zentralen Bereichen Ihres Lebens loslassen müssen:
- die Einbildung, für die Gedanken und Gefühle anderer Menschen Verantwortung zu tragen
- das Gefühl, wertlos und nicht in der Lage zu sein, eine normale Beziehung zu führen
- die Befürchtung, bis ans Ende Ihrer Tage einsam sein zu müssen
- die Angst, dass Gott Ihnen Ihre Scheidung nicht vergeben kann oder will

Nun schauen wir nach vorn und ersetzen diese lebensbedrohlichen Ansichten durch lebensspendende Ziele.

Zuerst jedoch sollten Sie innehalten und prüfen, ob Sie diesen Schritt auch wirklich mitgehen wollen.

FREIHEIT heißt ...
Ich lasse das Alte los und setze Neues an seine Stelle.

Lesen Sie jetzt diesen Satz laut vor:
„*Ich bin geschieden, ich bin Single und ich bin schwer in Ordnung.*"
Wie leicht ist Ihnen das gefallen? Kreuzen Sie auf dieser Linie zwischen „Kein Problem" bis hin zu „Fast unmöglich" an, an welcher Stelle Sie diesen Satz ungefähr für sich einordnen wollen.

Kein Problem   Fast unmöglich

- Proklamieren Sie das jede Woche einmal und halten Sie hier Ihre Fortschritte fest.

Geistig

➤ Meine Einstellung den anderen gegenüber hat in den letzten Tagen folgende Fortschritte gemacht:
– Zum Beispiel: Als .... letzte Woche kalt und lieblos zu mir war, konnte ich ganz bewusst darauf verzichten, es ihr/ihm mit gleicher Münze zurückzuzahlen.
– oder:

FREIHEIT heißt ...

in dieser Woche ganz besonders für mich: (Notieren Sie hier den Merksatz aus der FREIHEIT-*heißt*-Kategorie, der Ihnen im Moment ganz besonders viel sagt.)

Sozial

➤ Eine der positivsten Begegnungen dieser Woche war für mich:

➤ Diese Woche trainiere ich das Initiative-Ergreifen, indem ich
– eine Unterhaltung mit meinem Chef anfange,
– mir Gedanken über alternative Karrierewege mache,
– mit meinem Lehrer/Professor im Anschluss an die Unterrichtsstunde/Vorlesung über das Gehörte spreche,

- jemanden aus meiner Gemeinde anrufe, den ich schon immer mal näher kennenlernen wollte,
- am wöchentlichen Treffen eines Vereins teilnehme,
- jemandem einen Freundschaftsdienst erweise, anstatt darauf zu warten, dass der andere auf mich zugeht,
- mir selbst etwas Gutes tue, indem ich mir etwas Leckeres koche oder mich selbst zum Essen einlade,
- oder:

Physisch
➤ Diese Woche, am .... um .... Uhr, habe ich bemerkt, dass mich die Abwesenheit meines Expartners gar nicht mehr so sehr schmerzt wie noch vor ein paar Tagen.

➤ Anstatt meiner Sehnsucht nach dem anderen nachzuhängen, werde ich diese Woche:

Geistlich
➤ In dieser Woche sehe ich ein Zeichen geistlicher Heilung bei mir darin, dass:

➤ Diese Woche werde ich versuchen, meine Beziehung zu Gott zu verbessern, indem ich:

Weitere Ziele
➤ Lesen Sie sich auf Seite 26 den Abschnitt *Die neue Identität in sechs Schritten annehmen* durch und formulieren Sie nach diesem Vorbild eigene Ziele:

Nehmen Sie sich Schritt 2 vor.
➤ Diese Woche werde ich mich dem Neuen öffnen, indem ich:

Nehmen Sie sich Schritt 3 vor.
➤ Mindestens einmal in dieser Woche werde ich ausbrechen aus meiner verkrusteten
– Mutter- oder Vaterrolle
– Arbeitnehmer-/Arbeitgeberrolle
– ....

➤ Und das schaffe ich, indem ich:

Nehmen Sie sich Schritt 6 vor.
➤ Diese Woche leiste ich mir die Freiheit, mit dem Scheitern zu spielen. Ich gehe auf volles Risiko und:

Auch wenn ich es nicht schaffe, so habe ich doch etwas aus dieser Erfahrung gelernt.

FREIHEIT heißt ...
Ich kann die Vergangenheit loslassen, mich dem Heute und all seinen schönen Erfahrungen zuwenden und so in die Zukunft hineinwachsen. Dieser Prozess braucht seine Zeit und die werde ich ihm geben, weil ich mir diese Investition wert bin.

3. Den früheren Partner ins Visier nehmen

Saat

„Ihr sollt begreifen, wie überwältigend groß die Kraft ist, mit der er an uns, den Glaubenden wirkt"
(Epheser 1,19).

➤ Glauben Sie an Gott?

➤ Zapfen Sie die Kraftquelle an, die er uns als seinem Volk bietet?

Das Wissen, dass Gott uns in jeder Lage unseres Lebens mit seiner Energie ausrüstet, macht uns stark, die Konflikte und Probleme unseres Alltags durchzustehen. Wir werden aber rein gar nichts davon haben, wenn wir sie nie einsetzen, wenn wir wie ein Millionär leben, der im Armenhaus dahinvegetiert.

Öffnen Sie sich für Gottes Kraft – Kraft, zu leben, Kraft, mit Frustrationen umzugehen, Kraft, die richtigen Entscheidungen zu treffen und zu vertreten, Kraft, die notwendigen Veränderungen im Leben anzugehen. Öffnen Sie sich Tag für Tag – durch Gebet, Lobpreis, Vertrauen, Bibelstudium, Meditation ...

➤ In welcher Situation möchten Sie Gottes Kraft ganz besonders erleben?

➤ Wählen Sie eine Hürde, vor der Sie zurzeit stehen, und bitten Sie Gott um seine Hilfe, um seine Führung, seinen Frieden und seine Kraft.

Es ist gut möglich, dass eine solche Hürde, vor der Sie zurzeit stehen, der Umgang mit Ihrem ehemaligen Ehepartner ist. Diesen „Berg" wollen wir in dieser Lektion genauer betrachten.

▸ Welche Assoziationen löst der Gedanke an diesen Menschen zurzeit bei Ihnen aus?
- Feindseligkeit
- Mitleid
- Demütigung
- Verrat
- oder ...
- Bitterkeit
- Rachelust
- Verletzungen
- Ärger

Harken, gießen, Unkraut zupfen

Kann es sein, dass Ihre Gefühle Ihrem Partner gegenüber von den Problemen bestimmt sind, die auch Ihre Scheidung verursacht haben?

Sehen Sie sich die folgende Liste an und lesen Sie die acht Ursachen für eine Scheidung auf den Seiten 29ff durch. Geben Sie dann zu jedem Scheidungstyp stichpunktartig eine eigene Definition.

1. Die „Opfer"-Scheidung

2. Die „Problemkind"-Scheidung

3. Die „Kleiner Junge/kleines Mädchen"-Scheidung

4. Die „Man-hat-mich-übers-Ohr-gehauen"-Scheidung

5. Die „Muss"-Scheidung

6. Die „Mid-life-Crisis"- oder „Menopause"-Scheidung

7. Die „Keine-Schuld"-Scheidung

8. Die „Konkurrenzkampf"-Scheidung

➤ Welche Situation kommt der Ihren am nächsten?

Wir werden uns hier nicht lange mit den Gründen für Ihre Scheidung beschäftigen. Zwar ist es sinnvoll, einen kurzen Blick auf die Wurzeln Ihrer Probleme zu werfen, weil es Ihnen hilft, Ihre Situation zu akzeptieren. Ein ausgedehntes Herumwühlen in Vergangenem jedoch würde Ihr Wachstum behindern.

Sinnvoller ist es darum, dass wir jetzt die fünf Wege unter die Lupe nehmen, die Sie im Ablösungsprozess weiterbringen werden.

1. JEDEN TAG EINE ETAPPE!
➤ Diesen Satz hören Sie nicht zum ersten Mal? Halten Sie das schrittweise Vorgehen für klug oder für unrealistisch?

➤ Sorgen lenken unsere Aufmerksamkeit weg von unserem Tagesgeschäft und von Gott und lassen uns mit Furcht und Zittern in unsere Zukunft schauen. Lesen Sie Philipper 4,6-7 und tragen Sie diese Verse hier unter dem Stichwort **FREIHEIT heißt ...** ein:

2. Versuchen Sie, einen klaren Schnitt zu machen!
Ist ein klarer Schnitt sinnvoll oder nicht doch etwas zu hart? Lesen Sie auf Seite 37, warum ich einen klaren Schnitt bevorzuge.

➤ Wie eindeutig war Ihr Schnitt?
 – Wir ziehen die Trennung so konsequent wie nur möglich.
 – Es gibt durchaus noch einige Berührungspunkte in unserem Leben.

➤ Wo sind die Berührungspunkte, falls es sie gibt?
 – Wir essen hin und wieder zusammen.
 – Wir wechseln uns ab beim Babysitten.
 – Wir teilen uns nach wie vor die Aufgaben im Garten/beim Kochen/bei der Autopflege/bei ...
 – Wir gehen miteinander aus.
 – Ich nehme jede Gelegenheit wahr, ihn/sie zu sehen, auch wenn diese Treffen nicht immer nur positiv verlaufen.
 – Wir haben hin und wieder sexuellen Kontakt.
 – Die schlechten Erfahrungen verblassen allmählich in meiner Erinnerung und ich hege die Hoffnung, dass aus uns noch mal was werden könnte.
 – oder:

FREIHEIT heißt ...
Ich werde glücklicher sein, wenn ich mich konsequent an den Aufbau eines neuen Lebens mache. Und das wird so lange nicht klappen, solange ich an Vergangenem klebe.

➤ Zu welcher Entscheidung könnte Sie diese Freiheit veranlassen?

3. HÖREN SIE AUF, SICH FÜR DEN/DIE „EX" VERANTWORTLICH ZU FÜHLEN!
➤ Welche dieser Sorgen kommen Ihnen bekannt vor?
– Wird er/sie es allein schaffen?
– Wird er/sie unter Umständen Selbstmord begehen?
– Hat er/sie genug zu essen?
– Was, wenn er/sie Haus oder Auto nicht mehr finanzieren kann?
– Und wenn er/sie nun einen Nervenzusammenbruch bekommt?
– Was, wenn er/sie keine Arbeit findet?
– Was, wenn ihn der Kindesunterhalt finanziell ruiniert?
– oder:

➤ Würden Sie Ihren Expartner gern unter Ihre Fittiche nehmen? Wie würde das Ihre Entwicklung beeinflussen?

➤ Versuchen Sie mehr oder weniger bewusst, ihn/sie dadurch in einem Abhängigkeitsverhältnis zu halten? Wie würde das seine/ihre Entwicklung beeinflussen?

> **FREIHEIT heißt ...**
> Manche Menschen werden so lange nicht selbständig, bis das Leben andere Saiten aufzieht und sie dazu zwingt, ihre eigenen Gaben und Fähigkeiten zu entdecken.

> Zu welcher Entscheidung könnte Sie diese Freiheit veranlassen?

4. Gehen Sie um der Kinder willen keine faulen Kompromisse ein!
> Wenn Sie das Verhalten, die Äußerungen und die innere Einstellung Ihrer Kinder beobachten, was empfinden Sie?

– ich bin zufrieden   – ich bin amüsiert
– ich fühle mich schuldig   – ich empfinde einfach nichts
– ich bin gescheitert   – ich empfinde Druck
– ich bin verwirrt   – ich habe ein gebrochenes Herz
– ich fühle mich missverstanden – ich bin total frustriert
– oder:

> Was wollen Ihre Kinder mit ihren Äußerungen etc. unter Umständen ausdrücken oder bezwecken? Je besser Sie das nachvollziehen können, umso geduldiger können Sie mit Ihrem Nachwuchs werden und umso entspannter Ihre eigene Rolle betrachten, die Sie in der Erziehung spielen.

FREIHEIT heißt ...
Ich sehe ein, dass Kinder die Entscheidungen der Erwachsenen nicht immer nachvollziehen können.
Ich liebe meine Kinder und werde das auch dann tun, wenn ihr Verhalten mich verletzen sollte.
Ich lasse mich von meinen Kindern nicht verrückt machen, weil ich verstehe, dass sie aus eigener Verletztheit, Verwirrung und Unsicherheit heraus so handeln.

5. Verhalten Sie sich nicht kindisch
➤ Welche dieser Verhaltensweisen können Sie seit Ihrer Scheidung an sich am ehesten beobachten?
 – ich habe Wutausbrüche
 – ich will unbedingt quitt werden mit dem anderen
 – ich lüge
 – ich bin eifersüchtig
 – ich gerate über Kleinigkeiten in Streit
 – ich belege den anderen mit Kraftausdrücken
 – ich setze Telefonterror ein
 – ich spioniere dem anderen hinterher
 – ich verbreite unter Freunden negative Informationen über den an deren (ob wahr oder falsch)

➤ Welche Auswirkungen hat dieses kindische Verhalten?

> **FREIHEIT heißt ...**
> Ich werde leichter vorankommen in meinem Wachstum, wenn ich eher einen friedlichen Kontakt zu meinem ehemaligen Partner pflege als einen kriegerischen.

Ernte

➤ Als ich letzte Woche zu meinem Expartner Kontakt hatte, ist mir an unserem Umgang miteinander Folgendes positiv aufgefallen:

➤ Welchen der fünf Wege im Ablösungsprozess möchten Sie diese Woche am liebsten beschreiten?

➤ Suchen Sie sich ein bis zwei konkrete Ziele aus, die Ihnen helfen, diesen Weg auch bis zu seinem Ende zu gehen:

1.

2.

> **FREIHEIT heißt ...**
> Wenn Menschen einander respektvoll begegnen, profitiert jeder davon. Ich werde meinen früheren Partner künftig entsprechend behandeln. Mein Anteil am Kriegsgeschehen ist beendet.

4. Ich übernehme Verantwortung für mich selbst

Saat

„Ach Herr, mein Gott, durch deine gewaltige Kraft und Macht hast du Himmel und Erde geschaffen. Nichts ist dir unmöglich"
(Jeremia 32,17).

➤ Was gibt es noch alles in der Schöpfung, das Ihrer Meinung nach die ungeheure Macht Gottes belegt?

Jeremia hat diese Worte geschrieben, als er im Gefängnis saß. Er fragte nach der Ursache für die Probleme, die Israel ganz massiv auf sich zukommen sah. Die Ordnung um ihn herum war im Begriff, sich aufzulösen und das Land hatte den Invasoren, die es bedrohten, nichts mehr entgegenzusetzen. Und dennoch beharrte er öffentlich auf der Tatsache, dass Gott, dessen Schöpferkraft die ganze Welt geschaffen hatte, immer noch genug Macht hatte, auch diese bedrohliche Lage zu wenden.

Fassen Sie Ihre Probleme doch mal auf zwei unterschiedlichen Listen zusammen. Die eine beinhaltet die Dinge, mit denen Sie selbst fertig werden, die andere die Dinge, deren Lösung Sie Gott anvertrauen. Ich schlage vor, dass Sie noch heute diese Aufstellung zusammentragen und sie dann ganz einfach Ihrem himmlischen Vater ans Herz legen. Seien Sie versichert, Sie werden nichts finden, was Gottes Möglichkeiten übersteigen könnte.

➤ Tragen Sie zuerst die Sorgen zusammen, deren Lösung Sie im Moment überfordert. Dann übergeben Sie sie dem Herrn.

➤ Tragen Sie dann die Probleme zusammen, die Ihnen zu klein und unbedeutend erscheinen, als dass sie Gott interessieren könnten. Übergeben Sie auch diese Liste dem Herrn.

Diese Lektion soll Ihnen klarmachen: Verantwortung für sich selbst zu übernehmen heißt nicht, wie ein einsamer Wolf durchs Leben zu streifen. Es kann nicht bedeuten, dass Sie sich selbstgenügsam unabhängig machen von Gott und den Menschen, die er in Ihr Leben gestellt hat. Verantwortung zu tragen heißt, einfach zu wachsen. Lernen Sie aus Ihren Erfahrungen, lernen Sie, sich selbst einzuschätzen und lernen Sie einen heilsamen Umgang mit den Herausforderungen Ihres Lebens.

Harken, gießen, Unkraut zupfen

➤ Warum schieben alle die Verantwortung für unsere Lebensumstände so gern auf andere?

➤ Wer ist schuld an Ihrer Scheidung?
- der Ehepartner
- der Berufsstress
- der gesellschaftliche Druck
- die Kinder
- die Nachbarn
- die Freunde
- der Büroflirt
- die Gemeinde
- die Tatsache, dass man sich auseinandergelebt hat
- die Eltern/Schwiegereltern
- ich selbst

oder …

Was oder wen Sie auch immer als Sündenbock ausgemacht haben: Tatsache ist, dass die Schuld-Zuschieberei Ihr Wachstum behindert. Sie hält Sie davon ab, das eigene Handeln und Ihre Situation zu begreifen. Was wäre die Alternative? Verantwortung zu übernehmen für sich selbst! Schauen wir uns die fünf Bereiche an, in denen wir wachsen könnten.

1. Ich nehme meinen Anteil am Scheitern meiner Ehe auf meine Kappe

Wie leicht fällt es Ihnen, den folgenden Satz laut nachzusprechen: „Ich habe beigetragen zum Scheitern meiner Ehe."? Kreuzen Sie auf dieser Linie zwischen „leicht" bis hin zu „schwer" an, an welcher Stelle Sie diesen Satz ungefähr für sich einordnen wollen.

---

leicht   schwer

› Warum fällt es uns oft so schwer, eine solche Aussage zu machen? Auch wenn Sie selbst keine Schwierigkeiten damit haben sollten – warum so viele andere?

› Kann es sein, dass Sie Ansprüche an sich selbst stellen, die nicht einmal Gott an Sie hat?

FREIHEIT heißt ...
Auch ich habe versagt in meiner Ehe. Das heißt aber nicht, dass Gott versagt hat, als er mich schuf und dass ich eine Fehlkonstruktion wäre, die in allem, was sie anpackt, scheitern muss. Ich kann und ich will vorankommen!

2. Ich übernehme Verantwortung für meine gegenwärtige Situation

Nur davon zu träumen, dass alles anders wäre, ändert rein gar nichts. Man muss auf eine Veränderung gezielt hinarbeiten. Füllen Sie jetzt die folgende Tabelle aus. Überlegen Sie sorgfältig und vor allem kreativ.

	Ich bin verantwortlich für	Ich komme dieser Verantwortung nach, indem ich
Als Berufstätiger		
Als Mutter / Vater		
Als Hausbesitzer / Mieter		
Als Arbeitssuchender		
Als Gemeindemitglied		
Als ...		

> **FREIHEIT heißt ...**
> „Ich vermag alles durch den, der mich mächtig macht –
> Christus" (Philipper 4,13).

3. Ich übernehme Verantwortung für meine Zukunft

Im Laufe Ihrer Arbeiten an diesem Praxisteil standen Sie mittlerweile mehrfach vor der Herausforderung, sich Ziele zu setzen. Vielleicht sind da bisher nur ein paar wenige oder nur sehr vage zusammengekommen. Das ist absolut in Ordnung. Jedenfalls haben Sie schon mal angefangen damit. Fassen Sie nun diese Ziele immer klarer ins Auge und arbeiten Sie darauf zu. Erinnern Sie sich noch? *„Ziele am besten auf nichts, denn das ist, was du mit Sicherheit treffen wirst."* ...

▶ Notieren Sie sich zwei oder drei Ziele – egal aus welchem Bereich –, die Ihren Ehrgeiz am meisten anstacheln könnten.

> **FREIHEIT heißt ...**
> „Ich sage dir, was du tun sollst, und zeige dir den richtigen Weg.
> Ich lasse dich nicht aus den Augen" (Psalm 32,8).

4. Ich bin verantwortlich für mich selbst – meine Gedanken, meine Gefühle und mein Tun

Meine Gedanken
Es soll hier nicht darum gehen, mit welchen negativen Gedanken Sie zu kämpfen haben. Viel wichtiger ist, herauszufinden, wo diese Gedanken herkommen. Wo, denken Sie, liegt ihre Wurzel?

- Schuld
- Einsamkeit
- Erschöpfung
- Faulheit
- oder:

- Wut
- Die Kommentare anderer
- Übersteigerte Einbildungskraft
- Furcht

Sind Sie gezwungen, den Quellen, die Sie nun identifiziert haben, Glauben zu schenken? Nein! Tun Sie bewusst das Gegenteil. Lassen Sie diese Quälgeister bewusst los und ersetzen Sie sie durch das Wort Gottes.

FREIHEIT heißt ...
Ich bin in der Lage, selbst zu kontrollieren, worüber ich nachdenke.

Meine Gefühle
Was empfinden Sie im Moment? (Einem Menschen in Ihrer Situation mag eine Antwort auf diese Frage schwerer fallen als irgendeiner anderen Person. Das ist ganz normal!)

- ich bin wütend
- ich leide unter meiner Einsamkeit
- ich bin sehr deprimiert
- ich habe Angst

- ich bin frustriert
- ich fühle mich schuldig

- ich bin vollkommen gelassen
- ich fühle mich sicher und geborgen
- ich fühle mich stark
- ich fühle mich ausgesprochen liebenswert
- ich bin voller Hoffnung
oder:

Es kann sein, dass Sie mit der letzten Frage einige Probleme hatten. Vielleicht haben Sie nie gelernt, Ihre Emotionen auszudrücken. Möglich auch, dass man Ihnen nie gestattet hat, sich Ihrer Gefühle bewusst zu werden oder dass man Ihnen beibrachte, dass Gefühle etwas weniger Gutes sind. Unter Umständen stehen Sie aber auch hilflos vor einem Knäuel von Emotionen, sodass Sie die eine nicht von der anderen unterscheiden können.

> **FREIHEIT heißt ...**
> Gefühle sind nun mal da, sind natürlich und normal. Ich bin verantwortlich für das, was ich aus ihnen mache, nicht dafür, dass ich sie habe.

Mein Tun
„Wir sind fleischlich, das heißt schwache Menschen, der Macht der Sünde ausgeliefert. Wir sind uns nicht im Klaren darüber, was wir anrichten. Wir tun nämlich nicht, was wir eigentlich wollen, sondern das, was wir verabscheuen" (Römer 7,14-15).

➤ Diese Worte stammen von Paulus. Haben Sie diese Erfahrung totaler Frustration, die er wiedergibt, schon selbst gemacht?
– ja, sogar oft
– ja, ab und zu
– selten
– nein, überhaupt nicht

Die meisten von uns werden sich in der Klage des Paulus wiederfinden. Wie oft tun wir gerade das, was wir überhaupt nicht wollen! Und wie oft reagieren wir ganz anders, als wir eigentlich wollten. Doch gerade unsere Reaktionen geben anderen Menschen eine Macht über uns, die ihnen nicht zusteht. Ich möchte, dass Sie nun ein Versprechen ablegen. Mag sein, dass Sie es ab und zu wiederholen müssen – das macht nichts: „Ich werde darauf achten, dass mein früherer Partner mich nicht unter seine Kontrolle bekommt. Ich werde deshalb agieren statt zu reagieren!"

> **FREIHEIT heißt ...**
> Anstatt immer nur zu reagieren, werde ich ab jetzt das Gesetz des Handelns selbst bestimmen.

Ernte

➤ Wenn ich zurückblicke auf die vergangene Woche, dann fällt mir auf, dass ich tatsächlich Verantwortung übernommen habe, als ich:

➤ In der kommenden Woche werde ich mich üben in der Übernahme von Verantwortung, indem ich:

➤ Anstatt ziellos in den Tag hineinzuleben, werde ich in der kommenden Woche:
– meine Ziele exakt benennen,
– jemanden ansprechen, der mir beim Erreichen eines Zieles helfen kann. Welches Ziel, welchen Menschen?
– mir Zeit für mich selbst nehmen, um meine Hoffnungen und Träume zu definieren.
– mir Zeit für Gott nehmen, für Gebet und Bibellese, weil ich wissen muss, was er zu meinen Zielen sagt.
– außerdem:

➤ Um den negativen Gedanken keinen Raum zu geben, die mir durch den Kopf schießen wollen, werde ich mir diese Woche ganz besonders folgenden Satz aus der Rubrik **FREIHEIT heißt ...** merken:

➤ In der kommenden Woche werde ich mir erlauben, Gefühle zuzulassen. Ich werde sogar ein Risiko eingehen und mit einem Freund darüber reden. Ich denke, ... wäre ein Zuhörer, dem ich vertrauen kann.

➤ In der kommenden Woche werde ich darauf achten, dass ich bestimmte Situationen aktiv gestalte, statt auf das, was passiert, nur zu reagieren. Ich werde mir zum Beispiel angewöhnen, bis zehn zu zählen, bevor ich meinem Partner irgendetwas antworte oder gar verspreche.

FREIHEIT heißt ...
Verantwortung zu übernehmen ist nicht eben leicht. Das zu lernen, braucht Zeit. Doch es ist ein unverzichtbarer Bestandteil meines Wachstumsprozesses. Und Gott wird mir dabei helfen.

5. Ich übernehme Verantwortung für meine Kinder

Saat

„Seid freundlich und hilfsbereit zueinander und vergebt euch gegenseitig, was ihr einander angetan habt, so wie Gott euch durch Christus vergeben hat, was ihr ihm angetan habt"
(Epheser 4,32).

Warum erwartet man eigentlich immer von uns Christen, dass wir untereinander und gegenüber anderen freundlich, hilfs- und vergebungsbereit sind?

Paulus hat immer wieder die praktische Seite des Christenlebens ausgeleuchtet. Vieles von dem, was er geschrieben hat, bezog sich ausführlich auf die Beziehungen zwischen den Gemeindegliedern. Er wollte, dass Frieden und Harmonie das Miteinander der Familie Gottes prägten. Dafür war es nötig, dass er die Christen immer wieder ermahnte und ermutigte, indem er sie an das erinnerte, was Christus für sie getan hatte. Sie waren begnadigte Sünder und gehörten nun zu ihm. In diesem Geist sollten sie auch miteinander umgehen.

Gottes Beziehungskitt setzt sich zusammen aus Freundlichkeit, Hilfs- und Vergebungsbereitschaft. Er selbst schenkt uns das alles im Überfluss, wir brauchen es nur weiterzugeben an unsere Brüder und Schwestern.

➤ Was haben Sie in der letzten Woche getan, das einem Akt der Freundlichkeit gleichkäme?

➤ Wie wirkt sich Hilfsbereitschaft in unserem Alltagsleben aus? (Denken Sie an das wichtigste Gebot des Neuen Testaments: „Liebe den Herrn, deinen Gott von ganzem Herzen, mit ganzem Willen und mit aller deiner Kraft und deinem ganzen Verstand! Und: Liebe deinen Mitmenschen wie dich selbst!")

➤ Welchen Stellenwert würden Sie der Vergebungsbereitschaft zumessen im Hinblick auf ein harmonisches Zusammenleben zwischen den Menschen?

Freundlichkeit, Hilfs- und Vergebungsbereitschaft machen ein friedliches und harmonisches Miteinander innerhalb der Familie Gottes, aber auch zwischen den Mitgliedern Ihrer Familie möglich. Denn was für das Gemeindeleben gilt, gilt auch für Ihren Umgang mit Ihren Kindern – gerade in der schwierigen Phase der Schmerzen und der Neuorientierung, in der man manchmal eher verzweifelt versucht, seiner gottgegebenen Verantwortung ihnen gegenüber gerecht zu werden.

In diesem Kapitel finden Sie praktische Hilfen für Ihr verantwortungsschweres Elternamt. Dadurch sollen Sie ermutigt werden, Ihre Kinder nicht zu Waisen Ihrer Scheidung zu machen. Zwei Ehepartner können sich nur voneinander scheiden lassen, nie aber von ihren Kindern!

Harken, gießen, Unkraut zupfen

> **FREIHEIT heißt ...**
> Als Alleinerziehender Kinder aufzuziehen ist kein Ding der Unmöglichkeit.

➤ Welches der folgenden Probleme brennt Ihnen im Moment am meisten unter den Nägeln? Bringen Sie sie in die Reihenfolge ihrer Bedeutung für Sie:
   – „Ich habe den Kanal voll!"
   – „Wo bist du, wenn ich dich brauche?"
   – „Sie verlieren jeden Respekt vor mir!"
   – „Hilfe, ich bin ein Gefangener!"

Zu: *„Ich habe den Kanal voll!"*
Halten Sie mit Ihrer Wut nicht hinter dem Berg vor sich selbst, vor Gott und Ihren vertrauten Freunden. Aufgestaute Frustrationen suchen sich früher oder später ein Ventil, und oft sind das ausgerechnet die Kinder, die man doch mehr als alles auf der Welt liebt.

Zu: *„Wo bist du, wenn ich dich brauche?"*
Ein freundlicher Umgang mit dem Expartner hilft Ihnen, eine gute Mutter oder ein guter Vater zu sein. Bedenken Sie das, wenn Sie mal wieder jeglichen Kontakt abbrechen möchten.

Zu: *„Sie verlieren jeden Respekt vor mir!"*
Wer anderen mit Respekt begegnet, der wird auch selbst respektvoll behandelt. Beherzigen Sie das, wenn Sie vor Ihren Kindern über Ihren früheren Partner sprechen. Und noch etwas anderes: Respektieren Sie auch die Art und Weise, in der Ihre Kinder versuchen, mit Schmerz- und Verlustgefühlen umzugehen.

Zu: *„Hilfe, ich bin ein Gefangener!"*
Wir alle müssen stets darauf achten, eine Balance zwischen den Ansprüchen zu erhalten, die die unterschiedlichen Bereiche unseres Lebens unablässig an uns herantragen. Die Frage nach dem „Wie?" stellt sich in jeder Situation anders, doch auch hier gilt: Nutzen Sie den Rat von vertrauenswürdigen Freunden, um eine objektive Einschätzung Ihres Lebens zu bekommen.

> **FREIHEIT heißt ...**
> Ich bin wahrlich nicht die/der Einzige, die/der sich mit den Problemen des Alleinerziehens herumschlägt. Und dieser Kampf kommt nicht von ungefähr, denn die Aufgabe ist ausgesprochen schwer zu lösen.

Beherzigen Sie die folgenden 13 Ratschläge, und Sie werden die Freude wieder neu verspüren, die das Leben mit Kindern mit sich bringt und den Lohn ernten, den eine gute Erziehung verspricht.

1. *Versuchen Sie nicht, Ihren Kindern beide Elternteile zu sein*
➤ Ertappen Sie sich manchmal bei diesem Versuch?
  Wenn ja – wie fühlen Sie sich in dieser selbst verordneten Rolle?

Wenn nein – haben Sie Ihren Kindern schon einmal erklärt, dass Sie nicht gleichzeitig Papa *und* Mama sein können, dass Sie aber hart daran arbeiten, in Ihrer Rolle als Vater *oder* als Mutter so gut zu sein, wie es nur irgend geht? Denken Sie daran: Für das Eltern-Kind-Verhältnis ist das Miteinander-Reden genauso wichtig wie für jede andere Beziehung.

2. *Zwingen Sie Ihre Kinder nicht in die Rolle des Expartners*
➤ Haben Sie – ausgesprochen oder unausgesprochen – Ihren Sohn schon einmal gebeten, an Vaters statt zu treten oder Ihre Tochter, die Mutterrolle zu übernehmen?

➤ Wie fühlen Sie sich selbst unter dem selbst gewählten Druck, Ihren Kindern gleichzeitig Vater und Mutter sein zu müssen? Und wie, denken Sie, fühlt sich Ihr Sohn als Ersatzvater oder Ihre Tochter als Ersatzmutter?

Ein Kind muss Kind bleiben dürfen. Zögern Sie nicht, Ihren Kindern ein paar neue Aufgaben zu übertragen, zwingen Sie sie aber auf keinen Fall, in die Schuhe der Eltern treten zu müssen.

3. Seien Sie ganz der Vater oder die Mutter, die Sie sind
➤ Was ist so reizvoll daran, bester Freund oder große Schwester statt Vater oder Mutter zu sein?

➤ Versetzen Sie sich auch hier in Ihre Kinder hinein. Brauchen die diese Kumpelei wirklich? Oder brauchen Sie weiterhin einen Vater oder eine Mutter, die ihnen Stabilität und Kontinuität vermittelt, gerade in den Umwälzungen einer Scheidung?

Eltern sind und bleiben Eltern. Versuchen Sie nicht, sich aus dieser Verantwortung zu stehlen. Wenn Sie Ihren Kindern den Schutz und die Geborgenheit verweigern, die nur ein Erwachsener ihnen geben kann, und stattdessen auf ihre Ebene der Reife hinabsteigen – wem soll das helfen?

4. Seien Sie ehrlich zu Ihren Kindern
➤ Wie halten Sie es mit der Wahrheit?
  – ich habe getan, was ich konnte
  – ich wollte sie nicht ängstigen, also habe ich Fragen eher ausweichend beantwortet
  – ich habe ihnen so viel gesagt, wie sie meiner Meinung nach verkraften konnten
  – ich war absolut ehrlich und das war dem Schmerz auch angemessen, den wir empfinden und den wir jetzt alle teilen
  – oder:

➤ Inwieweit kann Aufrichtigkeit etwas außergewöhnlich Wichtiges sein, das Sie Ihren Kindern schenken? Lesen Sie noch einmal Gardners Interpretation dieser Frage auf Seite 59.

5. *Machen Sie Ihren ehemaligen Partner nicht in Anwesenheit Ihrer Kinder schlecht*
➤ Warum reizt es einen nur immer wieder, den anderen vor den Kindern mal so richtig runterzumachen?

➤ Was bewirkt ein solches Gerede?

Lassen Sie mich meine eigenen Worte zitieren: „*Den meisten Kindern ist es egal, wer wann was wem angetan hat. Was sie viel mehr interessiert, ist die Frage, was aus ihnen selbst wird.*" (Seite 59) Setzen Sie Ihre Energie lieber dafür ein, Ihre Kinder zu lieben und selbstsicher zu machen, als Ihrem Partner mit übler Nachrede schaden zu wollen.

6. *Machen Sie aus Ihren Kindern keine Spitzel*
➤ Wenn Ihre Kinder Sie auf dem Laufenden halten müssten über das, was der andere Elternteil gerade tut oder auch nicht tut, welche Auswirkungen hätte das auf ihre Gefühle für Sie?

➤ Warum ist es nicht fair, einen Scheidungskrieg zum Teil über die Kinder auszutragen?

Mag es auch manchmal nicht leicht sein, sich „erwachsen" und reif zu verhalten – in diesem Fall dürfte Ihnen definitiv nichts anderes übrig bleiben. Zwingen Sie Ihre Kinder niemals, Spitzeldienste für Sie zu leisten!

7. Scheidungskinder brauchen Vater und Mutter gleichermaßen

Haben Sie wirklich das Recht, Ihren Kindern den anderen Elternteil zu nehmen? Nur in seltenen Ausnahmen kann die Antwort Ja lauten: im Falle massiver Belästigung und körperlichem oder seelischem Missbrauch.

▸ Wie würden Sie reagieren, wenn Ihr ehemaliger Partner zu dem Schluss käme, dass Ihre Kinder auch ganz gut ohne Sie auskämen?

Vater oder Mutter ist man auf Lebenszeit. Deshalb sollte der Kontakt zwischen Kindern und dem anderen Elternteil garantiert bleiben. Und dafür muss nicht zuletzt auch der Kontakt zwischen Ihnen beiden einigermaßen intakt bleiben.

8. Spielen Sie nicht den großen Zampano oder die flotte Entertainerin

▸ Warum tappt man nur so leicht in diese Falle?

▸ Nennen Sie drei Dinge, die Sie mit Ihren Kindern in Ihrer Wohnung/ in Ihrem Haus oder wenigstens in deren nächster Umgebung unternehmen können. Ich geben Ihnen hier ein paar „Anschubtipps":
  – Lesen Sie ein Buch miteinander.
  – Machen Sie Ihr Eis doch mal selber.
  – Erforschen Sie den nahe gelegenen Park.
  – Schreiben Sie einen Brief an Oma oder Opa.
  – oder:

Lassen Sie Ihre Fantasie spielen, oder noch besser, die Ihrer Kinder! Fragen Sie sie, was sie eigentlich selbst am liebsten unternehmen würden und dann machen Sie das auch – wenn irgend möglich.

9. *Lassen Sie Ihre Kinder teilhaben an Ihrem gesellschaftlichen Leben und Ihren neuen Beziehungen*
➤ Ist das eine gute Idee? Warum ja? Warum nein?

➤ Waren Sie in dieser Frage bisher aufrichtig gegenüber Ihren Kindern? Wie haben sie reagiert?

Seien Sie aufrichtig, vergessen Sie aber nicht, dass Sie Kinder vor sich haben. Sie sind weder Spione noch enge Vertraute oder Berater. Und schon gar nicht „der Feind", den man um jeden Preis im Dunkeln tappen lassen sollte. Wählen Sie einen guten Mittelweg.

10. *Helfen Sie Ihren Kindern, die schönen Erinnerungen an Ihre Ehe- und Familienzeit lebendig zu halten*
➤ Hilft das Ihren Kindern weiter? Warum ja, warum nein?

➤ Wie kann das auch Ihnen selbst weiterhelfen?

Den Kindern ihre guten Erinnerungen wegzunehmen ist Raub. So etwas bereitet in ihnen den Boden für künftige Verbitterung, für Misstrauen und eine zynische Einstellung zur Ehe. Achten Sie ganz bewusst darauf, dass sie unbelastet von dieser Art von Gepäck aufwachsen.

11. *Wie können zwei unterschiedliche Haushalte eine Existenzgrundlage für ihre gemeinsamen Kinder schaffen? Erarbeiten Sie zusammen mit Ihrem ehemaligen Partner einen verbindlichen Plan, nach dem Sie vorgehen wollen.*
➤ Inwieweit kann Sie das stärken in Ihrer Rolle als Alleinerziehende(r)?

➤ Inwieweit profitieren Ihre Kinder davon?

Die Vorzüge dieser Vorgehensweise überwiegen die Nachteile bei Weitem. Ich möchte Sie ausdrücklich ermutigen, um Ihrer Kinder, aber auch um Ihrer selbst willen, diese Schritte zu gehen.

12. *Versuchen Sie, so weit irgend möglich, die Lebensbereiche Ihres Kindes, die ihm Sicherheit und Kontinuität vermitteln, intakt und von den Konsequenzen Ihrer Scheidung unberührt zu erhalten*
➤ Machen Sie eine Liste mit all den Personen, Dingen, Aktivitäten und Umständen, die Ihren Kindern ein Gefühl von Sicherheit vermitteln.

➤ Wenn es notwendig war, aus dem vertrauten Umfeld wegzuziehen, welche Elemente daraus können auf oder in Ihr neues Heim übertragen werden?

Das Zauberwort in dieser Situation lautet *Abenteuer*. Veränderungen kann man als Bedrohung, aber auch als Tür in aufregende neue Erfahrungen betrachten. Helfen Sie Ihren Kindern, den Wechsel als Abenteuer zu betrachten.

13. Sollten Sie im Gefolge einer Scheidung Entwicklungsverzögerungen bei Ihrem Kind feststellen, suchen Sie unbedingt die Hilfe professioneller Familienberater

➤ Wer in Ihrer Umgebung kann ein Auge auf Ihre Kinder werfen und die Art und Weise objektiv beurteilen, in der sie mit der Scheidung umgehen? Denken Sie z. B. auch an die Nachbarn, an die Mütter der Spielkameraden oder an die Lehrer.

➤ Bereiten Sie sich vor. Besorgen Sie sich die Adressen von zwei bis drei guten Kinderpsychologen. Sprechen Sie mit Menschen, die deren Arbeit aus eigener Erfahrung kennen. Das wären:

    1.

    2.

    3.

So, wie wir nicht zögern, unsere Kinder wegen ihrer Zahnschmerzen zum Zahnarzt zu bringen, so sollten wir sie zu ausgebildeten Erziehungsberatern und Psychologen bringen, wenn sie Hilfe im seelischen Bereich brauchen.

> **FREIHEIT heißt ...**
> Die Aufgaben eines Alleinerziehenden kann man lernen –
> und ich werde sie lernen.

Ernte

Beim Durchlesen dieser 13 Verhaltensregeln wird Ihnen aufgefallen sein, dass ein paar Themen immer wieder auftauchen:
- ➤ Alleinerziehender zu sein ändert nichts an der Herausforderung, die jedem Elternteil gilt, nämlich selbstlos und uneigennützig zu denken und zu handeln. Im Gegenteil, diese Verhaltensweisen werden Ihnen eher noch drängender abverlangt.

- ➤ Die Aufgaben eines Alleinerziehenden umfassen:
  - Den Ruf zur Ehrlichkeit, auch wenn Sie selbst betrogen worden sind.
  - Die Aufgabe, fair zu sein, auch wenn die Umstände, unter denen Sie zurzeit leben mögen, nicht fair zu nennen sind.
  - Die Notwendigkeit, zu Ihrem ehemaligen Ehepartner eine funktionierende Beziehung zu unterhalten, egal was vorgefallen ist und unabhängig davon, wie der andere sich im Moment verhält.
  - Die Herausforderung, in Ihrer Rolle als Vater oder Mutter Stärke zu zeigen, auch wenn Sie von Zeit zu Zeit aus lauter Frustration und Verzweiflung am liebsten alles hinschmeißen würden.
  - Die innere Größe, Ihre Kinder Kinder sein zu lassen, auch mitten in den Stürmen, die der Scheidungsprozess freigesetzt hat.

Nehmen Sie die Herausforderung Ihrer veränderten Elternrolle an, stecken Sie sich diesbezüglich Ziele und wachsen Sie an diesem Abenteuer:
- ➤ Ich will mein Verhalten als Vater oder Mutter in dem folgenden Punkt verbessern:

➤ Ich werde darauf achten, meinen Kindern nichts von den Dingen zu verheimlichen, die vor sich gehen, und ich fange damit an, indem ich ihnen erkläre:

➤ Im Sinne von Punkt acht der Liste werde ich noch diese Woche Folgendes mit meinen Kindern unternehmen:

➤ Diese Woche werde ich dazu beitragen, die guten Erinnerungen meiner Kinder an meine Ehe wachzuhalten, indem ich
    a) keinerlei abfällige Bemerkungen über ihren Vater/ihre Mutter mache
    b) sie an den Spaß erinnere, den wir hatten, als wir:

    c) oder:

In der Tat, das Leben eines Alleinerziehenden kann durchaus schwierig sein, und doch kann man es schaffen. Und es kann eine Erfahrung werden, die Ihnen und Ihren Kindern Respekt und Erfüllung bringt.

FREIHEIT heißt ...
Auch mein Kind kann an der Scheidung wachsen.

6. Ich übernehme Verantwortung für meine eigene Zukunft

Saat

> „Alles, was dieser Gott tut, ist vollkommen, was der Herr sagt, ist unzweifelhaft wahr. Wer in Gefahr ist und zu ihm flieht, findet bei ihm sicheren Schutz. Kein anderer als der Herr ist Gott! Nur er, unser Gott, ist ein schützender Fels!"
> (Psalm 18,31-32).

➤ Zählen Sie auf, mit welchen Eigenschaften Gottes Charakter in diesem Psalm beschrieben wird:

Ist es Ihnen schon mal passiert, dass Ihnen die Superlative ausgegangen sind, als Sie Ihren besten Freund oder Ihre beste Freundin einem anderen Menschen geschildert haben? Als Sie sich bemühten, Ihre Begeisterung in Worte zu fassen? David, der Psalmist, war überwältigt von Gott, und selbst als er dieses Verhältnis „eigenhändig" getrübt hatte, bekräftigte er weiterhin diese Faszination vor den Menschen. David beschreibt uns Gott in fünf verschiedenen Bildern. Wie steht es mit Ihnen? Würden auch Sie Gott mit diesen Attributen versehen können, wenn Sie ihn Ihren Freunden vorstellen?

1. Gott ist perfekt. Das ist schwer zu fassen für uns, die wir in einer absolut unvollkommenen Welt leben.
2. Gott steht zu seinen Versprechen. Wenn er etwas verspricht, dann hält er es auch.
3. Gott bietet uns einen Schutzschild, hinter dem wir uns bergen können. Wenn die Welt uns wieder mal heftigst unter Beschuss

nimmt, brauchen wir einen sicheren Zufluchtsort, wo wir uns sammeln können.
4. Gott ist unser Herr, und zwar ganz persönlich, nicht nur theoretisch und allgemein. Wir gehören ihm und er gehört uns.
5. Gott ist ein Fels. Das ist für mich der Inbegriff der Stabilität. Er ändert nicht von Tag zu Tag willkürlich die Spielregeln, sein Wesen ist Verlässlichkeit und er ist immer für mich da – heute und morgen.

> Mit welcher dieser fünf Aussagen über Gott können Sie am wenigsten anfangen?

> Hat Gott Ihnen Anlass gegeben, die Richtung seiner Wege zu beargwöhnen oder zu bezweifeln, dass er tatsächlich zu seinen Verheißungen steht? Haben Sie den Eindruck, dass ihm gar nichts daran liegt, die Herrschaft über Ihr Leben wahrzunehmen oder dass seine Pläne für Sie einem ständigen Wechsel unterworfen sind? Begehen Sie nicht den großen Fehler, das Verhalten oder den freien Willen unvollkommener und sündhafter Menschen auf Gott zu übertragen. Reden Sie vielmehr mit ihm darüber, woran im Moment Ihr Glaube krankt. Bitten Sie ihn, Ihrem Unglauben zu helfen (Markus 9,24).

> Welche der fünf Wahrheiten über Gott macht Ihnen Hoffnung für Ihre Zukunft?

Diese Lektion unterstreicht, wie wichtig es ist, dass wir Verantwortung für unser Leben übernehmen. Das heißt jedoch nicht, dass wir diese Bürde allein tragen müssen. In den Entscheidungen, die wir treffen, und bei den Schritten, die wir tun, können und sollen wir uns leiten lassen von unserem vollkommenen, unerschütterlichen, fürsorglichen, persönlichen und verlässlichen Gott. Wagen Sie es und wenden Sie sich im Vertrauen auf diese seine Charakterzüge Ihrer Zukunft zu. Gott ist bei Ihnen!

Harken, gießen, Unkraut zupfen

> **FREIHEIT heißt ...**
> Es ist ganz normal, dass ich nicht gerade voller Begeisterung, sondern eher etwas rat- und hoffnungslos in die Zukunft blicke.

➤ Egal, ob Sie die Übung auf Seite 70 (Kapitel 6, Abschnitt 1) gemacht haben, nehmen Sie sich jetzt die Zeit und benennen Sie zehn Dinge, auf die Sie sich in den kommenden Tagen und Wochen freuen können. Geben Sie Ihrer Fantasie freien Lauf. Könnte das die Geburtstagsfeier eines Freundes sein? Ein lange erwarteter Brief? Ein praktischer Erfolgsschritt im Beruf? Ein gelungenes Menü? Eine neue Freundschaft?

1.

2.

3.

4.

5.

6.

7.

8.

9.

10.

- ▸ Wenn es Ihnen schwergefallen ist, diese zehn Highlights zusammenzutragen – was lernen Sie daraus über sich selbst?

- •

Vielleicht finden Sie sich aber auch in einer Beobachtung wieder, die ich gemacht habe, denn ich habe gelernt, drei Arten von Menschen zu unterscheiden:

Die, die zusehen, wie etwas geschieht, die, die dafür sorgen, dass etwas geschieht und die, die überhaupt nicht mitbekommen, dass etwas geschieht.

Wenn Sie sich über den Mangel an Zielen nicht beklagen können, dann gehören Sie zur zweiten Kategorie. Wenn Sie aber noch zögern, sich zu dieser Gruppe zu zählen, dann sollten Sie ab sofort darauf hinarbeiten. Das heißt jedoch, dass es für den Schmetterling Zeit wird, seinen Kokon zu verlassen. Spannen Sie Ihre Flügel und beginnen Sie mit dem Planen.

> **FREIHEIT heißt ...**
> Ich habe die Freiheit, auch mal zu scheitern.

Wir alle sind Menschen, die Fehler machen und in so manchen Situationen scheitern. Die richtige Art, damit umzugehen ist, aus diesen Erfahrungen zu lernen und weiterzugehen. Dieses Weitergehen kann einem manchmal schwerfallen. Dann ist es nur klug und hilfreich, einen vertrauten Freund oder einen angesehenen Berater – welcher Art auch immer – zu konsultieren. Diese Menschen helfen uns, die realistischen Ziele anzuvisieren. Doch es gibt noch weitere Starthilfen:

1. Versuchen Sie, Ihre Lage so objektiv wie möglich zu bewerten
a) Wie sieht es in Ihrem Geldbeutel aus? Erstellen Sie ein realistisches Budget.
➤ Wie hoch sind Ihre monatlichen Ausgaben?

➤ Wie hoch ist Ihr monatliches Einkommen?

➤ Wo können Ausgaben gesenkt, wenn nicht ganz eingespart werden?

➤ Wie können Sie Ihr monatliches Einkommen steigern?

➤ Kann dieses Einkommen gesteigert werden, ohne dass dieser Zuwachs durch ebenfalls gestiegene Ausgaben relativiert wird?

b) Wie sieht es im Beruf aus?
➤ Sind Sie zurzeit berufstätig?

➤ Wenn ja: Sind Sie zufrieden mit Ihrem Job?

➤ Wenn ja: Woran arbeiten Sie zurzeit?

> Wenn Sie arbeitslos sind: Wer – außer den staatlichen Stellen – könnte Ihnen helfen, eine Stelle zu finden?

> Wenn Sie arbeitslos sind: Was, denken Sie, könnte Ihr Selbstvertrauen und Selbstwertgefühl wieder stärken? Haben Sie es schon mal mit der *Bibel* versucht? Nehmen Sie sich für den Anfang solche Aufgaben vor, die Sie nicht gleich wieder unter außergewöhnlichen Leistungsdruck setzen und Ihnen dennoch das gute Gefühl geben, etwas vorangebracht zu haben.

c) Wie sieht es mit Ihrer Karriere aus?
> Hier taucht eine Frage auf, die Ihnen aus Kindertagen vertraut vorkommen mag und die damals ungefähr so klang: „Was willst du werden, wenn du mal groß bist?" Legen Sie Ihrem Denken keine Schranken auf, wenn Sie diese Frage beantworten. Wenn Ihnen nichts unmöglich wäre, wo möchten Sie in fünf Jahren stehen? Und in zehn Jahren?

Diese Standortbestimmung in drei Etappen soll Ihr Amboss sein fürs weitere Pläneschmieden.

FREIHEIT heißt ...
„Ich sage dir, was du tun sollst, und zeige dir den richtigen Weg. Ich lasse dich nicht aus den Augen" (Psalm 32,8).

2. *Entdecke Sie ganz neue Facetten des Lebens*
➤ Was empfinden Sie, wenn Sie über Ihre Zukunft nachdenken? Oder über Veränderungen, die anstehen? Oder über das Neue und Unbekannte schlechthin?

Lassen Sie sich nicht ins Bockshorn jagen von diffusen Angstgefühlen, von Hoffnungslosigkeit oder von einem hartnäckigen Geist der Entmutigung. Betrachten Sie Ihre Zukunft lieber als ein Abenteuer, das in Gottes Händen bestens aufgehoben ist.

> **FREIHEIT heißt ...**
> Ich gehe meine Zukunft am besten an wie ein Forscher oder Abenteurer und entscheide mich, auf diesem Weg meinem Gott treu zu folgen.
> (Lesen Sie dazu Psalm 119,105 und Jeremia 29,11.)

3. *Setzen Sie sich kurzfristige und langfristige Ziele*
➤ Warum ist es so wichtig, langfristige Ziele zu haben?

➤ Welche Bedeutung haben daneben die kurzfristigen Ziele?

➤ Wie kann man sie nutzen als Stufen auf der Treppe hin zu den langfristigen Zielen?

4. Keine Angst vor Verbindlichkeit!
➤ Haben Sie im Moment Angst davor, Verbindlichkeiten einzugehen?
  – Ja, schrecklich viel
  – Nein, überhaupt nicht

Eine gewisse Furcht vor Verbindlichkeiten – ein Zögern vielleicht, sich dadurch wieder verletzlich zu machen – ist verständlich und von jemandem kaum anders zu erwarten, der eine Scheidung erlebt hat. Und doch möchte ich Sie darauf hinweisen, dass *ein* Versprechen, das nicht gehalten wurde, noch lange nicht bedeutet, dass auch *alle weiteren* Versprechen, die man Ihnen in Ihrem Leben noch geben wird, genauso wertlos sind. Wenn Sie einmal gescheitert sind, heißt das noch lange nicht, dass Sie künftig nur noch scheitern werden, schon gar nicht, wenn Sie Ihre Lehren aus dem Vergangenen gezogen haben. Denken Sie gut nach über die folgenden Fragen und antworten Sie so exakt wie möglich.

Was haben Sie durch Ihre Scheidung gelernt über
  – Ihre Gefühle?

  – Ihre Fähigkeit, mit wechselnden Lebenslagen zurechtzukommen?

  – Ihre Art, mit Leid fertig zu werden?

  – Freundschaft?

– Vergebung?

– die Bedeutung der Kommunikation in einer Beziehung?

– den Stellenwert von Ehrlichkeit?

– Ihre Erwartungen an eine Ehebeziehung?

– die Erwartungen, die Sie an sich selbst haben?

– Gott?

Lesen Sie jetzt die *Zehn Gebote für ehemals Verheiratete* auf Seite 75. Es kann sein, dass Ihnen weitere Einsichten über die Vergangenheit kommen, dass Sie neue Wege entdecken, mit der Gegenwart zurechtzukommen und neue Ideen, die wichtig werden könnten für Ihre Zukunft. Geben Sie diese „Gebote" in eigenen Worten wieder, sodass sie Ihre eigene Situation noch besser treffen.

5. *Vertrauen Sie Gott Ihre Zukunft an*
➤ Was bedeutet der Ausdruck „Gottvertrauen" für Sie in diesem Zusammenhang?

▸ Wie kann man Gottvertrauen aktiv leben statt passiv zu reflektieren? Mit anderen Worten – inwieweit unterscheidet sich richtig verstandenes Gottvertrauen von untätigem Warten auf sein Eingreifen?

> **FREIHEIT heißt ...**
> „Verlass dich nicht auf deinen Verstand, sondern setze dein Vertrauen ungeteilt auf den Herrn! Denk an ihn bei allem, was du tust; er wird dir den richtigen Weg zeigen"
> (Sprüche 3,5-6).

Ernte

▸ In der kommenden Woche werde ich einmal ein Risiko eingehen, indem ich:

▸ Ich werde versuchen, meine berufliche Situation zu verbessern, indem ich:
– mir ein Bild mache von der Entwicklung, die ich genommen habe, seit ich meine gegenwärtige Arbeitsstelle angetreten habe, und die Zukunftsperspektiven untersuche, die ich in dieser Firma habe
– mir ihre Organisationsstruktur vornehme, die Aufstiegschancen analysiere, die diese Struktur bietet und mir die Biografien derer ansehe, die in diesem System erfolgreich waren
– mit dem Chef über meine persönlichen Aufstiegsmöglichkeiten spreche
– alternative Stellenprofile in anderen Firmen prüfe
– oder:

➤ Ich sehe mir den Verlauf meiner Karriere an und denke über andere Berufe nach, die mir auf lange Sicht noch mehr Erfolg versprechen. Ich werde:
– in einem Brainstorming mit einem Freund/einer Freundin zusammen verschiedene Optionen durchgehen
– mir etwa eine halbe Stunde Tagträumereien genehmigen: „Wenn ich es mir aussuchen könnte, dann wäre ich gerne mal ..."
– mir die Dienstleistungen eines Berufsbildungszentrums ansehen und mich mit dieser Institution näher vertraut machen
– mit jemandem sprechen, der ungefähr in der beruflichen Position ist, von der ich im Moment noch träume, und zwar mit: ....
– oder:

Nehmen Sie zwei von den zehn Zielen, die Sie zu Beginn des letzten *Harken-, Gießen-, Unkraut-zupfen*-Kapitels formuliert haben und überlegen Sie sich zwei oder drei kurzfristige Zwischenziele, die Sie zu diesem übergeordneten Ergebnis hinführen können. Und dann machen Sie sich noch diese Woche auf den Weg dorthin.

Fernziel 1:
Nahziel a:
Nahziel b:
Nahziel c:

Fernziel 2:
Nahziel a:
Nahziel b:
Nahziel c:

➤ Ich will mein Vertrauen zu Gott stärken. Dafür möchte ich auf ihn zugehen und mich ihm öffnen, indem ich:
– einen Gebets- und Lobpreisgottesdienst besuche
– jeden Tag etwa fünf Minuten in der Bibel lese

- jeden Tag mit einem kurzen Gebet von etwa zwei bis drei Minuten Länge beginne
- jeden Tag mit einem sehr konkreten Dankgebet abschließe
- täglich etwa fünf bis zehn Minuten einfach still bin vor Gott
- mit einem Freund zusammen bete
- oder:

7. Eine Familie finden

Saat

„Ob es nun Paulus ist oder Apollo oder Petrus, euch gehört die ganze Welt, das Leben und der Tod, die Gegenwart und die Zukunft.
Alles gehört euch ..."
(1. Korinther 3,22).

➤ Wen hat Gott Ihnen eigentlich schon als Helfer zur Seite gestellt – in der Vergangenheit oder in Ihrer gegenwärtigen Situation?

Wie wäre das, wenn Sie Paulus, Apollo und Petrus zu Ihren Freunden und Helfern zählen könnten? Sicher gäben sie ein überaus dynamisches Trio ab. Mit Freunden wie diesen an Ihrer Seite wären Sie sicher um einiges fester in Ihrem Glauben und mutiger auf Ihrem Weg. Aber irgendwie müssen die Korinther den Wert dieses Trios nicht richtig erkannt haben. Wahrscheinlich haben sie genau das getan, was wir alle so gern mit unseren Freunden tun – sie haben sie als selbstverständlich genommen. Oft erkennen wir den Wert, den Freunde für uns haben, erst, wenn wir in eine andere Stadt weggezogen sind. Die, die wir haben, haben wir nicht zufällig. Ich glaube, dass Gott Menschen in unser Leben hineinschickt, die uns unterstützen und sich um uns kümmern sollen. Manchmal hasten wir in einer derartigen Eile durch unsere Tage, dass die Leute gar keine Chance haben, Kontakt mit uns aufzunehmen und uns zum Segen zu werden.

Sind Sie offen dafür, dass Gott neue Freunde und Helfer in Ihr Leben stellen will? Es kann gut möglich sein, dass der nächste Mensch, der Ihnen über den Weg läuft, aus seiner Richtung kommt. Halten Sie Ihr Herz weit offen, vielleicht braucht ja dieser Mensch Sie genauso dringend wie Sie ihn ...

➤ Schreiben Sie die Namen von zwei bis drei Freunden auf, die Ihren Glauben stärkten und Ihnen Kraft gaben, mit der Last des Alltags zurechtzukommen. Versuchen Sie genau herauszuarbeiten, was Sie an diesen Menschen besonders schätzen.

➤ Haben Sie diese Freunde als selbstverständlich genommen? Danken Sie Gott dafür, dass er sie Ihnen geschickt hat. Ich möchte Ihnen auch Mut machen, zum Briefpapier oder zum Telefonhörer zu greifen, um ihnen selbst mitzuteilen, wie sehr Sie sie schätzen.

➤ Wenn Sie sich durch den Kopf gehen lassen, wie Gott Sie bereits mit Freunden gesegnet hat, dann prüfen Sie doch gleich, wie weit Sie bereit wären, auch auf die Menschen zuzugehen, mit denen er jetzt Ihr Leben bereichern will.
– Ich bin ganz und gar offen dafür, durch neue Freunde gesegnet zu werden.
– Ich würde ja gern Freunde und Helfer haben, im Moment aber macht mich der Gedanke noch viel zu nervös, mich auf irgendeine Person einlassen zu müssen.
– Ich möchte gern neue Freunde haben, doch das Risiko, wieder verletzt zu werden, überwiegt noch die Vorteile, die neue Freundschaften mit sich bringen.
– Ich bin grundsätzlich nicht mehr bereit, einen fremden Menschen an mich heranzulassen.

➤ Was Ihre Antwort auch sein mag, haben Sie schon daran gedacht, dass es einen Menschen geben kann, der Sie sogar noch mehr braucht als Sie ihn?

Eine Freundschaft aufzubauen kommt manchmal einer Gratwanderung gleich. Ich habe die Erfahrung gemacht, dass meine Gemeinde der Ort ist, wo das Risiko dieses Experimentierens noch am geringsten ist. In der Familie Gottes habe ich die Unterstützung und Ermutigung gefunden, die ich für mein Leben brauche.

Harken, gießen, Unkraut zupfen

1. DIE FAMILIE, IN DIE SIE HINEINGEBOREN WURDEN
Werfen wir zunächst einen Blick auf Ihre Herkunftsfamilie:

➤ Wie hat Ihre Familie Sie aufgenommen?

➤ Wie haben Sie Ihre Familie aufgenommen?

➤ Was haben Ihre Verwandten für Sie getan?

➤ Was haben Sie für Ihre Verwandten getan?

➤ Wie reagieren diese Menschen nun auf Ihre Scheidung?

Wenn Sie enttäuscht oder verletzt sind angesichts ihrer Reaktionen, dann halten Sie ihnen zugute, dass sie den Schmerz kaum nachvollziehen können, den Sie empfinden, dass sie keinerlei Erfahrung damit haben, was man in einer solchen Situation sagt oder wie man helfen kann und dass sie eigentlich nicht verantwortlich gemacht werden können für die Scheidung oder ihr eigenes Gefühlsdurcheinander. Und wenn Sie sich angesichts dieser Unfähigkeit zu helfen erst recht einsam fühlen, dann halten Sie sich umso fester an diese Zusage:

> **FREIHEIT heißt ...**
> „Gott ist unsere sichere Zuflucht, ein bewährter Helfer in aller Not"
> (Psalm 2).

2. Die Familie, die Sie durch Ihre Heirat gegründet haben

➤ Welche Pläne hatten Sie – oder haben Sie – für diese Familie?

➤ Empfinden Sie sich immer noch als Teil dieser Gemeinschaft?

➤ Wie reagieren diese Menschen auf Sie und Ihre Scheidung?

Wenn Sie angesichts ihrer Reaktionen enttäuscht oder verletzt sind, dann bedenken Sie bitte auch hier, dass diese Menschen mit ihren eigenen Irritationen und Schmerzen zurechtkommen müssen, ebenfalls im Schockzustand sind und einen Weg suchen, das mit der Loyalität gegenüber ihrer eigenen Tochter oder ihrem eigenen Sohn irgendwie hinzubekommen.

3. Gottes Familie

Wenn Sie eine radikale Entfremdung empfinden – sowohl von Ihren eigenen Verwandten als auch von der Familie Ihres Expartners –, dann lege ich Ihnen die Familie Gottes ans Herz. Wenn wir als Kinder Gottes die Last des anderen tragen helfen, dann erfüllen wir eines der wichtigsten Gebote unseres himmlischen Vaters und bauen an einer familiären Gemeinschaft, die die Liebe und Fürsorge widerspiegelt, die Gott uns ohne Unterlass „hinterherträgt" (siehe Galater 6,2).

Ich will die folgenden Kennzeichen dieser Familie Gottes für sich selbst sprechen lassen:

- Gottes Familie ist eine Familie mit „Ewigkeits-Perspektive".
- Sie finden Ihren Platz in dieser Familie, wenn Sie Jesus Christus als den anerkennen und in Ihr Leben einlassen, der Ihrem Leben eine neue Richtung geben darf.
- Mit jedem Tag, den Sie als Teil seiner Familie verbringen, wachsen Sie ein Stück. Das geschieht durchs Bibelstudium, durch Predigten, Gebete und Gespräche mit den anderen Familienmitgliedern.
- Die Familie Gottes vermittelt ihren Mitgliedern ein unvergleichliches Zugehörigkeitsgefühl.
- Die Familienmitglieder halten untereinander Verpflichtungen ein. Dazu gehört in erster Linie, sich gegenseitig zu helfen bei dem Versuch, nach Gottes Geboten zu leben.
- Sie können die Mitgliedschaft in dieser Familie nicht verlieren. Jesus sagt: „Alle, die mein Vater mir gibt, werden zu mir kommen, und niemand, der zu mir kommt, wird von mir abgewiesen."

▶ Welcher Punkt spricht Sie am meisten an?

▶ Schreiben Sie sich folgende Passagen aus Ihrer Bibel ab, die verschiedene Elemente des „Familienlebens" in einer Gemeinde beinhalten. Alle zusammen ergeben eine komplette Beschreibung der Gemeinschaft, die wir nach Gottes Willen pflegen sollen:

- Epheser 4,1-3

– 1. Korinther 10,24

– Hebräer 12,14-15

– 1. Thessalonicher 5,14-15

Ernte

➤ Was könnte Ihnen helfen, das Verhältnis zu Ihrer irdischen Familie wieder etwas zu verbessern?
– wenn ich ihnen vergebe
– wenn sie mir vergeben
– wenn wir uns Zeit geben
– Geduld
– Gebet
– wenn ich meinen Stolz überwinde
– wenn ich meine Verteidigungshaltung ablege
– offene, ehrliche und taktvolle Kommunikation
– Gottes heilende Kraft
– oder:

➤ Formulieren Sie eine dieser Vorgaben in ein konkretes Ziel um: In dieser Woche will ich einen Schritt auf meine Familie zu machen, indem ich:

➤ Wie könnten Sie auch die Beziehung zur Familie Ihres Expartners verbessern? Wie würden Sie hier die Prioritäten in der oben stehenden Liste verteilen?

➤ Überlegen Sie in aller Ruhe, inwieweit es klug oder vorteilhaft sein könnte, den Kontakt zu den ehemaligen Schwiegereltern aufrechtzuerhalten. Wenn Sie darüber nachgedacht und gebetet haben und zu dem Schluss gekommen sind, dass Ihre Beziehung fortgesetzt werden sollte, dann treten Sie noch in dieser Woche als Nahziel gleich einen ersten konkreten Schritt auf die Schwiegereltern zu.

➤ Wenn Ihnen ein Signal dieser Art noch etwas verfrüht erscheint, dann nehmen Sie sich doch stattdessen vor, regelmäßig dafür zu beten, dass die Verletzungen auf beiden Seiten verheilen möchten.

➤ Welcher Zweig der Familie Gottes – sprich Gemeinde – interessiert Sie am meisten? Nennen Sie am besten zwei oder drei Favoriten.

➤ Nun setzen Sie sich wieder ein Ziel, zum Beispiel:
– In der kommenden Woche rufe ich bei der ....-Gemeinde an, um mich eingehend zu informieren. Ich frage, ob sie auch Mitglieder haben, die in meiner Nähe wohnen. Wenn dem so ist, dann rufe ich diese Leute an und schlage ihnen vor, das nächste Mal gemeinsam in den Gottesdienst zu gehen.
– Oder:

Teil der Familie Gottes zu sein setzt voraus, dass man Gottes Sohn oder Gottes Tochter ist. Sollte für Sie zunächst ein Schritt in diese Richtung dran sein, dann sprechen Sie dieses einfache Gebet – am besten laut und langsam:

„Gott, danke, dass du mich eingeladen hast, ein Teil deiner Familie zu werden. Danke, dass du deinen Sohn Jesus Christus gesandt hast, der für meine Sünden starb, sodass ich dein Kind werden kann. Hilf mir dabei, die Menschen zu lieben, mit denen ich zu tun habe. Hilf mir, dir konsequent nachzufolgen. Danke. Amen."

FREIHEIT heißt ...
„Seht doch, wie sehr uns der Vater geliebt hat! Seine Liebe ist so groß, dass er uns seine Kinder nennt. Und wir sind es wirklich: Gottes Kinder!" (1. Johannes 3,1).

8. Die Kraft der Vergebung erfahren

Saat

„Wenn wir unsere Verfehlungen eingestehen, können wir damit rechnen, dass Gott treu und gerecht ist: Er wird uns dann unsere Verfehlungen vergeben und uns von aller Schuld reinigen"
(1. Johannes 1,9).

➤ Was sagt dieser Bibelvers über das Wesen unseres himmlischen Vaters aus?

Fällt es Ihnen auch manchmal schwer zuzugeben, dass Sie in einer bestimmten Situation oder Diskussion unrecht hatten? Ist das nicht hart und wäre es nicht einfach herrlich, immer richtig zu liegen und nie klein beigeben zu müssen? Gott hat uns sehr, sehr menschlich erschaffen, und diese Natur schließt auch diesen unseligen Konflikt zwischen richtig oder falsch mit ein. Gott muss es wohl vorausgesehen haben, dass wir Fehler machen würden, deshalb eröffnete er uns eine Möglichkeit, mit den Folgen dieser Verfehlungen fertig zu werden. Seine Formel lautet: „Erst unser Eingeständnis macht den Weg frei zu Vergebung und Reinigung." Das zu praktizieren ist zwar alles andere als ein Kinderspiel, doch wir haben keine Alternative, wenn es darum geht, eine gute Beziehung zu Gott und den Menschen zu pflegen.

Vielleicht haben Sie bemerkt, dass diese biblische Zusage mit einem „Wenn" beginnt. Vielleicht kommt Ihnen dann auch die Frage, was denn geschieht, wenn wir unsere Sünden nicht bekennen. Aus eigener Erfahrung kann ich sagen, dass wir irgendwann in der Schuld-Falle landen, wenn wir uns weigern, zu unserem Fehlverhalten zu stehen. Ganz abgesehen davon, was in der jenseitigen Welt geschieht – was wir hier auf Erden merken, ist, dass wir von Wut und negativen Gedanken angefressen werden und nicht selten in die Höhlen der Depression abgedrängt werden.

Wie die Katze um den heißen Brei schleichen viele von uns um die Dinge herum, die eigentlich vor Gott bekannt werden müssten. Nur wenn wir etwas zugeben und uns zu unserem Verhalten stellen, kann Gott aktiv werden. Einzig und allein seine Vergebungszusage hat die reinigende Wirkung, die uns wiederherstellen kann.

> Warum fällt es uns so schwer, beständig „unter der Vergebung" zu leben?

> Kennen Sie die nagenden Schuldgefühle, die Aggressionen und die Depressionen, die aus unvergebener Sünde resultieren? Mit welchem dieser drei Gefühle kämpfen Sie am meisten?

> Wenn Sie die Fehler, die Sie begangen haben, vor Gott bringen oder die Momente, in denen Sie einen anderen verletzt haben, oder Ihre Unfähigkeit, seine Gebote zu halten – was empfinden Sie dann?

Wir sprechen hier über das Thema Vergebung und ihre Bedeutung für Ihren Scheidungsprozess. Wie auch immer Ihr Fall gelagert sein mag – ob Sie sich als ein unschuldiges Opfer sehen oder erkennen, dass Sie anderen Menschen Schmerz zugefügt haben –, Sie müssen sich auseinandersetzen mit der Frage der Vergebung. Sie müssen klären, was Sie sich selbst und den anderen zu vergeben haben und ob Sie bereit sind, Vergebung von Gott zu empfangen.

Harken, gießen, Unkraut zupfen

Früchte der Vergebung gilt es auf fünf verschiedenen Feldern Ihres Lebens zu ernten. Lassen Sie uns kurz einen Blick auf jeden Bereich werfen.

1. Gott vergibt mir

➤ Für welche innere Einstellung und welches Verhalten, besonders im Zusammenhang mit Ihrer Scheidung, brauchen Sie Gottes Vergebung? Seien Sie ehrlich vor sich selbst und vor Gott. Werfen Sie das überflüssige Gepäck der Schuld und des Selbsthasses endlich über Bord. Sie schaffen das nur, wenn Sie sich eingestehen, dass Sie es nicht geschafft haben, nach den Leitlinien zu leben, die Gott für eine Ehe vorgesehen hat, und wenn Sie all die Irrtümer erkennen, die Ihre Beziehung belastet haben.

➤ Lesen Sie noch einmal das schlichte Gebet auf Seite 91f. Dieses kurze Gespräch mit Gott kann der Beginn eines neuen Lebensabschnittes für Sie werden.

➤ Lesen Sie Johannes 8,3-11. Schreiben Sie Vers 11 ab und formulieren Sie ihn so um, dass er sich an Sie selbst wendet. Hören Sie, wie Jesus zu Ihnen ganz persönlich spricht.

> **FREIHEIT heißt ...**
> Schreiben Sie auch den Satz aus dem ersten Johannesbrief ab, der dieses Kapitel einleitet, und zwar so, als ob er an Sie persönlich gerichtet wäre.

2. ICH VERGEBE MIR
- ➤ Was fällt Ihnen schwerer – Gottes Vergebung anzunehmen oder sich selbst zu vergeben?

- ➤ Welche Sünden haben Sie „in Gedanken, Worten und Werken" begangen, die Sie sich selbst nicht vergeben können? Nur eine exakte Gewissensprüfung kann Ihnen helfen, die Last Ihrer Schuld loszuwerden und die ungesunde Haltung der Selbstgeißelung abzulegen.

- ➤ Lesen Sie durch, was ich zum Thema Selbstvergebung auf Seite 91 zusammengetragen habe. Schreiben Sie unter dem folgenden **FREI-HEIT heißt ...** die Punkte ab, die als Ihre persönliche Unabhängigkeitserklärung gelten könnten.

FREIHEIT heißt ...

Lassen Sie mich diese Liste durch das folgende Bibelwort ergänzen: „Wie sehr Gott uns liebt, beweist er uns damit, dass Christus für uns starb, als wir noch Sünder waren" (Römer 5,8). Denken Sie an diesen Vers, wenn Sie mal wieder absolut unversöhnlich sind mit sich selbst.

3. ICH VERGEBE MEINEM FRÜHEREN EHEPARTNER
Ein lebenswichtiger Vorsatz, der allerdings seine Zeit braucht und eine ganz bewusste Entscheidung Ihrerseits voraussetzt. Wenn Sie es jedoch schaffen, Ihren Expartner von seiner Schuld loszusprechen, dann befreien Sie sich auch selbst von der Last des Hasses und der Vorurteile. Sie müssen sich nicht abquälen mit endlosen Grübeleien über die

Person, die sonst in alle Ewigkeit Ihre Gefühle, wenn nicht gar Ihr tägliches Handeln beeinflussen würde. Dabei ist es gar nicht nötig, dem anderen diese Vergebung persönlich zuzusprechen, was schlimmstenfalls sogar als Herablassung aufgefasst werden könnte.

> ➤ Was hat Jesus über Vergebung gesagt und wie hat Paulus seine Worte vertieft? Schreiben Sie die entsprechenden Bibelstellen ab: Matthäus 6,14-15; Kolosser 3,13; Epheser 4,32.

Wenn Sie darangehen, Ihrem ehemaligen Ehepartner zu vergeben und Sie spüren unüberwindliche Blockaden in sich, dann bringen Sie diese immer und immer wieder vor Gott.

4. Mein früherer Ehepartner vergibt mir

> ➤ Wenn man Wert darauf legt, dass der andere einem das vergibt, was man getan hat, dann wird man in den meisten Fällen wohl oder übel darum bitten müssen. Dabei ist zu beachten, dass auch diese Geste nicht geistlich abgehoben wirkt und die Botschaft rüberbringt: „Ich bin heiliger als du!"
> – Prüfen Sie Ihre Beweggründe.
> – Bitten Sie Gott, Sie in der Wahl des richtigen Zeitpunktes und der richtigen Worte zu leiten.
> – Begreifen Sie, dass eine Bitte um Vergebung auch bedeutet, dass Sie zu Ihren Schwächen stehen und zu Ihrem Anteil am Scheitern Ihrer Ehe.

> ➤ Welche Reaktion erwarten Sie?
> – Er/sie geht auf meine Bitte ein und spricht mir Vergebung zu.
> – Gelächter.
> – Feindselige Zurückweisung.
> – Ich werde ignoriert.
> – oder:

Es mag sein, dass Sie diese doch etwas außergewöhnliche Situation etwas besser meistern, wenn Sie sie in Gedanken vorher durchspielen. Gleichzeitig sollten Sie sich aber auch fragen, ob die Antwort Ihres Expartners irgendeine Auswirkung haben könnte auf Ihre Suche nach Vergebung. Sollte der oder die andere Sie auf Ihre Bitte hin zurückweisen, würde das Ihren Akt der Reue wertlos machen? Natürlich kann die Antwort darauf nur *Nein* sein. Wenn Sie Ihren Anteil am Scheitern Ihrer Ehe anerkannt haben und auf Ihren früheren Ehepartner zugegangen sind, dann sind Sie Ihrer Verantwortung gerecht geworden. Sie sind nun frei in eine unbelastete Zukunft aufzubrechen.

5. VERGEBEN UND VERGESSEN
Das Vergessen kommt mit den Wochen, Monaten und Jahren. Wenn Gott Ihre Seele heilt, wird das ein fester Bestandteil dieses Prozesses sein, ebenso wie das Vergeben.

➤ Lesen Sie das *Gebet eines Geschiedenen* auf Seite 95. Gibt es Worte, die Sie tiefer berühren? Was sagt Ihnen dieses Gedicht?

Ernte

➤ Welcher der fünf geschilderten Punkte liegt Ihnen am meisten am Herzen?

➤ Setzen Sie sich Ziele in allen fünf Bereichen. Und wenn Sie hier und da bereits Fortschritte erzielt haben, dann danken Sie Gott dafür!

FREIHEIT heißt ...
„So fern der Osten vom Westen liegt, so weit entfernt er die Schuld von uns" (Psalm 103,12).

9. Und auf einmal bist du wieder siebzehn

Saat

> „Die Liebe kennt keine Angst. Wahre Liebe vertreibt die Angst. Wer Angst hat und vor der Strafe zittert, bei dem hat die Liebe ihr Ziel noch nicht erreicht"
> (1. Johannes 4,18).

➤ Hat Ihre Liebe zu einem Menschen schon einmal die Angst vertrieben, die ihn quälte? Denken Sie zum Beispiel an kleine Kinder oder an einen Freund, der mit einem Problem nicht zurechtkam, das Sie in Ihrem Leben bereits gelöst hatten. Machen Sie sich ein paar Notizen zu diesen Erlebnissen.

➤ Schreiben Sie einmal alles auf, wovor Sie Angst haben. Diese Liste darf mit Ihrer Furcht vor Falschparker-Knöllchen beginnen und mit Ihrer Angst vor einem Kirschkern, der Ihre teure neue Goldkrone ruinieren könnte, enden.

Sie werden merken – das Dumme an unseren Angstvorstellungen ist, dass sie nur selten wahr werden. Sie sind wie Gespenster, die sich in den Rumpelkammern unseres Geistes verstecken und immer dann rauskommen, wenn wir gerade überhaupt nicht darauf vorbereitet sind. Johannes wusste, dass auch Christen vor diesen Quälgeistern nicht gefeit sind. Er wusste, dass Furcht die Menschen durchaus davon abhalten kann, ein erfülltes Leben als Christ zu führen. Und er wusste, dass nur eines diesen Kleinmut aus dem Leben eines Christen vertreiben kann – nämlich das Wissen, dass Gottes Liebe stärker ist als alle Ängste, die man sich einbilden kann.

> ▸ Haben Sie schon versucht, Ihre Ängste mit einer gefährlichen Dosis *Liebe* zu infizieren?

> ▸ Weithin verbreitet ist ja gerade heute die Angst vor der Zukunft. Wie gehen Sie damit um? Die Bibel sagt mir, dass Gott das Morgen fest in seiner Hand hält. Und wenn ich darauf vertraue, dass seine Liebe mich auf dem Weg durch dieses Morgen begleitet, wovor sollte ich mich fürchten? Seine Liebe zersetzt und verbrennt die Furcht und entfernt sie aus meinem Leben.

> ▸ Mit welchen Ängsten schlagen Sie sich im Moment herum? Halten Sie sich nicht allzu lange mit der Antwort auf diese Frage auf. Drei oder vier Stichworte, die Ihnen auf Anhieb in den Sinn kommen, reichen.

> ▸ In seinem Evangelium spricht Johannes (3,16) mit folgenden Worten von der Liebe Gottes:
> „Gott hat die Menschen so sehr geliebt, dass er seinen einzigen Sohn hergab. Nun werden alle, die sich auf den Sohn Gottes verlassen, nicht zugrunde gehen, sondern ewig leben."
> Was bedeutet diese Aussage im Hinblick auf die Ängste, die Sie gerade aufgeführt haben?

> Es gibt noch einige andere Passagen in der Bibel, die Gottes Liebe zu uns allen beleuchten. Nehmen Sie diese Wahrheiten und setzen Sie sie an die Stelle Ihrer Lebensängste.
– Römer 5,8

– Römer 8,38-39

– 1. Johannes 4,7-9

Vielleicht war ja die Zukunftsangst Bestandteil Ihrer kurzen Liste. Es wäre nur verständlich, wenn ein Aspekt dieser Angst Sie besonders nervös macht, und zwar der Aufbruch zur neuerlichen Partnersuche. Dieses Kapitel widmet sich dem ebenso herausfordernden wie frustrierenden und doch in seinem Ergebnis oftmals sehr befriedigenden Abenteuer des „Sich-neu-Ver-liebens".

Harken, gießen, Unkraut zupfen

> In meinen Ausführungen zu diesem Thema habe ich behauptet, dass man einen Fehler macht, wenn man sich in eine neue Beziehung stürzt, ohne Zeit gehabt zu haben, die eigene Scheidung und ihre völlig neuartigen Anforderungen zu verdauen. Finden Sie dazu eigentlich ein Ja? Warum? Oder gegebenenfalls – warum nicht? Denken Sie über meine Frage gut nach und halten Sie die Argumente schriftlich fest, die für oder gegen diese selbst gewählte Auszeit sprechen.

> Im Folgenden finden Sie eine Liste von Ängsten, die vielen Geschiedenen gemein sind. Markieren Sie die Befürchtung, die Sie am meisten umtreibt:
– Wie kann ich sicher sein, dass es diesmal hält?
– Kann ich jemals wieder einem Mann oder einer Frau trauen?

– Werde ich dieselben Fehler noch mal machen?
– Werde ich mein Glück finden, wenn ich wieder heirate?
– Was, wenn ich keinen Partner finde?
– Bin ich innerlich schon gefestigt genug, um wieder auf das andere Geschlecht zugehen zu können?

> **FREIHEIT heißt ...**
> Es wird Zeit vergehen, bis ich wieder heil bin und Vertrauen in andere Menschen fassen kann. Mein Fahrgestell ist auf eine ganz bestimmte Geschwindigkeit angelegt.

Die oben stehenden sechs Fragen zeigen, dass Sie die Wahl haben zwischen zwei Risiken:

Das eine Wagnis ist, dass Sie sich aus Ihrer Deckung wagen und prompt wieder verletzt werden.

Das andere Wagnis ist, dass Sie bleiben, wo Sie sind – und das in absehbarer Zeit bereuen. Denn wenn Sie aus Angst vor neuen Kränkungen in selbst gewählter Isolation verharren, werden Sie aller Wahrscheinlichkeit nach früher oder später an einen Punkt kommen, wo Sie unter vollständiger innerer Leere leiden und all den verpassten Chancen und ungeborenen Freundschaften nachtrauern.

Andererseits mag es wohl sein, dass Sie sich wieder öffnen und dabei erneut Schiffbruch erleiden. Doch das werden Sie überleben. Gott ist ebenso an Ihrer Seite wie Ihre Gemeinde und Ihre engen Freunde. Welche Wahl – entweder bewusst oder in Ermangelung von Alternativen – werden Sie treffen?

> **FREIHEIT heißt ...**
> Ich entscheide mich ...

Ängste können uns sehr schaden, wenn sie so stark werden, dass sie uns unsere Bewegungsfreiheit nehmen. Sie können aber auch fruchtbar werden, wenn Sie uns dazu bringen, über die Schritte genau nachzudenken, die uns in eine neue Beziehung hineinführen. Das sollten Sie im Hinterkopf haben, wenn Sie die folgenden vier zentralen Fragen beantworten:

1. *Habe ich durch meine Scheidung etwas über mich gelernt?*
In dieselbe Richtung geht eine andere Frage: Habe ich mir genug Zeit genommen, meine Stärken und Schwächen zu durchleuchten, mein Verhalten in einer Beziehung oder meine Fähigkeit, zu kommunizieren?

2. *Ist genug Zeit vergangen, dass der Staub sich legen konnte?*
Es gibt keine generelle durchschnittliche Rekonvaleszenzfrist für die Menschen. Heilung geschieht bei jedem von uns auf andere Weise. Prüfen Sie von Zeit zu Zeit, wo Sie stehen und haben Sie viel, viel Geduld mit sich selbst. Erst wenn Sie seelisch und charakterlich wieder zu Kräften gekommen sind, werden Sie auch wieder neue Freundschaften aufbauen können. Notieren Sie, wie Sie Ihre momentane Situation einschätzen.

3. *Ist es eine gesunde Beziehung, die ich da eingehe?*
Um diese Frage zu beantworten, müssen Sie sich zunächst die Menschen genau ansehen, zu denen Sie Kontakt gefunden haben. Sind es Leute, die selbst wachsen? Sind es Menschen, die sich selbst im Wirkungsradius einer Scheidung bewegen und möglicherweise ihrem eigenen Schmerz noch zu nahe sind? Gibt es in dieser Beziehung eine Balance zwischen Geben und Nehmen? Was geben Sie dabei? Was bekommen Sie?

4. *Was bringe ich aus meiner vergangenen Ehe in die neue Beziehung mit ein?*
Sind wir nicht oft ganz einfach das, was unsere Erfahrungen aus uns gemacht haben? Und doch – wir sind absolut nicht verpflichtet, über-

flüssige Lasten durchs Leben zu schleppen. Reden Sie immer noch viel und gerne von Ihrer vergangenen Ehe? Ist es schwer für Sie, diesen Teil Ihrer Vergangenheit zurückzulassen? Wenn ja, dann nehmen Sie sich noch etwas Zeit, bevor Sie eine neue Beziehung eingehen.

Sie haben nun Ihre Ängste definiert und sich anhand der vier zentralen Fragen selbst geprüft. Jetzt ist es an der Zeit, die Vertrauensfrage zu stellen.

Im Vertrauen auf Gott und seine Hilfe kann ich neu beginnen
➤ Vertrauen Sie auf Gott? Schreiben Sie sich einen Bibelvers oder einen meiner Gedanken zu diesem Thema auf, der helfen kann, Sie zu neuem Vertrauen zu befreien.

FREIHEIT heißt ...

Mit der Hilfe Gottes lerne ich wieder neu, zu leben und anderen Vertrauen zu schenken
➤ Wie können Sie Gott in diesen Lernprozess einbinden?

➤ Wie kann ein guter Freund, der nicht unbedingt vom anderen Geschlecht sein sollte, Ihnen helfen, aufs Neue Vertrauen zu lernen?

Ich vertraue darauf, dass Gott etwas Neues in meinem Leben beginnt und es auch fortführen wird. Falls und wenn ich wieder heirate, wird das eine der wertvollsten Erfahrungen in meinem Leben

> Was fällt Ihnen leichter – auf Gott zu vertrauen oder auf andere Menschen? Warum?

> Wie kann ein intaktes Gottvertrauen auch Ihnen helfen, zu Menschen Vertrauen zu fassen?

> Beschreiben Sie, wo Sie in punkto Vertrauen im Moment stehen. Wie weit geht Ihr Gottvertrauen zurzeit? Seien Sie unbedingt ehrlich vor sich selbst und vor Gott.

> Tragen Sie unter **FREIHEIT heißt ...** Vers 28 aus dem achten Kapitel des Römerbriefes ein und lassen Sie sich durch diese Zusage Mut machen, Zutrauen zu Gott zu fassen.

FREIHEIT heißt ...

Ernte

> Welche Angst möchten Sie in den kommenden Wochen ein für alle Mal überwinden?

> Fassen Sie ein Ziel ins Auge, an dem dieses Vorhaben konkret wird. Das kann heißen, dass Sie sich immer und immer wieder in dem Willen selbst bestärken, sich nicht von der Furcht kontrollieren zu lassen.

Das kann genauso bedeuten, dass Sie das Risiko eingehen, andere in Ihre Gedanken, Gefühle oder Wünsche einzuweihen. Und das kann heißen, dass Sie sich rückhaltlos Gott zuwenden und sich seiner Heilung, seiner Leitung und seiner Hilfe anvertrauen.

➤ Noch in dieser Woche werde ich mit Folgendem beginnen:

➤ Welche der vier Fragen hat Sie am meisten angesprochen und Ihre Situation in etwa getroffen?

➤ Formulieren Sie selbst eine zentrale Gewissensfrage dieser Art und tragen Sie sie in der kommenden Woche immer bei sich. Das kann auch ein Gebet sein oder die Erinnerung an eine etwas unangenehmere Lektion, die das Leben Sie einmal gelehrt hat.

➤ Fällt Ihnen spontan eine Person ein, vor der Sie das Risiko eingehen könnten, etwas von sich selbst preiszugeben? Das wäre ein wichtiger Schritt für Sie auf Ihrem Weg zu neuem Vertrauen – ein Weg, auf dem Sie nur gewinnen können!

➤ Zum Abschluss dieses Kapitels bitte ich Sie, zuerst die Person zu beschreiben, mit der Sie Ihre erste Ehe eingegangen sind und dann den Menschentyp, mit dem Sie sich eine neue Beziehung vorstellen können. Bringen Sie diese Gedanken zu Papier. Diese wertvolle Übung hilft Ihnen, Ihre Ängste zu verstehen, Vorsichtsmaßnahmen zu ergreifen und neuen Samen des Vertrauens auszusäen.

10. Wiederheirat – deine, meine, und was das für unsere Familie heißt

Saat

> „Gott, dem ich diene, wird euch alles geben, was ihr braucht,
> so gewiss er euch durch Jesus Christus am Reichtum seiner Herrlichkeit
> teilhaben lässt"
> (Philipper 4,19).

➤ Was brauchen Sie für Ihr tägliches Leben? Machen Sie sich eine Liste mit den wichtigen Dingen.

Haben Sie schon mal mit Feuereifer Pläne geschmiedet, um eine ganz bestimmte Trophäe zu ergattern? Doch während Sie zunächst meinten, ohne diese Sache nicht mehr leben zu können, wussten Sie, nachdem Sie sie in Ihren Besitz gebracht hatten, beim besten Willen nicht mehr, was Sie damit anfangen sollten und warum Ihnen diese Sache so wichtig gewesen war. Dieses Phänomen erklärt übrigens, warum die Flohmärkte landauf, landab so viel Erfolg haben – wir alle sitzen auf Unmengen von Zeug, an dem wir zuerst einen Narren gefressen und dann das Interesse verloren haben.

Es ist ein Riesenunterschied zwischen den Dingen, nach denen uns der Sinn steht und dem, was wir wirklich für unser Leben brauchen.

Eine *Wunschliste* wird gefüllt von den Marketingstrategen unserer Wirtschaft, die es einzig und allein auf unser Geld abgesehen haben. Eine *Bedarfsliste* dagegen beschränkt sich auf das, was wir zum Leben wirklich brauchen. Neben den materiellen Dingen finden sich dort Liebe, Zuwendung, Freundschaft, Sinnerfüllung und Lebensziele – um nur einen kleinen Ausschnitt aus dem weiten Feld der immateriellen Dinge zu nennen.

Paulus weist uns darauf hin, dass Gott verspricht, alle unsere Bedürfnisse im Leben zu stillen. Gott ist so reich, dass er es sich leisten kann, aus seinen unerschöpflichen Ressourcen heraus gratis an uns zu verteilen.

> Wie oft haben Sie in letzter Zeit zumindest innerlich darüber gejammert, dass Sie dies oder das nicht (mehr) haben, anstatt Gott zu danken für das, was Sie immer noch oder wieder Ihr Eigen nennen? Gott weiß, was uns wirklich guttut, und das ist es auch, was er uns zukommen lässt – auf welchem Weg auch immer. Er kümmert sich um unsere Bedürfnisse, und seien sie auch noch so gigantisch. Lassen Sie mich Ihnen hier und heute von Herzen und aus Erfahrung versichern, dass er auch um Ihre Anliegen weiß!

> Gehen Sie Ihre Liste durch. Hat sich unter Ihre „Brauch-ich" vielleicht auch das eine oder andere „Möcht-ich" eingeschlichen? Streichen Sie diese Wünsche heraus.

> Fallen Ihnen nach der Lektüre meiner kurzen Versauslegung weitere Punkte ein, die auf dieser Liste noch fehlen? Markieren Sie die Punkte, von denen Sie wissen, dass Gott sich um sie kümmert.

> Lassen Sie mich noch einmal diese wichtige Frage stellen: *„Wie oft haben Sie in letzter Zeit darüber gejammert, dass Sie dies oder das nicht (mehr) haben, anstatt Gott zu danken für das, was Sie immer noch oder wieder Ihr Eigen nennen?"*

Vertrauen Sie darauf, dass Gott um Ihre Bedürfnisse weiß. Vertrauen Sie darauf, dass er weiß, was gut für Sie ist und wann der richtige Zeitpunkt dafür gekommen ist. Vertrauen Sie auch darauf, dass er Ihnen hilft, ein verantwortungsvoller Verwalter der Dinge zu werden, die er Ihnen schenkt und ein wertvolles Gegenüber für die Menschen, mit denen er Sie segnet. Und sollte er Sie in eine zweite Ehe mit all ihren

Freuden, Problemen und Herausforderungen führen, dann bitten Sie um seine Leitung und lernen Sie aus diesem Kapitel.

Harken, gießen, Unkraut zupfen

Diesen Abschnitt sollten Sie gegebenenfalls mit dem Menschen zusammen durcharbeiten, mit dem Sie eine neue Ehe eingehen möchten.

> Welche Gefühle überwiegen bei Ihnen, wenn Sie das Wort „Wiederheirat" hören?

- Panik
- Furcht
- Misstrauen
- Sehnsucht
- Vorsicht
- Feindseligkeit

- Skepsis
- Enthusiasmus
- Das Gefühl, wieder komplett zu sein
- Hoffnung
- Ungeduld
- oder:

> Haben Sie mit Gott Frieden über diese Frage der Wiederheirat? Eine ehrliche Prüfung Ihrer Motive und ein konzentriertes Fragen nach seinem Willen sind die elementaren Schritte in diesem Entscheidungsprozess.

Die Entscheidung, einen Menschen zu heiraten, sollte man nicht nur mit dem Herzen, sondern auch mit dem Verstand treffen. Lassen Sie sich die folgenden Fragen durch den Kopf gehen, wenn die Gedanken an eine zweite Ehe konkret werden. Die Tücken des Ehe-Alltags verlangen eher nach einer Selbstprüfung mit einem kühlen Kopf als nach einem Husarenritt mit flammendem Herzen – doch wem sage ich das? Abzuwarten, bis die Situation erst mal eingetreten ist, kann eine große Belastung für die junge Ehe werden.

- Wie viele Kinder sind betroffen und wer wird das Sorgerecht haben?

- Wo werden sie leben?

- Wie viel vom Einkommen der neuen Familie fließt in die Unterstützung des früheren Partners und der Kinder?

- Wo werden Sie leben? Ein altes Haus beherbergt oft Erinnerungen, die sich als Belastung für die junge Ehe herausstellen könnten.

- Wie stellen sich die Kinder zum neuen Elternteil?

- Wo werden die Kinder untergebracht, die beim „Ex" leben und nur zu Besuch kommen?

- Könnte eine Adoption zum Thema werden und eine damit verbundene Namensänderung der Kinder?

- Mit welchem Erziehungsstil wollen Sie die Kinder Ihres neuen Partners pädagogisch begleiten?

Nun, da Sie sich in die Materie eingearbeitet haben, sollten Sie über die folgenden Fragen nachdenken, die ein großes Konfliktpotenzial in sich bergen. Darunter finden sich drei Probleme, die vielen nahezu unlösbar erscheinen, und zwar die Beziehung zum ehemaligen Partner, die richtige Behandlung der Kinder und die finanzielle Lage einer zweiten Ehe:

➤ Wem gehört Ihre Loyalität? Notieren Sie sich erst die Personen und bringen Sie sie dann in die richtige Reihenfolge, beginnend mit dem Menschen, dem Sie sich zuallererst verpflichtet fühlen.

➤ Lesen Sie sich nun die sieben Fragen durch, die ich auf Seite 107 denjenigen gestellt habe, die eine neue Ehe ansteuern. Finden Sie dort einen Gedanken, der Ihre Rangliste noch einmal durcheinanderbringen könnte? Im wirklichen Leben wechseln die Konturen so mancher Situation, die man zuerst in einem Schwarz-Weiß-Kontrast deutlich zu erkennen glaubte, nur allzu schnell in ein Wirrwarr unterschiedlicher Grautöne.

➤ Vielleicht fragen Sie sich, wie Sie mit Ihren Stiefkindern klarkommen werden. Gibt es Probleme, die Ihnen ernsthaft Kopfzerbrechen bereiten? Welche sind das? Stellen Sie sich vor, Sie wären eines von den Kindern. Wie würden Sie gerne behandelt werden? Bitte beachten Sie – Ihre Antwort auf diese Frage gibt Ihnen bereits die wichtigsten Richtlinien für Ihren Umgang mit den Stiefkindern an die Hand. Was müssen Sie tun, damit Ihre Stiefkinder sich ebenso angenommen fühlen wie Ihr eigener Nachwuchs? Denken Sie gemeinsam mit Ihrem neuen Ehepartner darüber nach.

FREIHEIT heißt ...
Ich werde ganz ich selbst sein. Von dieser Position aus kann ich meine Rolle als Stiefmutter/Stiefvater am besten entwickeln.

➤ Wo müssen Sie Ihren Lebensstil umstellen, wenn beide Familien zusammengeführt werden? Um das beantworten zu können, müssen Sie erst einmal eine Bestandsaufnahme machen und beschreiben, wie die beiden „Parteien" gegenwärtig leben. Wird es einen spürbaren Unterschied geben zwischen den Werktagen und den Wochenenden? In welchen Detailfragen müssen Sie sich mit Ihrem neuen Partner absprechen? Wie werden Sie die Kinder an diesem Entscheidungsprozess beteiligen? Welche unter Umständen schmerzhaften Opfer werden Sie im Laufe dieses Gewöhnungsprozesses bringen müssen? Und auch hier gilt wieder: Sprechen Sie alle Ihre Gedanken mit dem künftigen Ehepartner durch.

➤ Sollte Ihr neuer Partner auch geschieden sein, wie wollen Sie Ihr Verhältnis zu seinem oder seiner „Ex" gestalten?
– Wie viel Kontakt, denken Sie, wird nötig sein?

– Wie weit können Sie sich in die Situation dieses anderen Menschen hineinversetzen?

– Gingen die beiden einigermaßen gütlich auseinander oder im heftigen Streit?

– Wie kann Ihre neue Ehe Ihnen helfen, ein besseres Verhältnis zu Ihrem eigenen „Ex" zu finden?

Das sind alles Fragen, die im Gespräch mit dem künftigen Ehepartner geklärt werden sollten.

> Wie wird sich Ihr Verhältnis zu den früheren Schwiegereltern, den neuen Schwiegereltern und den verschiedenen Freundeskreisen gestalten? Machen Sie eine Liste mit den Personen, die von Ihrer Wiederheirat betroffen sind, und notieren Sie sich neben den Namen, welche Reaktion Sie jeweils erwartet hatten und welche Reaktion Sie wirklich bekamen. Damit zusammen hängt ein anderes Thema, das Sie durchdenken und mit Ihrem Partner durchsprechen sollten. Es ist die Frage, wie Sie Ihre unterschiedlichen Kontakte gewichten sollten. Für welche lohnt es sich zu kämpfen, welche können Sie getrost aufgeben und welche werden Sie wohl oder übel gegen Ihren Willen verlieren? Wie gehen Sie mit Ihrer Enttäuschung – wenn nicht gar Ihrem Schmerz – um?

> Wie werden Sie und Ihr neuer Ehepartner in der Ehe zusammenwachsen? Machen Sie sich ganz detaillierte Pläne, die von Anfang an sicherstellen, dass Sie genügend Zeit haben füreinander, Zeit, miteinander zu reden, zu spielen, zu arbeiten und zu beten.

Ernte

Wie jede andere Sache, die auf Wachstum angelegt ist, so schlägt auch eine zweite Ehe nicht sofort tiefe Wurzeln und treibt keine Blüten über Nacht. Doch wenn Sie Ihre Beziehung behutsam und geduldig pflegen, dann wird sie Ihnen über kurz oder lang einen Grad der Zufriedenheit und Erfüllung bescheren, der jede Wartezeit wert ist. Dieses Pflegeprogramm will natürlich geplant sein.

> Diese Woche werde ich mich am .... (wann?) mit meinem künftigen Partner in/bei........................ (wo?) treffen, um zu reden über:

- meine/ihre/seine Kinder
- meinen/ihren/seinen Umgang mit dem früheren Ehepartner
- unsere Finanzen
- oder:

Ein weiteres Thema werden die unterschiedlichen Lebensstile sein, die wir anhand des letzten Kapitels vergleichen werden.

Weitere Themen, die sich für ein intensives Gespräch anbieten:
- Welche Befürchtungen verbinden Sie mit dem Thema Wiederheirat?
- Welche Rolle wird Gott in Ihrem Leben spielen? Und im Leben Ihres Partners? Und in Ihrem gemeinsamen Leben?
- Wie wichtig ist für Sie das Gespräch? Wie können Sie es lebendig halten?
- Können Sie sich Situationen vorstellen, die Ihre Loyalität zueinander infrage stellen? Sprechen Sie lieber jetzt darüber, bevor diese Probleme real werden und die Gefühle bereits auf dem Siedepunkt sind.
- Inwieweit fühlen Sie sich beide unter Druck gesetzt durch Ihre jeweiligen Expartner oder durch die Kinder des anderen?

➤ Setzen Sie sich zwei ganz konkrete Ziele, die Ihnen helfen können, sich auf Ihre nächste Ehe vorzubereiten. Denken Sie zum Beispiel an alte Gewohnheiten, innere Haltungen oder lästige Verhaltensweisen, die Sie eigentlich schon längst abgelegt haben wollten, und machen Sie sich Gedanken darüber, wie Sie das jetzt konkret durchziehen werden.

1.

2.

Ein Rückblick

Es ist ziemlich schwer für einen jeden von uns, sein eigenes Wachstum zu beurteilen oder die Heilung zu messen, die ihm widerfährt. Wir sind oft viel zu sehr verstrickt in unsere Krisen, ihre Fragen und ihre Schmerzen, als dass wir einen ungetrübten Blick für die Fortschritte haben könnten, die wir machen. Wenn wir uns einen Augenblick Zeit nehmen und zurückblicken, dann sehen wir die Wegabschnitte, in denen der Staub unserer Kämpfe – nach innen oder außen – am stärksten aufgewirbelt wurde, die Freundschaften, die wir in diesen Zeiten geschlossen haben, die Fortschritte, die wir gemacht haben, und die Gefühle, die wir wieder neu entwickeln konnten. Wir haben uns durchgeschlagen durch unsere Hoffnungslosigkeit hin zu einer neuen Hoffnung. Unsere Reise gleicht immer mehr den wechselnden Jahreszeiten.

Der Schriftsteller Robert Veninga fasst unsere Reise durch Dunkel und Licht in die folgenden Worte:

> Es gibt eine Zeit zu trauern und eine Zeit zu hassen, eine Zeit zu ruhen und eine Zeit zu hoffen. Doch die Jahreszeiten folgen einander nicht in einem exakt abgezirkelten Rhythmus. Die Winter-, Frühlings-, Sommer- und Herbstzeiten unseres Lebens purzeln oft ohne feste Reihenfolge kunterbunt durch unsere Erdentage. Und wenn man uns sagt, dass die Zeit der Schneeschmelze gekommen ist, dann verlieren die eisigen Winde sogleich ihren Biss.

Sie haben nun etliche Stunden mit diesem Buch verbracht. Wahrscheinlich hat es Ihnen nicht gerade ein diebisches Vergnügen bereitet, alle diese Seiten durchzulesen, durchzuarbeiten und durchzuleiden und Sie werden das Buch sicher ab und zu zur Seite gelegt haben, weil Ihnen die Wegstrecke, die noch vor Ihnen lag, einfach unerträglich lang und steinig vorgekommen sein mag. Wenn Sie die Kapitel aktiv durchgelesen haben und zumindest Teile der praktischen Ratschläge in Ihren Alltag übersetzt haben, dann werden Sie jetzt auf einige wichtige Erfahrungen zurückblicken können.

Ihr Gesundungsprozess ist aber noch nicht angeschlossen. Die

Narben Ihrer Scheidung werden Sie bis zu Ihrem Lebensende tragen. Doch innere Heilung wird diese Wundmale schrumpfen lassen und eines Tages werden sie Markierungen gleichen, an denen jedermann Ihr Wachstum ablesen kann. Das Wichtigste bei alledem aber ist, dass Ihnen bewusst ist, dass Ihre Heilung Zeit braucht, die nur von Gott kommen kann. Davon handeln auch diese Verse im Matthäus-Evangelium, wo von Jesus gesagt wird: „Mit seinem Wort (...) heilte (er) alle Kranken. Damit ging in Erfüllung, was Gott durch den Propheten Jesaja angekündigt hatte: Er hat unsere Leiden von uns genommen und unsere Krankheiten weggeschafft" (Matthäus 8,16-17).

Bestimmte Heilungsfortschritte machen wir ganz allein, andere nur in der Begegnung mit anderen Menschen. Der Seelsorger und Schriftsteller Henri Nouwen sagte:

> Eine christliche Gemeinschaft ist nicht deshalb eine heilende Gemeinschaft, weil dort Wunden verbunden und Schmerzen gelindert würden, sondern weil Wunden und Schmerzen erst in diesem Umfeld neue Möglichkeiten und Lebensvisionen eröffnen können. In demselben Maße, wie man sich hier gegenseitig seine Schwächen bekennt, bestärkt man sich auch in der Hoffnung, und das Wissen um die eigenen Schwächen wird für alle zu einer Verheißung kommender Stärke.

Sie müssen sich zweifellos selbst auf den Weg machen, wenn Sie wachsen wollen und Heilung brauchen. Dennoch brauchen Sie eine starke christliche Gemeinschaft, die Sie auf diesem Weg stützt. Denken Sie daran, Sie sind kein einsamer Wolf.

Als abschließende Zusammenfassung Ihrer Lektüre und Arbeit möchte ich Ihnen diese Fragen empfehlen, die das Gelesene und Gelernte noch einmal auf den Punkt bringen:

1. Bevor ich angefangen habe, dieses Buch zu lesen, war ich ...

2. Seitdem ich dieses Buch lese, habe ich ...

3. Wenn ich nun vorausschaue in meinem Leben, dann beabsichtige ich ...

4. Am meisten geholfen hat mir in diesem Buch ...

5. Mit Gottes Hilfe werde ich mir ein neues Leben aufbauen, indem ich ...

6. Danke, Herr, für ...

Und vergessen Sie nie die Verheißung Gottes:

„Der Herr ist nahe denen, die zerbrochenen Herzens sind und hilft denen, die ein zerschlagenes Gemüt haben"
(Psalm 34,19).

Gott segne Sie!